外交礼宾礼仪国际论文集

主　编◎周加李
副主编◎张国斌
总顾问◎罗林泉

世界知识出版社

图书在版编目（CIP）数据

外交礼宾礼仪国际论文集/周加李主编．—北京：世界知识出版社，2024.10
ISBN 978-7-5012-6661-6

Ⅰ.①外… Ⅱ.①周… Ⅲ.① 外交礼节—文集
Ⅳ.①D802.2-53

中国国家版本馆CIP数据核字（2023）第114963号

书　　　名	外交礼宾礼仪国际论文集 Waijiao Libin Liyi Guoji Lunwen Ji
主　　　编	周加李
副 主 编	张国斌
总 顾 问	罗林泉
责任编辑	车胜春
责任出版	李　斌
责任校对	张　琨
出版发行	世界知识出版社
地址邮编	北京市东城区干面胡同51号（100010）
网　　　址	www.ishizhi.cn
电　　　话	010-65233645（市场部）
经　　　销	新华书店
印　　　刷	北京虎彩文化传播有限公司
开本印张	710毫米×1000毫米　1/16　19印张
字　　　数	310千字
版次印次	2024年10月第一版　2024年10月第一次印刷
标准书号	ISBN 978-7-5012-6661-6
定　　　价	98.00元

编辑委员会

序　言

外交学院院长　王帆

中国拥有悠久的历史与璀璨的文明，"礼"是中国传统文化的核心，中国人的骨骼与血液中有"礼"的基因，中国是有资格自诩为"礼之国"的。

对于既有国际性也有民族性的外交礼宾礼仪，对其进行研究于传播外交礼宾礼仪国际规范、加深不同文化之间的理解和世界各国人民和谐相处有积极意义。

这本论文集不仅包含理论、历史、实践与国别的研究，很大的一个特点是由11个国家的外交礼宾礼仪专家共同完成，是第二本由外交学院的老师牵头编撰的外交礼宾礼仪国际论文集。我想这正是践行中国特色大国外交理念，以实际行动响应国家发出中国声音、提出中国倡议、贡献中国智慧的号召。

外交学院是外交部直属的专门培养外交外事复合型人才的院校，外交礼宾礼仪属于外交的范畴，也属于文化与文明的范畴，不同国家的作者从不同的角度围绕礼宾这个话题展开研究，不仅有助于深化外交，也有益于文化与文明的研究。这本论文集值得国内外各界人士，尤其是对礼宾、外交、文化与文明有兴趣的人研读。

2024年5月5日

前　言

随着中国不断走近世界舞台中心，发出中国声音、提出中国方案、贡献中国智慧十分重要。中国是礼仪之邦，"礼"是中国传统文化的核心，"礼"深深融入中国人的基因。外交学院推出第二本外交礼宾礼仪国际论文集，这正是中国向世界发出的关于"礼"的声音。

外交学院是全国最早开设礼仪课的高校之一，至今我已经是第三代礼仪教师。借助外交部的独特优势，外交学院在外交礼宾礼仪的教学与研究方面积累了一些经验。2019年3月我主编的第一本国际论文集《从理论到实践——外交礼宾礼仪研究》出版了，称之为国际论文集是因为9个国家的礼宾礼仪专家协作完成，从全球范围来看，如此多国家的礼宾专家共议礼宾也属首次。可喜的是这本论文集的英文版于2022年4月出版，为更多的人了解各国专家的观点提供了可能。

第二本外交礼宾国际论文集相比第一本有了新的发展。首先，参与国家更多，此次有11个国家的礼宾礼仪专家加入，相比第一本论文集的9个国家，又有了发展。其次，每位作者仅收录一篇论文，第一本论文集有4位作者贡献了两篇论文，第二本论文集每位作者仅收录一篇论文，力求作者的多元性与论文的代表性。最后，内容更加丰富，10位外国作者除了法国作者曾经参与第一本论文集，其他9个国家的作者全部是首次赐稿；且第二本论文集在第一本论文集的理论篇、实践篇、国别篇的基础上，还增加了历史篇，在内容上增加了纵深度。

编写国际论文集有很多困难。首先，外交礼宾礼仪本身就是一个比较窄的领域，较强的实操性增加了学术研究的困难性。其次，如何邀约到一国最具代表性的专家亦是挑战，比如邀约韩国专家是最为困难的，前后历时近5年时间，总算实现了目标。最后，始于2020年初的新冠疫情席卷了全球，每个人都不同程度地受到影响，国内外学术交流受阻。尽管如此，我们依然没有放弃探索与前行，正是疫情的三年完成了专家邀约与编撰工作。

当今世界并不太平，大国博弈、局部战争、经济危机、疫情重创，世界个别大国之间关系紧张……，世界需要和睦、和谐、和平，这些正是外交礼宾礼仪的目标。正因为如此，我们推动外交礼宾礼仪的国际学术研究，其意义就更加明显。也要感谢所有为这本论文集作出贡献的人！

周加李

2023年5月5日

目 录

理 论 篇

历 史 篇

实 践 篇

国 别 篇

理论篇

LI LUN PIAN

国际政治中的外交礼宾特例研究

周加李*

外交礼宾处于外交最表层，是外交活动的重要组成部分。然而，因其较强的操作性，外交礼宾一直没有受到学术界的足够重视，大多数成果停留在操作性层面，学理性研究较为缺乏。[①] 诚然，外交礼宾具有较强的外在性、直观性以及政治属性，所以，对其进行深入研究，能揭示国际政治中的深刻道理，具有不可忽视的学术价值。尽管世界上已经形成一套得到绝大多数国家接受、承认与践行的系统性外交礼

---

* 周加李，博士，外交学院外交学与外事管理系副教授。本文首发表于《辽宁大学学报（哲学社会科学版）》2020年第4期。

① 国外有代表性的成果包括：萨道义1917年出版《外交实践指南》，书中涉及位次、称号、礼炮、旗帜、访问、服装、勋章和礼品等内容；1970年约翰·伍兹与简·塞尔合著《外交仪式与礼宾》；1997年玛丽·简麦卡弗里与波林英尼斯合作撰写《礼宾——外交、官方、社交完全使用手册》；加拿大的路易斯·迪索出版《礼宾——交际的工具》；2010年美国国务院礼宾处处长玛丽·梅尔·弗伦希出版《美国的礼宾——官方外交礼仪的指导》。这些书籍均从比较实用的角度介绍了外交礼宾的具体做法。涉及学术性的成果包括：1948年汉斯·摩根索出版《国家间政治——为了权力与和平而斗争》，书中从权力的角度涉及外交礼宾的研究；哈罗德·尼克尔森1954年出版《外交方法的演变》，涉及外交礼宾的出现与发展过程；1997年埃里克·戈尔茨坦发表《国事访问中的政治》一文，从政治的角度对国事访问进行了剖析；2005年克里斯·约恩松和马丁·霍尔出版《外交的本质》(Essence of Diplomacy)，采用过程主义的方法对制度与仪式进行了动态研究；何伟亚2015年出版《怀柔远人：马嘎尔尼使华的中英礼仪冲突》，从建构主义的视角研究了两大帝国之间的冲突。中国关于外交礼宾的研究多为实操性成果，有代表性的学术性成果包括王开玺教授2008年发表的《清代的外交礼仪之争与文化传统》，认为中英冲突的根源是文化传统与价值观念的差异；2010年胡勇发表的《邓小平访美的礼宾问题》一文，对1979年邓小平副总理访美时受到的破格礼遇进行了研究；周加李于2018年发表的《作为权力博弈的工具——论礼宾礼仪的一种隐性功能》，挖掘了外交礼宾的权力政治功能；等等。这些研究缓慢开启了外交礼宾的学术研究进程。

宾规范，国际政治中还存在一些外交礼宾特例。从世界范围来看，这些特例并非个案。基于此，本文聚焦于以礼宾升格与降格为主要形式的特例，尝试通过对"为什么会有这些特例，它们出现的原因是什么"的回答，挖掘外交礼宾特例独特的学术价值。

一、国际政治中的外交礼宾规范与特例现象

"外交礼宾"，也称"外交礼宾礼仪"或"礼宾礼仪"，为国家和外交仪式中遵循的正式的礼仪、行为准则、位次安排与程序，[①] 即政府、国家及其代表在对外官方活动仪式中的一套符合良好行为举止的规则。[②] 外交礼宾是外交必不可少的形式和环节，是一项重要的外交职能，具有鲜明的政治特性。它为国家间关系的行为提供公认行为规范，[③] 这套规范受到主权平等、交往对等与平衡对待这三个原则的影响。[④] 作为一套各国共享的信号与参照物，外交礼宾既是各国外交交流的前提条件，[⑤] 也是维系国家对外友好关系的必要手段。目前现代外交中的外交礼宾规范基本已经程序化、制度化与法制化，被世界绝大多数国家认可与践行，它是国家间官方交往的一套沟通系统，也是考验国家作为现代国际体系一员的试金石。

现代外交中的礼宾规范包含的内容较为广泛，主要包括外交交往

---

① Patrick Hanks and Gerald Alfred Wilkes, *Collins Dictionary of the English Language: An Extensive Coverage of Contemporary International and Australian English* (Collins, 1986), p.1229.

② Mary Jane McCaffree and Pauline Innis, *Protocol: The Complete Handbook of Diplomatic, Official and Social Usage* (Prentice-Hall, 1977), p.XI.

③ Erik Goldstein, " Developments in Protocol," https://www.diplomacy.edu/resources/general/developments-protocol,accessed Oct.2019.

④ 马保奉：《外交礼宾的指导原则》，《人民日报（海外版）》，2010年2月27日。

⑤ Christer Jönsson, Martin Hall, *Essence of Diplomacy* (Palgrave Macmillan, 2005), p.45.

中的迎送仪式、位次排序、宴会安排、吊唁、国旗的悬挂等，以及外交主体的言谈方式、行为举止、着装服饰等。[①] 这些内容经过几百年的发展逐渐形成了国际公认的规范，比如：礼宾次序先后由外交代表的头衔与递交国书的时间确定，[②] 具体排序时遵循以右为尊、以中为尊等。为了体现友好、尊重与对等，在双边外交中，东道国往往将来访国国家领导人安排在右边的尊位。在多边场合，各国外交代表的位次参照国家首字母、职务高低、任职时间先后等原则排序。欢迎仪式是外交礼宾中最吸引眼球的内容之一，交通护卫、国歌演奏、礼炮鸣放（国家元首鸣放21响，政府首脑鸣放19响）、仪仗队检阅等都有国际通行的做法。此外，外交主体本身的言谈方式、行为举止、着装服饰等也是外交礼宾不可忽视的组成部分。外交礼宾中的主体，不管是国家元首、政府首脑还是外交官，都遵循着一套基于尊重的礼宾规范，如掌握分寸、讲究礼节、举止文雅、言谈礼貌、着装得体等。外交是用来调节和处理国与国之间关系的一种手段与方法，[③] 礼宾是其中的重要手段。不同时代已经发展出一套可以使外交官专注于实质性议题的礼宾，减少不必要的关于外部沟通形式的争议，同时又允许通过偏离礼节性的形式发出独立的信号。[④] 以礼宾升格与降格为形式的特例正是这种偏离礼节的形式，即本文所观察到的外交实践中存在的一些与规范不一致的现象，它们是外交特殊的手段与信号。从全球范围来看，这

---

① John R. Wood, Jean Charles Serres, *Diplomatic Ceremonial Protocol: Principles, Procedures & Practices* (Columbia University Press, 1970), p.VIII；鲁毅等:《外交学概论》，世界知识出版社，1997，第251页。

② Mary Jane McCaffree and Pauline Innis, *Protocol, the Complete Handbook of Diplomatic, Official and Social Usage* (New Jersey: Prentice-Hall, Inc., Englewood Cliffs, 1977), p.2.

③ 戈尔－布思主编《萨道义外交实践指南（第五版）》，杨立义等译，上海译文出版社，1984，第1页；Harold Nicolson, *The Congress of Vienna: A Study in Allied Unity, 1812-1822* (the Viking Press, 1946), pp.164-165.

④ Christer Jönsson, Martin Hall, *Essence of Diplomacy* (Palgrave Macmillan, 2005), p.50.

种现象不在少数，其影响与效果也非同一般。下面以1945年第二次世界大战结束至今为范围，对有代表性的一些礼宾升格与降格案例进行梳理。

（一）国际政治中的外交礼宾升格

礼宾升格是指在国家间关系中，一国以礼宾规范为基础，在外交礼宾上刻意给予另一国外交代表超常规的升格礼遇。礼宾升格可以表现在很多方面，由于仪式对外交的重要性以及易观察性，[①] 礼宾升格多见于外交仪式中，最典型的就是欢迎仪式，东道方往往通过迎接人员的级别、人数、交通护卫、礼炮鸣放等来实施礼宾升格。

新中国刚成立时曾给予所有承认新中国的外交代表超规格礼遇。苏联首任驻华大使罗申抵达北京时受到了中方隆重的欢迎，中国总理兼外交部长周恩来率外交部副部长、中国驻苏联大使、北京市市长等党政领导赴火车站迎接，还有三千多名群众挥动彩旗和花环欢迎。[②] 按照国际惯例，一国大使到任，往往是驻在国外交部的礼宾官员迎接，而从中方对罗申欢迎仪式的安排，足见礼宾规格之高。1954年10月19日，印度总理尼赫鲁访华，周总理亲自到机场迎接，沿途二十万名民众夹道欢迎。[③] 1957年苏联最高苏维埃主席团主席伏罗希洛夫来访，毛泽东、刘少奇、朱德、周恩来等亲自去机场迎接，两千名群众到机场欢迎，从机场到中南海新华门有数十万名群众夹道欢迎。[④] 这些隆重的场面体现了新中国成立初期外交礼宾具有的大规模、高规格、超隆重的特点。中方的做法给来访贵宾留下了深刻印象，获得高度评价，也

---

① D.I. Kertzer, *Ritual, Politics, and Power* (New Haven, CT and London: Yale University Press, 1988), p.104.

② 中华人民共和国外交部档案：《苏联驻华大使罗申到任迎接安排递交国书等情况》，档案号：117-00005-02，11。

③ 黎家松编《共和国的客人》，解放军文艺出版社，1999，第182页。

④ 马保奉：《新中国迎宾礼仪60年之变迁》，《红岩春秋》2015年第9期，第73页。

为中国赢得了朋友。

1979年与1997年中国两位国家领导人访问美国，均得到美方的礼宾升格礼遇。1979年中国副总理邓小平访问美国，美方的接机人员由原来安排的国务卿万斯临时升格为副总统蒙代尔；在欢迎仪式上，美国总统卡特亲自参加欢迎仪式并陪同邓小平检阅仪仗队，美方鸣放了只有政府首脑才能享受的19响礼炮，"此类隆重仪式往往只是为重要的来访国家元首和政府首脑举行"。① 一个国家的总统为另一个国家的副总理举行如此隆重的欢迎仪式，这在世界外交史上是极为罕见的。② 美方的礼宾升格为邓小平成功访美营造了氛围，为两国关系向着友好的方向发展奠定了基础。

1997年中国国家主席江泽民对美国进行国事访问，美方提升了礼宾规格并主要通过鸣放礼炮体现出来。一般情况下，东道国会为来访的国家元首鸣放一次礼炮。但美方打破惯例为江泽民主席鸣放了三次21响礼炮。第一次是江泽民到达美国檀香山时；第二次是在美国为江泽民举行的正式欢迎仪式上；第三次是江泽民结束对美国的访问离开时。③ 美方的超规格礼遇显示了尊重、释放了善意，为此次国事访问增添了色彩，也为1998年克林顿访问中国奠定了基础，两国关系向着友好与建设性的方向发展。

军机护航是外交礼宾中东道国体现尊重的最高形式之一，升格信号非常明显。与鸣放礼炮和检阅仪仗队不同，军机护航并不是欢迎仪式中的程序性内容，没有国际统一准则，因此，往往被视为最高规格的礼遇之一。各国并不会轻易地给予来访国国家元首军机护航礼遇。

① 唐龙彬：《一次具有历史意义的访问：邓小平访美礼宾工作亲历纪实》，《纵横》2000年第2期，第7页。

② 参见官力：《邓小平与美国》，中央党史出版社，2004，第255页。还可参见纪立德口述，周溢潢执笔：《一个新的时代开始了：忆邓小平访美片段》，载吴德广、刘一斌主编《礼宾：鲜为人知的外交故事》，新华出版社，2008，第65页。

③ 吴德广：《从礼宾官到总领事》，新华出版社，2008，第14页。

一国元首能够获得到访国家军机护航的礼遇，在外交上传递了尊重与友好的信息，也为加强两国关系营造了良好的氛围。

超规格礼遇是友谊的象征，也是两国关系向着良性方向发展的信号。礼宾礼仪升格的做法各不相同，但背后的实质是一致的，即体现了国家之间友好的关系、亲密的友谊与良好的合作前景。当然，两国关系也有出现障碍、矛盾的时候，外交礼宾降格往往成为一种表达信号的手段。

（二）国际政治中的外交礼宾降格

礼宾降格是指在国家间关系中，一国以礼宾规范为基础，在外交礼宾上故意降低对另一国外交代表的礼遇。礼宾降格的展现方式可以是偏宏观的仪式性安排，如欢迎仪式、国宴、位次安排等；也可以是偏微观的体现在外交主体身上的各种礼节。

礼宾降格的例子在全球范围内并不少见。

位次排序在礼宾降格中具有清晰呈现。作为外交礼宾中最为重要的内容之一，它在外交史上引发的争吵最多，现代外交中也非常敏感，下面的两个礼宾降格案例都涉及位次排序。2010年1月11日，因不满土耳其拍摄的一部损害以色列形象的电视剧，以色列外交部副部长阿亚隆刻意羞辱了土耳其驻以色列大使切利克科尔。阿亚隆故意让土耳其大使坐在较矮的沙发上，而他的椅子则高出了许多，致使双方的位置一高一低。之后，以色列报纸还刊登了一张标注了"耻辱的高度"的照片。[①] 面对这一礼宾降格的行为，土耳其方面反应激烈，土耳其总统表示，以色列外交部副部长阿亚隆如果不就此事向土耳其驻以色列大使正式道歉，就要召回大使。为了平息不满，阿亚隆副部长不得不

---

① 《土耳其驻以大使与以色列高官合影时"被矮化"》，人民网，2010年1月14日，http://pic.people.com.cn/BIG5/166071/166816/10766670.html。

向土耳其大使道歉。① 2018年9月18日，波兰总统杜达在白宫与美国总统特朗普签署一份战略合作协议时，竟然出现了主方没有为波兰总统安排位子的情况。当时，美国总统特朗普在自己的办公桌就座并签署这份协议，而波兰总统杜达既没有一个相同大小的桌子也没有一把就座的椅子，不得不在特朗普办公桌的边角站着签署这份完全不符合外交礼宾惯例的协议。之后，特朗普还在推特上发布了二人签署协议的照片。这一礼宾安排引发波兰民众极大不满，波兰电视台的一位记者则讽刺道："特朗普总统挪了一点地方真是太好了，否则我们的总统将不得不在膝盖上签署这份文件。"② 波兰民众批评杜达"卑躬屈膝"，致使自己和整个国家受辱，也指责特朗普不尊重波兰。

外交主体的微观行为是礼宾降格的另一形式，包括致意方式、举止服饰等。2007年1月25日，法国总统希拉克接见来巴黎参加"援助黎巴嫩国际大会"的数十个国家代表，由于前来参加会议的部分代表是女性，希拉克对她们行了法国传统的"吻手礼"。美国国务卿、加拿大国际合作部长、奥地利外长、希腊外长这些女性政治家都接受了希拉克总统的法式吻手礼。可轮到英国女外交大臣、63岁的贝克特时，希拉克的绅士风度荡然无存，面对贝克特主动伸出的右手，他只是冷淡地捏了一下，随即略微欠身算是致意，像走过场似的应付一下。当媒体将这一画面公布时，引起诸多议论，强烈的反差令英国人非常不快，都为贝克特的遭遇鸣不平，甚至视为欺辱。

外交场合的服饰具有丰富的外交内涵，因表达方式的含蓄性，斗而不破的特点，也成为一方实施礼宾降格的工具。2002年2月，新西兰

---

① AP Mark Lavie, "Israel Apologizes to Turkey over Insult to Its Ambassador, Hoping to Defuse Latest Crisis," http://breakingnews.gaeatimes.com/2010/01/13/israel-apologizes-to-turkey-over-insult-to-its-ambassador-hoping-to-defuse-latest-crisis-4310/, accessed 19th Jan.2019.

② Rick Noack, "Poland Used to Be Okay with Trump. Then, He Posted a Photo," https://www.washingtonpost.com/world/2018/09/19/poland-used-be-ok-with-trump-then-he-posted-photo/, accessed 2th Sep.2018.

女总理克拉克在款待英国女王伊丽莎白二世的国宴上，穿着随意的上衣、简单休闲裤，背着极为普通的挎包出席国宴，与女王的华服、皇冠、绶带形成了鲜明对比。这引起极为重视礼仪的英国方面的不满。

全球礼宾升格与降格是对正常礼宾规范程度不一的偏离，它们的表现形式各不相同，有的以剧烈的形式呈现，有的以柔和的方式表达，所产生的影响与效果也是正负不一、程度不同。由于礼宾对等与互惠的特点，礼宾降格往往引发对方的不满、抗议甚至反制，礼宾升格往往伴随着两国关系的良性互动。刻意实施的礼宾升格与降格都不是空穴来风，特例只是表象，探寻特例背后的原因、挖掘其隐含的价值，才能发挥外交礼宾在国际政治中见微知著的作用。

二、外交礼宾特例的原因探讨

如果把外交当成一部机器，礼宾是外交这部机器中的一个重要组成部分，礼宾特例则是礼宾特殊的表现形式。外交的政治属性决定了外交礼宾的高度政治化，使之成为外交最鲜明的政治形式、职能与手段。外交礼宾特例的出现往往不是孤立的，与国际体系力量变化、国家间关系变化、一国国内政治、领导人人格特质以及礼宾特例的信号传递优势等不无关系。

（一）国际政治因素

外交礼宾特例受到多种因素的影响，国际政治中的国际体系力量变化、地区与国际政治的纠缠交织以及国家间关系的变化，都可能成为影响礼宾升格与降格的因素。特例体现着国际体系权力的此消彼长、错综复杂的地区与国际政治关系以及国家间关系的亲疏远近。

礼宾特例可以从一个侧面反映国际体系力量的变化。外交礼宾的众多功能之一是权力政治的功能。[①] 威望是权力的体现，外交礼宾是威望政策所使用的主要工具之一。[②] 一国给予另一国国家元首或外交人员的礼宾待遇是对当事人及所属国家的身份、地位、权力、威望的承认与认可。因此，礼宾升格与降格可以成为观察国际体系力量变化的一个窗口。

作为表象的礼宾特例还受到错综复杂的地区与国际政治因素影响。以色列外交部副部长对土耳其大使实施的礼宾降格案例较为典型，冷战期间两大阵营激烈争夺，土耳其加入西方阵营，其最终目的是避免苏联势力在该地区过度膨胀。[③] 东欧剧变、苏联解体后，土耳其传统的威胁消失，各种政治力量重新分化组合。土耳其国内安全问题最受关注的是库尔德问题，2003 年的伊拉克战争影响了土耳其与以色列的关系，以色列对伊拉克库尔德人的军事支持被土耳其政府认为是一种对土耳其的威胁，两国矛盾逐渐加深，双方对抗不断。以色列方面对土耳其大使的羞辱以及双方在礼宾上的争吵不是孤立的事件，而是复杂的地区与国际政治因素交织互动并通过礼宾降格这一特殊形式外化的结果。

国家间关系的亲疏远近及变化也会为礼宾升格与降格的出现创造条件。国际政治中没有永久的敌人，也没有永久的朋友，各国对国家利益的追求必然导致国家间关系的波动与变化。两国关系一旦变得亲密或恶化，就可能通过礼宾特例展现出来，这也充分说明了外交礼宾是国家关系的温度计，礼遇安排是国家关系的晴雨表。[④] 礼宾升格与降

---

① 周加李：《作为权力博弈的工具——论礼宾礼仪的一种隐性功能》，《辽宁大学学报（哲学社会科学版）》2018 年第 2 期，第 140—142 页。

② 汉斯·摩根索：《国家间政治：为权力与和平而斗争》，徐昕、郝望、李保平译，商务印书馆，1993，第 109—110 页。

③ 李秉忠：《土耳其与以色列关系恶化的原因及其启示》，《现代国际关系》2011 年第 12 期，第 29 页。

④ 李家发：《外交外事知识与国际交往礼仪》，广西师范大学出版社，2008，第 161 页。

格是国家间关系最生动的写照，反映着两国关系的亲疏远近与变化。如1979年美国给予邓小平副总理访美的礼宾升格待遇是两国关系由敌对转向友好的体现，以色列羞辱土耳其大使显示两国关系的恶化，法国总统希拉克通过吻手礼不公平对待英国外交大臣贝克特亦显示希拉克与英国首相布莱尔长期不和的政治生态与两国关系存在的矛盾，等等。这些都说明了特殊的礼宾反映着特殊的国家关系。

从国际层次研究外交礼宾升格与降格的原因，那些看似形式上的细节，往往有丰富的内涵。礼宾特例可窥探到体系力量、地区与国际政治、国家关系的现状与变化，程度不一的礼宾升格与降格正是这些国际因素在外交上的一种特殊折射。

（二）国内政治因素

国内政治因素是礼宾特例产生的一个重要原因。外交是内政的延伸，一切外交手段的运用都是为了适应本国内政的需要，这条原理从古至今没有变化。① 外交礼宾是外交不可分割的组成部分，它是政治的工具，反映着一国的内政以及内政与外交的关联，礼宾升格与降格往往是一国内政在外交上的特殊表现。

很多外交礼宾的升格与降格都可以从一国的内政中找到解释。以新中国成立初期给予新建交国家超规格礼遇为例。新中国成立面临的首要任务是巩固政权，保障革命果实，同时努力恢复、发展因长期抗日与内战导致的停滞的国民经济。在国家道路与意识形态的选择上，中国完全站在以苏联为首的社会主义阵营一边，新中国受到社会主义国家的支持与帝国主义国家的孤立。中国渴望在政治上打破帝国主义孤立中国的图谋，获得更多国家的承认，在世界舞台上站稳脚跟，更好地维护国家的权益。给予首先承认新中国的外交代表超规格礼遇符

---

① 周启朋、杨闯等编译《国外外交学》，中国人民公安大学出版社，1990，第1页。

合中国的国家利益，也符合中国内政的需要。同样，中国两位国家领导人于1979年与1997年分别对美国进行访问时受到的破格礼遇也受到美国国内政治的影响。美国深陷侵越战争的泥潭而内外交困，面对衰落不得不调整全球战略，推行"尼克松主义"，[①]加之中国为了抵抗苏联的严重威胁，双方都有改善关系的需求。邓小平副总理1979年访美恰逢中美1979年1月1日建交这一特殊时期，礼宾折射出中美两国关系处于"蜜月期"的状态。[②]1997年美方给予江泽民主席访美的礼宾升格与两国逐渐升温的关系有密切联系。1989年政治风波之后美国对于中国的制裁与1995年美国允许"李登辉访美"这两个事件将逐渐复苏的中美关系拖入谷底。但随着时代的发展，中国国际地位与影响力不断提升，美国认识到拒绝与中国接触、制裁中国并不符合美国的利益，于是调整了全球战略与对外政策，对中国实施了接触政策。美方给予江泽民超规格礼宾待遇正是美国接触政策的体现。

礼宾降格现象也往往程度不一地包含了一国国内的政治因素。1959年赫鲁晓夫访华受到了中国的礼宾冷遇，中苏关系大幅转变的原因很多，除了意识形态的分歧及其他因素，还有一个很重要的原因是国家利益的冲突。1958年春夏之际，中苏双方就共同建立"联合舰队"和"长波电台"问题产生激烈争论，[③]毛泽东视为对中国未来国家安全利益的损害。此外，1959年6月，苏联单方面宣布终止中苏国防新技术协定，并中断了向中国提供原子弹样品和生产的相关技术资料；同年7月，赫鲁晓夫在访问波兰时对中国人民公社化运动进行了公开的批评；等等。这些给中国的经济建设、国防建设与国家安全造成巨大损

---

① 赵雷、陈云云：《改革开放前新中国外交政策两次调整的原因分析》，《中共山西省委党校学报》2008年第4期，第62页。
② 胡勇：《邓小平访美的礼宾问题》，《国际政治研究》2010年第1期，第173页。
③ 栾景河：《"中苏关系破裂原因"研究述评》，《当代中国史研究》2007年第6期，第41页。

失，因国家利益产生的冲突结合其他因素注定了赫鲁晓夫访华时无法受到高规格的礼遇。礼宾的政治性决定了礼宾是为体现、维护和发展国家利益服务的，是为国内政治服务的，礼宾升格与降格只不过是礼宾较为特殊与极端的形式与方式，外交实践中的案例充分地说明了这一点。

（三）领导人个人因素

个体"人"是国际政治研究不可或缺的一个角度，肯尼思·沃尔兹在他的著作《人、国家与战争》的研究框架中，把个人当成战争原因的一个层次进行分析，"如果不理解人的本性就不可能有政治学理论"。[①] 就像医生不去医治无病之人一样，政治心理分析研究的多是不同寻常的政治人物，或在正常人看来非理性的行为。[②] 每一个国家领导人都有自身的人格特质与行事风格，这些会影响领导人的政治行为、外交决策与对外政策，进而或直接或间接地对国家间关系产生影响。分析外交礼宾特例也需要关注领导者人格。

人格因素对新西兰女总理克拉克身着简易服饰出席国宴具有一定解释力。克拉克个性鲜明、喜爱挑战、作风强硬、不惧困难，是一位公认的政坛女强人，被人称为新西兰的"铁娘子"。克拉克自小就认识到"女孩可以做任何事情，并且也要做任何事情。"[③] 克拉克喜爱挑战，曾登上海拔5895米的非洲最高峰乞力马扎罗山的基博峰和海拔6960米的南美洲最高峰阿空加瓜山。克拉克支持男女平等，她希望各国女性打破陈规、追求独立。克拉克的强硬还表现在她的政治立场和态度上，

---

① Kenneth N. Waltz, *Man, the State and War* (Columbia University Press, 1959), p.28.

② 张清敏：《国际政治心理学流派评析》，《国际政治科学》2008年第3期，第93页。

③ Ingvild Bode, "Personalities Can't Be Ignored in Candidacies for UN Secretary-General," http://www.passblue.com/2016/08/16/personalities-cant-be-ignored-in-candidacies-for-un-secretary-general/, accessed 1th Jan, 2018.

对于新西兰是英联邦国家的身份，克拉克不持支持的态度，她"一直希望新西兰有朝一日脱离英联邦，成为独立的共和国"。[①] 鉴于对新西兰英联邦地位的不满与脱离英联邦的政治诉求，不难理解她采用柔性服饰符号对英国女王实施礼宾降格的行为。

波兰总统签署协议时遭遇的礼宾降格与美国总统特朗普的外交风格与行事作风不无关系。特朗普任职以来在外交礼宾上出现较多不符合常规的做法，这除了因为他外交经验不足，也深受其人格的影响。特朗普的人格特质富有鲜明特色，"自恋偏执"是特朗普人格中最为突出的特征，包括极度自信，以自我为中心，较强的优越感、特权感与目中无人的性格，固执地坚持自己的看法，等等。[②] 这种人格特质导致他对外交制度、礼宾规范以及专业团队的轻视，因此，礼宾中出现较多突出他个人的表现就不足为奇了。这不难解释为何签署两国双边协议，波兰总统连一个平等、对等的签约条件都被忽视了，更重要的这不是一个孤立的事件，而是特朗普众多违反礼宾规范的案例之一。

如前所述，政治心理学分析研究的多是一些不同寻常的政治人物，如克拉克、特朗普，他们个性鲜明、独特、异于常人，都成为研究礼宾特例较好的样本，也使这一研究视角成为其他研究的有益补充。

（四）信号传递因素

沟通是外交的本质，外交涉及政治之间的沟通。国际关系研究总是将权力、利益或身份作为经验解释的核心变量，并没有系统地对行为体的沟通机制进行研究。[③] 然而，沟通之于外交就像血液之于人体

---

① 陈鹰翔：《震撼世界的女领袖》，中国社会出版社，2011，第80页。

② 周加李：《特朗普外交礼宾礼仪行为特殊性的人格分析》，《铜仁学院学报》2019年第7期，第67—68页。

③ 林民旺：《座次与入场顺序：这些外交仪式中的信号有啥门道》，《公关世界》2018年第9期，第43页。

一样，每当交流停止时，国际政治的主体部分，即外交进程，就会消亡，从而带来暴力冲突或关系冷淡的后果。[①] 外交中的沟通既有语言的，也有非语言的；既有秘密的，也有公开的，它们通常被称为外交信号。[②] 在国际关系中，一国往往需要对自己的意图进行声明，那么，外交姿态也是信号，比如召回大使、断绝关系、外交怠慢、礼宾升格，等等。[③]

礼宾是发送信号的工具，不同的礼遇与规格体现着不同的意义与内涵，礼宾升格与降格是较为特殊的外交形式，可以传达一国政治意图与外交信号。在信号传递的功能与作用上，礼宾特例比常规性的规范具有更大的优势，礼宾升格可以发送积极信号如善意、友好，而礼宾降格则可以发送消极信号如不满与抗议。[④]

1971年中国外交官黄华拒绝与苏联大使马立克握手具有很强的信号传递的寓意。从礼仪的角度来看，拒绝与他人握手是修为不高、礼仪素养缺失的表现。但中国外交官黄华故意为之的表现已经超越了个人礼仪素养的范畴，具有很强的政治性。这种行为符合当时中苏关系恶化、中国的对外政策以及信号传递的需要，从来没有一个好的外交官是坏的沟通者，[⑤] 黄华显然是一个称职的信号发送者。20世纪60年代，中、苏、美三大力量发生分化重组。苏联对外推行"苏美合作，主宰世界"战略，力图控制中国服从其战略需要，致使中苏关系由友

---

① Van Dinh. Tran, *Communication and Diplomacy in a Changing World* (Norwood, New Jersey: Alex Publishing Corporation, 1987), p.8.

② Christer Jönsson, Martin Hall, *Essence of Diplomacy* (New York: Palgrave Macmillan, 2005), p.75.

③ 罗伯特·杰维斯：《信号与欺骗：国际关系中的形象逻辑》，徐进译，中央编译出版社，2017，第21页。

④ 基尚·拉纳：《双边外交》，罗松涛、邱敬译，北京大学出版社，2005，第168页。

⑤ M. Stearns, *Talking to Strangers: Improving American Diplomacy at Home and Abroad* (Princeton: Princeton University Press, 1996), p.112.

好趋于恶化。[①] 1969年发生的"珍宝岛事件"致使中苏关系到了一触即发的战争边缘。而美国深陷越战泥潭，国力削弱，内外交困，美苏争霸态势转为苏攻美守。基于这样的背景，20世纪60年代末中美关系开始松动，1970年中美恢复了大使级会谈，1971年中国在联合国的合法席位被恢复。黄华通过拒绝握手羞辱苏联代表的方式是他当着联合国其他三大常任理事国代表的面发送的一个外交信号：曾经的"同志加兄弟"的中苏关系已经恶化，中国把苏联看成对中国安全威胁最大的超级大国，这个超级大国比"美帝国主义"还危险得多。[②]

同样，2014年俄罗斯总统普京在澳大利亚参加二十国集团峰会时遭遇的礼宾冷遇也可以理解为以美国为首的西方国家强烈反对俄罗斯引发地区局势持续紧张所传递出的外交信号，这是国际政治博弈在外交礼宾上的体现。普京感受到西方国家的一致不满并在礼宾上接收到这些信号，从而直接导致他提前离开峰会。

以上从宏观到微观剖析了礼宾升格与降格形成的原因。需要说明的是，某一种因素也许是某一个或一类礼宾特例形成的主要因素，但国际政治中的外交礼宾特例往往是多种政治因素相互交织、作用的结果。

三、小　结

以升格和降格为形式的礼宾特例绝不只是简单的形式问题，而具有较强的现实意义和学术价值；这些价值往往是常规性的礼宾规范很难体现与反映的，却恰恰体现出国际政治中的一些核心问题，对这些问题的研究不论是优化外交实践还是提升学术研究都有帮助。

---

① 张光佑：《新中国外交五十年》，《外交学院学报》1999年第4期，第28页。
② 宗道一：《乔冠华舌战马立克》，《国际人才交流》1993年第11期，第16页。

第一，现实意义。从国际层面来看，通过外交礼宾升格与降格可以敏感捕捉到国际体系力量的此消彼长，相关国家间关系的特殊之处，有助于理解相关国家所处的政治环境、各行为体的利益诉求等，对其进行研究可以引导人们深入挖掘两者关系特点与实质，预测相关国家关系发展前景，为制定有效的本国对外政策提供相应的宏观背景分析和应对之策。在国内层面，能够帮助学者与政策制定者窥探一国内政的变化，从而更好地理解一国内政以及内政与外交的互动。在个人层面，当代国际关系中首脑外交日趋活跃，由于角色与身份的特殊性，国家元首不仅在官方政策宣示中有重大话语权，就是对普通人而言最为常见的礼仪、礼节等也会包含政治性，一旦在礼宾上出现超越常规的表现，就会产生政治后果，并对国家间关系产生影响。理解与判断一国对外政策、外交行为不能忽视领导者的因素。在工具层面，外交礼宾升格与降格是发送信号的较佳形式，若能理解礼宾中的升格与降格是各行为体利益诉求的"信号"，并在这些信号的指引下认清两国关系的本质，并兼顾各方的利益诉求，将会更好地推进外交实践，使国家间关系朝着共赢方向发展。

第二，理论意义。其一，可以丰富、补充、完善外交礼宾的理论并推动外交学理论的研究。有些观点认为外交没有什么学问可言，只是一些迎来送往的外交礼仪、规矩和复杂烦琐的国际法条文；[1] 也有些观点认为外交并非没有什么学问可言，而是那些专门研究这类治国术的人没有得到理论的引导，而注重理论的人还没有去关注外交。[2] 事实上，随着外交礼宾特例越来越常见，需要对其深入研究并将其理论化成为当前外交学重要议题之一，并引起学术界高度重视。其二，鉴于外交礼宾特例研究涉及国际政治学许多概念和领域，如国家间关系特

---

[1] 赵可金：《非传统外交：当代外交理论的新维度》，《国际观察》2012年第5期，第10页。

[2] Abba Solomon Eban, *The New Diplomacy: International Affairs in the Modern Age* (Random House Inc., 1983), pp.384-385.

点、国内政治对外交影响、领导人性格特点、政治信号传递，等等。因此，对外交礼宾特例的理论研究就成为国际政治理论研究的一个侧面，可以丰富国际政治研究视角，对国际政治和国际关系理论研究作出贡献。

通过以上观点可见，礼宾特例是对礼宾规范的偏离，这些偏离正常规范的升格与降格能引导我们思考正常规范无法反映的问题，以小见大，揭示国际政治的核心问题。推进外交实践与理论的发展正是礼宾特例研究最大的价值与意义。

外交礼宾——积极沟通的艺术

[英] 罗莎莉·李维特[*]

许嘉慧 译

当前世界局势，危机四伏，冲突难免，国际外交的作用从未如此重要。数百年来，外交活动都是在外交礼宾规则的指导下进行的。

一、何谓礼宾

"礼宾"（Protocol）一词源于希腊词汇"Protokollon"，指某种胶水，在看上去一切尽失的时候将大家团结在一起。无论外界声音多么纷繁嘈杂，外交官们总是竭尽全力保证国家间交流畅通，让每个分歧都有可能最终被解决。这就是我们所说的外交。礼宾是开展和达成外交活动的方式。在过去的几个世纪，外交官实际上是指那些冒险深入敌对领土寻求达成协议的使节们。外交官们代表各自政府传达信息的同时，也会受到一定的保护，外交豁免权的概念应运而生。换句话说："两国交兵，不斩来使。"但直到1961年4月24日，详细记录着53项条款的《维也纳外交关系公约》才正式生效，关键的外交豁免概念即包含其中。该公约在承认礼宾持续发展的同时，在国际法领域制定了共同标准。

如果愿意的话，礼宾可以被视作外交领域的礼仪（etiquette）。一

---

* 罗莎莉·李维特（Rosalie Rivett），英国外交事务女性协会（Women in Diplomatic Service Association）前首席执行官，英国外交顾问与外交学者，著有《外交礼宾——礼仪、治国方略和信任》（*Diplomatic Protocol – Etiquette, Statecraft & Trust*）一书。

20

位高级外交官曾这样形容它：礼宾是编制好的良好道德举止，亦是制度化的常识规矩。为了赢得对方的认可，或者至少获得理解，遵守东道国的习俗与传统对于外交官来说至关重要，这是一种会被尊重和认可的礼貌行为，也是进行任何积极沟通的第一步。无论一个人是否具有外交官的身份，只要参与外交就意味着思虑周全、理解体谅、礼貌客气：一切都围绕着换位思考展开，但又不需完全达成共识。做到这些需要一定的忍耐力和宽容心，而在如今这样充斥着实时评论和即时观点的世界，二者正迅速成为稀有品。外交官的关键作用在这时便展现出来了。让我将外交礼宾说得再确切些。将礼宾视作一种管制措施是不对的，相反，礼宾是一系列有助于破除限制的指导方针。它可避免引起冒犯，让外交官不惧传达那些或许高难度的信息，而这也得益于全世界都遵守的一些通用标准。甚至可以说，礼宾就是使外交过程和谈判进程运作更加顺利的润滑剂。这其中包括言语能力和行为举止，即我们如何按照正确的级别和方式称呼高层人士。让对方感到更加舒适，这样一来，谈判可以在友善的基础上更自由地进行。

礼宾的出现为本可能混乱的局面带来了秩序。像官方晚宴中的座位安排这样简单却重要的事情，看似容易，但事先告知人员级别则可避免任何冒犯行为的出现。尽管"万事皆可能"的态度频频显露，外交礼宾却为瞬息万变的世界格局带来稳定，因此，外交礼宾不应被视作过时的行为。一个看上去对当地习俗不起眼的违背，实际上会侮辱到东道国，甚至发展成严重的分歧，导致一些敏感谈判的即刻失败，甚至更糟。

二、专业的外交人员

外交官并非风向引领者。事实上，由于礼宾关乎外事工作的方方面面，言语表达、行为举止以及性格气质均与礼宾息息相关，因此外交官们开展外交事务时应引导的是一种中正平和的态度。他们必须重新校准各自的个人标尺以适应工作所在国或地区的当地风俗。"大使"（ambassador）一词源于拉丁语词汇"ambaxus"，意为仆人，暗示外交官的工作就是在海外为母国和母国的公民服务。政府设定政务议程，外交官负责执行计划。因此，外交礼宾并非可有可无的选项，而是外交进程和国际关系交流的中流砥柱。

成为优秀的礼宾官都需要哪些特质？首先，不是所有人生来就是礼宾官。他们是道德高尚的典范，是精通典礼的大师，是公共关系的专家，他们仅凭名字就能辨识出他人的地位和身份，组织贵宾访问也不在话下。礼宾官通常是由职业外交家出任的，而对一些指派非职业外交人员担任大使角色的国家来说，职业外交家是必不可少的人才，在某一国进行外交活动时，非职业外交人员有可能缺少见微知著的本领和判断细微差别的能力。礼宾官负责新闻事务，并密切留意当地对母国政府的批评，新大使一旦就任，礼宾官会每日向其汇报当地的情况。

情况偶尔也会出现差错。这让我想起1991年英国女王伊丽莎白二世到访美国白宫时的场景。为了配合布什总统1.88米的身高，演讲台被调高，这却让随后发表演讲的女王只有帽子飘在台上。当这一画面被转播后，外界戏称其为"说话的帽子"，而这或许是访问过程中最令人印象深刻的事情了。外交生涯中，差错在所难免，但只要外交人员对可能遇见的挑战有所准备，事情终会妥善解决，大使可感到欣慰，母国也会引以为豪。

就像最初一批使节启程前往世界各地，找寻贸易机会一样，如今企业家们寻求海外商务合作时对礼宾指导的需求也在不断增加。对于礼宾官员们来说，这是个新角色，在东道国的行事方式关乎一切，因此也必须像处理任何重要的外交访问一样对待上述的贸易任务。

三、外交人员的行为准则

"行为准则"一词被反复提及，但它究竟指的是什么？

首先，人们应该意识到当前行为举止有随意化的趋势，而外交从来就不是随随便便的事。尽管它可以也应该是轻松愉悦的，但这远不能使外交官忘记他们的立场，不顾交往的对象。外事交往绝不可能是非正式的，因为外交官在任时的每一刻都在行使职责。所以即使是在最不拘礼节的场合，比如一场高尔夫球的邀约，都要谨慎小心以免过于亲近或随意。友好的态度并不一定意味着对方将你视作朋友，但这种友善或许会为下一轮正式谈判铺平道路。

其次，语言的运用是至关重要的一环，某种语言中简单的词汇放在另一种语言中则可能招致冒犯。对于外交官来说，精通一门外语应该是自然而然的事情，但一位教授也曾告诫说："语言并非中性、透明犹如清水般的媒介，而更像是计算机程序般的一系列操作指令。"因此，交流时最重要的不一定是说了什么，而是如何说，即当事人使用的语言技巧以及表达自己的方式。怎样才能为对方留下良好的印象。不管喜欢与否，我们之中大部分人不由自主地通过外表相貌和行为举止来判断他人。人们从封面来判断一本书的好坏，所以第一印象当然重要。一个人应举止得体、打扮得当以符合身份，并相应地调整说话方式。

令人奇怪的是，《维也纳外交关系公约》中甚至没有提及相关人员的行为方式，即外交礼仪，这或许是因为我们普遍认为受过良好教育的人们懂得如何表现得体，正确称呼他人。但在现今高度敏感的世界中，外交官们必须格外敏锐——不管本意如何，一个无心的手势经由社交媒体的即刻转播，便有可能被误解为一种侮辱性行为。

除此之外，经验丰富的大使之间是可以建立起牢固联系的，这种联系在危机发生时往往有所帮助。当双方因共识中的裂痕而相互指责对方时，外交官的责任就是在幕后平息紧张局势，长期建立起的工作关系在此时显得十分重要。正如一位外交官所说："冲突由人引起，受人支配，也将被人终结。"外交官的工作就是构建起沟通的桥梁，实际上，即使需要花费时间，冲突也总是最终会被大家解决。这是外交礼宾的艺术，也是沟通的艺术。

四、作为软实力手段的外交

外交是一种软实力手段，当意味着沟通交谈的外交失败时，软实力就行不通了，冲突随之而来。各方的共同目标是避免冲突，而这绝非意味着听之信之。在辩论过程中的一些层级上，所有人都期待发挥各自影响力，但通过公平谈判取得折中妥协才是两全其美之事。

谈判者帮助双方达成均可接受的共识，这常常意味着各方必须进行一定的退让。但无论如何，主旨通常不变，即各方是想通过谈判而非战争实现目标。这里的"谈判者"角色便是由外交官担任，他们通过沟通交流、游说劝说以及理智决断影响着外交活动。

作为软实力手段的外交，也关注前者不应被忽视的另一个方面：一国在艺术遗产上的文化影响力。面向全球的艺术与手工艺品展示活动向外界传达了这样的信息："我国人民懂得鉴赏美，文化素养高，因此也是贵国可以在更大范围内进行商业往来的对象。"中国辉煌的艺术遗产当然也是世界文化遗产的一部分。各国之间的差异同样蕴含美感。国家之间外交与礼宾风格各异，民族特征亦反映在其中。

事实上，有人会说国际外交的目的就是承认并赞赏差异性。作为英国人，我们通常被冠以保守的标签，而对于法国人来说，自信是他们的特点，德国人以严谨闻名，拉丁美洲国家的人们直率随和。成功的外交官往往拥有汲取驻在国最佳特质的本领与天赋，甚至是在返回母国后，这些特点也会在他们身上得以保留。

五、经贸中的外交

尽管耗时，但通常情况下贸易是大部分外交活动的主要驱动因素。国家间的贸易交往带来经济效益，而经济实力强大的国家才能取得成功。因此，软实力既包含硬核的具体操作又包括行为目的。国家的兴旺繁荣与贸易紧密相关，外交官的角色也因此受到贸易谈判的支配。与此同时，谈判的成功与否又取决于外交官在谈判中的表现。

可能有人会问，大使是否只是全球商业界中的一个微小环节？大使代表着各自的国家，体现着国家元首的意志，在危急关头充当排头兵。大使的意义不外乎就是这些，但在国家事务与政治、经济、社会福利错综复杂联系的世界格局下，外交官必须具有多元化的才能：培养自己预测本不可预测之事的能力，这不仅是为了向母国政府建言献策，也是为了越来越多地引领外国潜在投资者在母国开展业务。

近年来最艰难、最耗时的谈判或许当属英国脱欧。一个国家寻求离开欧盟俱乐部，这是之前从未有过的事，其中不乏外交、政治、经济考量。英国的脱欧协议条款需要欧盟所有成员的同意，难度系数不小的国家间谈判存在于这一复杂的过程中。随着僵局接踵而至，当某些环节并不复杂时，各国代表似乎都想向媒体透露些实况快评。我将在后文谈到公共外交领域的这种趋势。当然各方最终达成了协议，英国与欧洲之间的贸易大门依然畅通，重要的是对话仍在继续。

经济外交无疑是国际事务中居于前列的重要一环，各国领导人及大使们都力图把握住新机会或防止经济灾难。

六、多边外交与信任

多边谈判时有发生，比如作为联合国代表就会需要参与像英国脱欧这样的谈判。有担忧表示礼宾礼仪水准正在下降，并认为联合国193个会员国亟须确立共同基础。基于此，联合国于2011年出版了《联合国代表手册》（*Manual for UN Delegates*），解释说明了次序优先权（precedence）以及联合国代表的行为规范。举例来说，国际会议常包含非正式的讨论活动，这类在返回主会议厅进一步辩论前即可达成共识的非官方外交行为又被称为"二轨外交"，与之相对应的则是"一轨外交"，政府通过辩论等官方渠道落实相应规定，最终形成法案。"二轨外交"让秘密商讨成为可能，允许各方互换想法、期望与关切以促进相互了解，并在主要争论及投票时避免尴尬与意外。在任何场合，拥有清晰独立沟通的能力都至关重要。在大方得体的行为方式下，这种能力促成了最基本的信任。对于新上任的驻联合国代表来说，联合国确实是一个令人眼花缭乱的世界，他们需要尽力搞懂怎样称呼如此多的国家或区域集团代表。因此，在一些外交学相关课程中，礼宾与国际礼仪理所当然成为必修的模块。

多边外交中的国际礼宾工作有时也会相当艰巨。当事方的交流争论，你来我往可以持续数月、数年甚至更长时间。各方或许最终仅仅达成了一个承载更多对话的共识，但重要的是沟通交流仍在继续下去。

外交活动中"信任"二字举足轻重，离开信任，共识无从说起。从大使与国家元首在上任之初碰面的那一刻算起，信任的构建就已开始。正式递交国书的背后是对他人进行评估的人类本能。大使在任时代表着相应的国家，固然本身携带着一定可被解读的潜在政治信息，但他们外交生涯的成功与否则完全取决于能否同相关方面建立起信任。

上述规律也适用于与其他大使馆工作人员的交往过程中。职业外交家会自然地寻求礼宾官以及其余大使馆成员的支持甚至指导。国家元首有时任命自己的某个商业伙伴为大使，后者或许就缺乏这样的外交策略，往往无法顺利与其他人共事，这样一来，离任只是时间问题罢了。成功的外交家不仅要懂得如何同东道国交往，还要能赢得同事们的支持。

在分别时将客人送到门口的做法据说是源自贝都因人^①，在他们的习俗中，对方离开帐篷时主人常会一道走上几步。这表明客人受到了盛情款待，主人也祝福他们接下来的路途一帆风顺。不言而喻，主客之间连接起了信任的纽带，当再次相遇之时，对方也会报以同样的热情。在友好相处才能生存下去的世界中，双方成了同一个大家庭里的成员。我常对"伸出友谊之手"这样的隐喻给予很高的评价。抵达新岗位的外交官同样也是身处异国他乡的陌生人，初来乍到，形势尚未安定，在此时给予外交官的礼遇就显得尤为珍贵。

七、科技与互联网下的外交

科学的进步是如今时代中的一个重大机遇，这份机遇是国际性的。我们如何形容科学外交？科学外交是否如同一些人所说，是强硬外交下的软肋？对健康与环境问题的探究，对海洋与宇宙的探索，这些都与科学相关。我们以条约的形式共享科学成果，即使达成协议往往耗时巨大也在所不辞，从而建立起一个更安全、更富有智慧的世界。举例来说，每个国家都在努力遏制气候变化，作为一个需要全球共同应对的危机，所有国家都可以在制定最佳解决方案的过程中互通有无。对于一国来说，如果邻国持续制造污染，那再严格的限制措施也只是杯水车薪。正如横向思维^②倡导者爱德华·德博诺（Edward De Bono）所说，各国想要获得新观点及解决方案，重要的就是在研究中跳出固

---

① 贝都因人（Bedouins，亦作 Beduin），也称贝督因人，是以氏族部落为基本单位在沙漠旷野中过着游牧生活的阿拉伯人。"贝都因"为阿拉伯语译音，意为荒原上的游牧民、逐水草而居的人，是阿拉伯民族的一部分。——译者注

② 横向思维是指接收和利用其他事物的功能、特征和性质的启发而产生新思想的思维方式。与之对应的是利用逻辑推理直上直下思考的纵向思维。——译者注

有模式，进行创造性思考，而在危机时期这些想法及方案亦可被所有人共享。我从小生活在马耳他，一直以来被教导的观点就是需求乃发明创造之母——门走不通，便换一扇窗。2020年，中国在纽约的联合国大会上宣布将于2060年前实现碳中和，而从全球来看，为了后代的福祉，很多国家都正采取各类措施保护我们赖以生存的地球。

接下来，我想从外交家的角度来说说互联网带来的机遇和威胁。互联网外交听上去是一个自相矛盾的术语，互联网是即时、开放的，而外交则更为理性，需要深思熟虑，将谨慎置于一切之上。但时代发展，无可回头，很多现代交流活动正是依托互联网而得以展开，那它是如何融入外交礼宾活动中的呢？消息在互联网上发布出来，我们也不能就此判断它是否真实可靠，近年来虚假新闻大行其道。我们还能相信些什么？假新闻的作用就是干扰人们的判断，通过显而易见的手段或是巧妙的文字游戏杜撰出一个故事。这种方式深受一些演讲者和作家欢迎，但却会使诚实打了折扣，毁掉我们一直以来珍视的信任。真相是战争中的第一个受害者。

有人可能会反驳说既然一切都变了，那是时候向前看了，无须再为那些过时的礼宾细节烦忧。然而，离开了真相，我们寸步难行。外交官的工作就是评估并诠释互联网和作为其对应物的社交媒体中产生的一切噪音以及无意义重复，从而告知母国什么是真相，什么是纯粹的谣言和猜测。

不管内容真假与否，任何人都可以在社交媒体上发言，从而吸引大批注意力，或正如有人所说，像病毒般传播开来。如今每个人都有自己的想法，这之中有太多人迫不及待想把自己的观点分享给全世界。如此一来，源源不断的信息流影响着政治领袖们的想法，危险便藏匿其中。在英国，当针对某事项的请愿人数超过10万人，议会就必须依法对该事项进行辩论。即使在对局势未知全貌的情况下，大量民众依然寻求发表见解，自然会引起种种问题。对于外交官来说，关键在于当前人们四处收集万维网和社交媒体内上传的信息形成观点，这些观点可能是真实的，也可能仅仅是一种宣传造势的形式，而想要辨明二者并不简单。或许是为了国家利益，一些政府并不会过于公开地谈论他们的战略方案，这不禁让我们猜想，如果那些曾经的历史危机也经历一番实况报道，故事又会如何收场？例如1962年10月的古巴导弹危机，隐身于幕后的外交活动，虽然紧张忙乱，却成功防止了一场潜在的灾难。如果当时公共意见左右了双方的决定，后果是否会大有不同？为了避免恐慌而让公众远离此类消息的做法如今看来是否正确？还是说公众的知情权远高于问题本身？

互联网带来了些什么？是混乱和干扰还是诚实和开放？是清晰透明还是困惑窘迫？答案因角度不同而各异，比如事关安全问题就最好低调些。一国政府将战略细节全部披露出来不见得是明智之举，但在一个所有人都拥有移动电话并能接入互联网的世界里，面对批判之声，通常难觅藏身之所，也同样无处寻求庇护。

尽管互联网对所有人都如此公开透明，但仍存在着被滥用的可能。有了互联网，恐怖组织更容易进行远距离结盟，随后轻易转变成新的实体组织，恐怖组织的计划变幻无常，安全当局在分析这些计划时却常因互联网而经受巨大的挑战。外交家的工作是在遇上真相的瞬间便进行推想，预测其对本国的影响，而在互联网世界，则会有大量由非官方人士散布的对立观点存在。

外交领域的确有变化发生，然而外交活动并不一定会受到影响。互联网永远无法取代人与人之间的接触，来自所在地的一手消息总有其重要性。现代外交家必须灵活机敏且适应力强大，以应对日新月异的世界，后者要求我们通力合作，共同迎接挑战。从世界秩序存在的那天起，就总会有新的事态发展，而当我们寻求新常态的时候，往往是外交官们在幕后默默工作试图恢复秩序。

八、信息传播与外交

如果说我对外交生活有什么普遍担忧，那就是行为水准似乎有所下降。存在太多的大呼小叫，太多的以自我为中心。外交官们需要"调低音量"，才能让自己的声音被听得更清楚：拥有谦逊自知的本能，先聆听，再评估，将好战的言辞与事实情况区分开来，然后开口。

在国家间关系动荡的时期，外交官的角色应当是防止可预防的冲突，以清晰的眼光看待全局，不受周围不相关因素的干扰。确实，他们的工作往往是解决冲突，扮演谈判者的角色，永不关闭交流的大门，无论遇到什么情况，都要保持耐心和礼貌进行沟通，这是谈判中的黄金法则。这让我回想起18世纪末至19世纪初奥地利著名外交官克莱门斯·冯·梅特涅（Clemens von Metternich）的名言，他说："革命只是国家生活中的暂时性干扰……总会以重申秩序收场；国家不会像人一样死去，它们会进行自我转型。政治家们的任务是……指导这一转变并监督其方向。"外交官们了解更广泛的利害关系，所以他们明白不论发生何种冲突，最终都会恢复秩序。而这往往是在外交礼宾传统下通过安全、耐心、谨慎的谈判来实现的。

新闻——传播的基本要素，已经被直播媒体所改造，同样受直播媒体影响而变化的还有外交和国际政治。有人说，直播媒体实际上危害了对外政策的形成。外交家的自然心理状态与记者们的态度与想法是分不开的。对记者来说，独家新闻就是一切，在如今24小时的新闻周期中，时钟一直在嘀嗒作响，而新闻内容与时效性必须有机结合。网络政治取代了现实政治，现在我们又有了媒体政治。究竟谁才是真正制定议程的那一个？政客们想说因为他们掌权，所以制定者理应是他们；但在如今这个频频泄密的世界中，政客们却几乎跟不上话题主阵地的步伐。突发事件不仅每天都会出现，而且似乎每小时都会出现。

美国前国务卿马德琳·奥尔布赖特（Madeleine Albright）认为美国电视有线新闻网（CNN）是联合国安理会的第16个成员，这一观点广为人知。很明显，CNN在安理会没有投票权，但CNN成员的发言，特别是那些特邀嘉宾的发言针对的听众比安理会成员数量要多得多。

当政治领袖们在各自大使的陪同下抵达峰会时，他们或是一言不发，对着等待的摄像机微笑；或是发表事先准备好的声明，随后这将以"原声摘要"的形式播出。这些信息的受众要么是家中电视机旁的选民，要么是即将与领导人们见面的对手一方。无论如何，如今政治家面对的观众是来自全球的，他们可以选择各种不同的方式接触到这些受众，甚至偶尔也会使用推特（Twitter）！

在过去，外交官可以邮寄一封私人信件回国，悠闲地等待回信，而如今即时通信的形式增加了一种令人担忧的紧迫感。他的祖国不仅期待收到对当地时事的快速评估，外交官也将意识到祖国的总统和总理或许已经先一步看到和听到了有关某一特定事件的广播，甚至已经作出了决定。

为故事宣传造势的最好方法就是利用名人效应。一个事件或危机只需明星的造访就能提高其知名度。同样，明星吸引来的那种高调的关注，对于一个本能地在幕后默默工作的外交官来说，是深恶痛绝的。但如今我们生活在一个不同的世界，名人的背书也可以为外交官带来益处。如果需要的话，名人的参与可以确保故事一直存在于公众视线中。相反，如果没有拍照机会，那这个故事很快就会被遗忘。据说美国报业大王伦道夫·赫斯特（Randolph Hearst）手下的一位记者在报道1898年美西战争时抱怨说没有故事可讲，想要回家，对此赫斯特是这样回应的，"请留下来。你负责提供图片，我将供应战争内容"。

电视图像，主要是电视，可以直接产生正面和负面影响。当观众受到强有力图片的冲击时，针对某一特定行为的对错判断很可能会不复存在。而由于互联网的覆盖范围很大，一旦照片被发布，它就无法再被抹去痕迹。对于外交官来说，这是一个两难的境地，他们必须在故事曝光时当即作出反应，有时"故事"可能会持续多年：毕竟在大英帝国衰落很久之后，人们仍围绕着她对世界产生的影响争论不休。

一个极其简单的故事可以用不同的方式来解释：火箭试射是战争的前奏，还是卫星升空的早期阶段？并不是每个人都有时间或意向对一篇报道进行事实核查或查看出版公司议程的幕后情况，但外交官必须同时做这两件事并给出本国立场。这就又回到了沟通的话题上。特朗普就职美国总统时，在一些照片中似乎在场的仅有一小撮人。总统的公关部门立即发布了另一张图片，画面中的人群看上去更加庞大。相机从不说谎，但问题是它在拍摄同一场景时采取何种角度。换句话说，全凭我们如何解读。对于所有新闻机构来说，坏消息才卖得出去。人们试图只在报纸上刊登好消息，但最终失败了。

外交官们必须接受所有形式的沟通，而不是将这些沟通视为威胁。只要他们作好充分的准备，训练有素，就能处理记者们专门向他们提出的挑战性问题。无论好坏，媒体都是生活事实的反映。它不能被压制，但可以被管理，永远记住，世界渴望答案，如果答案不是出自一个可靠的来源，它们也总可以从其他地方获取。正如一位经验丰富的记者所说："记者想要的是什么？他想要一个故事。如果你能给他一个故事，你就处于有利地位，因为记者想给他的编辑留下深刻印象，而编辑又想给报刊发行人留下深刻印象，而发行人又想竞争过隔壁的那家报纸。"

总而言之，成功的外交家总是能掌握任何可能有利或不利的事实。但秘诀是要在危机出现前先发制人，尽可能全面地回答问题，甚至在有些事情没有按计划进行时痛快承认。没有一个故事是百分之百对我方有利的——从来都不是，总会有人愿意深入挖掘，所以对外交官的建议是直率地回答所有问题。

国际礼宾的作用是最终使冲突双方团结起来，而做到这一点的最好方法之一就是了解历史，不仅了解当前的冲突，也了解所涉及的领导人的历史。剑桥大学国际史教授大卫·雷诺兹（David Reynolds）说："政治领袖不应该问'问题是什么？'而应问'故事是什么？'……让我们讲一个叙述性的故事，让我们构建一个故事，讲述我们是如何陷入这一混乱的，也许这将帮助我们了解如何解决它。"因此，故事就是一切，从外交官的角度来看，想以最有效的方式传达故事就应遵循《外交礼宾——礼仪、治国方略和信任》中的准则。它适用于大国和小国，通过该书的统一思路，彼此将获得更多的理解，而通过相互理解，我们将获得更多安全与和平。

九、意义互通的外交礼宾

总之，我们长得不一样，想法不一样，信仰也不一样，即使如此，我们仍拥有很多共同点。外交礼宾允许我们借助彼此间的不同之处来沟通，而不会让那些我们自己通常坚定秉持并引以为荣的差异变成暴力。它允许我们在保持原则立场的同时和平沟通。这并不意味着软弱，但确实意味着对另一种观点的接受。礼宾远不止外交方面的礼仪，礼宾还提供了一张安全网，即保障措施，让双方可以广泛交换不同的观点，始终知道可以合理地持有分歧，而不用担心这些分歧会导致冲突。但以上这种立场也并非天真，因为外交同时承认，当对于权力、领土和资源的贪婪战胜理性，相互理解便会被打破。

外交是各方再次达成和解并重回和平的唯一途径，前者往往需要在长久确立的外交礼宾规范中开展。礼宾的含义还可延伸至一些通常反映在宗教信仰中的习俗和做法：什么能吃，什么不能吃，宗教节日和传统，风俗习惯和行为标准。在这么多明显的差异中，彼此似乎很难找到共同点。但究其根源，人类的基本特征存在其中：恐惧、爱、嫉妒、贪婪、孤独以及不确定，所以我们首要的就是接受这些差异。

有些人出于洁癖和对污染的惧怕，将握手改为礼貌性地鞠躬；有些人害怕物体所带有的象征信息；有些人害怕某些食物是不干净的；还有一些人避免接触动物，但对部分人来说，动物可能会被视为最亲密的伙伴。我们惧怕一些自己不知道或不理解的东西，但我们都有微笑、开怀大笑和哭泣的本能。在受到饥饿和干渴之时，反应并无差别，我们也都可以庆祝生日，享受节日和美好的回忆。

外交礼宾的意义在于使我们能够在不冒犯他人的情况下处理这些复杂的问题，最终拉近国与国彼此之间的距离，开展贸易、分享智慧、共同学习、繁荣发展。外交对世界安全至关重要。不是每个人都有外交天赋，但无论是谁担任，无论是现在抑或将来，外交官们的工作注定有其影响。这些影响可能不会总是被注意到，或许永远也无人关注，但请相信，是它们让世界有所不同。

二十一世纪的礼宾价值*

［荷兰］让·保罗·怀尔**

林禹彤　译

　　荷兰国王威廉–亚历山大（Willem-Alexander）在2013年就职典礼前不久的一次采访中自述不会成为一名"礼宾狂人"。然而几年后，他就变成了一位推动皇家礼宾现代化的国王，这种礼宾方式使其君主政体看上去更具现代化。

　　威廉–亚历山大国王于2017年4月27日庆祝他的50岁生日。其中一项庆祝活动是在阿姆斯特丹的皇宫中举行官方晚宴。威廉–亚历山大国王和马西玛（Ma'xima）王后怀着同样的心情迎接了150位平民宾客，他们在这一天共同欢度这特殊的周年式生日庆典。其中一位宾客将在当天度过百岁生日，另一位将迎来35岁生日，还有一位会庆祝他的40岁生日。参加晚宴的还有一位海洋生物学家、一名汽车经销商、一名士兵和一位超市员工。国王以"共同庆生的人啊"开始演讲，又以"让我们为自己干杯——我们值得为我们的生日干杯"① 结束演讲。随后在

---

　　* 本文基于《当今管理关系的礼宾：基于传统价值的现代关系管理》（*Protocol to Manage Relationship Today; Modern Relationship Management Based Upon Traditional Values*）一书的第1章，作者：Jean Paul Wijers、Isabel Amaral、William Hanson、Bengt-Arne Hulleman 和 Diana Mather，阿姆斯特丹大学出版社，2020年出版。

　　** 让·保罗·怀尔（Jean Paul Wyers），曾任荷兰皇家婚礼及国葬的总迎宾官。"礼宾办公室"（Protocolbureau）创始人、ISRM（战略关系管理研究所）执行主任。著有《真实关系管理》《当今管理关系的礼宾》等书。

　　① Algemeen Dagblad, https://www.ad.nl/binnenland/150-burgers-vieren-verjaardag-met-koning-lang- zullen-we-leven~a9203cf3, accessed 12th July 2020.

阿姆斯特丹皇宫美丽的市民厅（Burgerzaal）里唱起了《生日快乐》这首歌。

2017年庆祝国王生日的活动包括所有正常的"国王日"（King's Day）活动，这是荷兰的全国性节日。当年，在50岁生日之际，这位荷兰君主不仅与150名平民共度官方晚宴，还为其他皇室成员、大使和其他政要举行了晚宴。这些贵宾被邀请于庆典的最后一天参加晚宴，该晚宴不在阿姆斯特丹的皇家宫殿而是在海牙皇家马厩（Royal Stables）举办。

如果君主优先安排与平民共进晚餐，可能会违反一些礼宾规定。然而，这也给了他一个传递平等的机会——平等是荷兰文化中最重要的特点之一。晚宴让国王有机会展示他与荷兰人民沟通的能力，以表明他是荷兰人民真正的代表。

礼宾专家经常讨论"如何做"，乐于交流关于礼宾规则方面的专业知识。听一些专业人士解释礼宾的规范以及将礼宾应用于各自所处的国际组织、文化环境或国家的高级会议和活动，这些总是非常有趣的。

与礼宾的"为什么"不同，这是一个关注度较低但同样重要的话题。"为什么"影响了我们对所处环境的理解，并为新的见解和发展指明方向。一方面，礼宾能够控制预期，并进而规范人们对礼宾规则的应用；另一方面，在这个全球化的时代里，我们都通过互联网相互联系在一起，有无数的新发展，礼宾也不能落后，有时需要视不断变化的情况而调整。

在电影《穿普拉达的女王》①中，由梅丽尔·斯特里普（Meryl Streep）饰演的著名时尚杂志社的主编米兰达在巴黎时装周期间的一次招待会上遇到了一位大使和他的女友丽贝卡。按理说，大使在两人中

---

① 《穿普拉达的女王》（*The Devil Wears Prada*），导演大卫·弗兰科尔（David Frankel），制片人温迪·芬纳曼（Wendy Finerman），福克斯2000电影公司（Fox 2000 Pictures®），2006年。

更重要，应被优先欢迎，但米兰达打破了礼宾规则，率先欢迎丽贝卡。她们的关系通过这一不遵守礼宾的行为得以加强。通过首先关注丽贝卡，使大使在这场招待会上感受到了尊重。

规则是成功合作所需要的，规则为合作提供了安全性、清晰性和方向性。"规则是对赋予社群意义和特性的习俗或惯例的表述。从这个角度来看，规则不仅仅是对自由的限制，或推动义务实现的方式。对规则的承诺就是对应用规则的社群的承诺，通过支持成员之间有意义的关系，为共同的更高事业服务"。"同时，规则同社群本身一样有生命力。规则是共同事业的合作行为指南。但是时代在变化，情况也不断变化，一般性的规则并不总是针对特定情况的最佳解决方案。人们不应盲目地遵守规则"。[①]

遵守或不遵守礼宾规则都可能具有挑战性，这要如何确定呢？我们大多数礼宾专家会在缺少准则时倾向于预期管理，以便用同样的方式践行礼宾规则。处理变化往往具有挑战性，而缺乏变化却可能会导致奇怪情况的发生。礼宾和创新并不是携手并进的。

在欧洲一个著名的颁奖典礼上，宾客们哄堂大笑，因为皇室成员的到来或离开，他们已经被迫起立四次了。起立能够表达尊重，但在起立次数过多的情况下，就失去了意义。人们发笑也可能与该奖项的性质有关。来自世界各地的人为最需要和平与繁荣的地区不懈努力并因此获奖。这些令人心碎的例子与过犹不及的繁文缛节形成了鲜明的对比。该组织真的了解该典礼举办的背景吗？

1910年10月5日，葡萄牙共和国在里斯本市政厅的一个阳台上宣布成立。此后每年同一天都会在同一市政厅举行纪念活动，共和国总统、共和国议会议长、总理和里斯本市长出席纪念活动。纪念仪式包

[①] Jean Paul Wijers, Monica Bakker, Robert Collignon and Gerty Smit, *Managing Authentic Relationships: Facing New Challenges in a Changing Context* (Amsterdam University Press, 2019).

括长篇演讲和从发布宣言的同一阳台上升起葡萄牙国旗。很久以前，市政厅前的广场吸引了许多共和党人，但现在的升旗仪式却是在一个空旷的广场前完成的。即便把仪式挪到外面进行，也无法让人群重新聚集起来，因此现在的特邀嘉宾被邀请到室外就座，参加典礼。如今这一天仍然是一个节日气氛浓厚的日子，但大多数葡萄牙公民更喜欢利用这个休息日去其他地方。如果大多数葡萄牙人更喜欢去其他地方，那么在共和国总统、议会议长和总理出席的情况下继续举行这一仪式又有什么意义？

另一个例子是几年前一个欧洲军事领导人招待会上的敬酒仪式。这种敬酒仪式可能对出席本次会议的军事和政府代表比较有吸引力，他们之前就多次参加类似活动，并能理解其所包含的广泛意义，但许多平民却并不理解。当时站在笔者旁边的一位女士就在这个招待会上谨慎发问："这很严肃吗？"意思是说，用难以理解的仪式和老式的夸夸其谈来祝酒，反而达到了相反的效果，失去了招待会对加强信任和构建联系的意义。

下面这个模型（见图一）由荷兰夸美纽斯研究所项目主任、汉学家莫妮卡·贝克（Monica Bakker）提出，左边是规则（rules），右边是符号（symbols），中间则是信任和联系的创造。规则保证了可预测性，因而提供了创建社群的机会。礼宾符号化的一面关乎历史与来历，因此所有参与活动的人都能够理解我们之所以在这里的广泛背景。只有正确运用上述两者，礼宾才能成为信任、联系和确定良好关系的促进者。

然而，挑战在于如何平衡现代与传统。如果规则的应用太过严苛，事情将变得太正式，以致令人不舒服。但规则应用过少将导致混乱，过于随意和缺乏重点并不是件好事。此外，符号式表达过多也会让人发笑，但如果没有象征符号，我们又无法弄清楚情况或无法解释我们参加活动的原因。

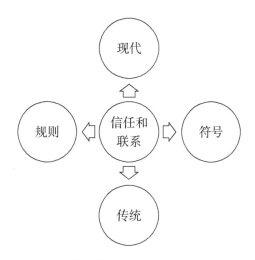

图一　平衡礼宾的两面（Roel Brinkhorst）

"虽然听起来有些矛盾，但礼宾的框架实际上并非限制了空间，而是创造了空间"，文化礼宾（The Culture Concierge）的创始人兼首席执行官亚历山德拉·梅瑟维（Alexandra Messervy）在接受本文作者的采访时这样说。通过确保组织顺利，活动参与者尤其是主持人得以专注于活动的内容而非担心意外。"解释是礼宾成功的关键。礼宾规则让预测变得可能，所以每个人都知道做什么、怎么做。可预测性减轻了压力，这样一来，人人都能专注于事情本身和与客户交谈，人们在这样的日常活动中得以发展"。

"在英国的爱斯科（Ascot）赛马场存在着这样一个问题，当王室成员从旧的皇家围栏出来前往赛前展示场时，他们常常会被人群包围，这时他们就只好不断要求人们保持距离。后来有人想出了一个绝妙的主意，在地上画了两道白线，让人们站在线的两边。这样一来，王室成员就可以轻松地穿过人群。这是一个创造性使用礼宾的绝佳例子。"

——阿拉斯泰尔·布鲁斯（Alastair Bruce of Crionaich），

历史学家，天空新闻（Sky News）皇家礼宾评论员，爱丁堡城堡总督

礼宾也有符号化的象征意义。例如，英国议会每年正式开始时的活动仪式以及女王演讲，具有很多象征意义。每个仪式都或多或少地遵循相同的模式，比如在婚礼上交换戒指和誓言，或在毕业典礼上获得证书。符号化为社群价值增添了意义，也增加了信誉、力量和美感。

葡萄牙共和国现任总统是当今时代较受欢迎的总统之一。马塞洛·雷贝洛·德索萨（Marcelo Rebelo de Sousa）因其热情和真挚情感广受葡萄牙人喜爱。2017年葡萄牙森林火灾过后，他是第一批接触灾区群众的官员之一。人们在电视上看到他安慰那些受到影响的人。他和他们一起哭泣，互相拥抱，平易近人。人们都称赞他诚恳、真实。众所周知，这位总统总会花大量时间与葡萄牙人民在一起，相比他的前任，他也接受了更多邀请。他对每件发生的事都非常关注，他也擅长构建牢固关系，甚至在处理外交时也是如此。大多数官员只发展正式关系，而他的强项则是建立起真正的关系。

在对卢森堡大公国进行国事访问的前一天晚上，亨利大公和总统决定出去喝几杯啤酒。卢森堡共有55万人，其中约12万人不是出生在葡萄牙，就是祖籍为葡萄牙。就连大公自己也有两位葡萄牙曾祖母。葡萄牙总统在此受到了热烈欢迎，这次国事访问的非官方和非正式开端也开启了两国元首之间的良好友谊。

澳大利亚礼仪学校标准指南（The Standard Companion）的创始人兼负责人雷塔莱克（Retallack）说："这是如何建立关系的一个好例子，建立外交关系在很大程度上依赖于面对面互动，并在这种互动中建立真正的联系。我欣赏葡萄牙总统的做法，但我也认为建立关系因文化而异。据我观察，澳大利亚人大胆、直接，并以直言不讳而闻名，他们几乎不怕出错。这真的很别具一格！"

　　德索萨总统也以打破常规而著称。在他就职当天，他决定不乘汽车，而是从他的出生地步行来到议会。这种做法在他就职后还在继续。这种自发情况与他的真实性密不可分，但这样的做法往往会导致计划在最后一刻产生变更。以前，礼宾更具有可预测性，但有了德索萨总统之后，礼宾部门就必须习惯于应对意外情况。不过，这位葡萄牙总统似乎确知如何保持平衡，他的做法并不是废除礼宾，而是在礼宾上进行微调，以获得更多成就。这使他成为葡萄牙最受欢迎的总统之一。

　　许多组织目前正向更灵活的网络组织形式过渡，以便改善内部和外部协作。稳固且能盈利的关系网是（业务）成功的先决条件之一，但专业关系管理的发展是崭新且复杂的。礼宾是现代专业关系管理的基础，然而，大多数人仍然将礼宾与皇室或正式社会关系联系在一起。最初，礼宾是由欧洲君主国发明出来，用于管理其关系网的。国王和王后想与其他利益相关者保持牢固的关系，但他们的时间有限，礼宾因此被开发出来，作为可能管理他们个人关注的最佳工具。

　　在21世纪，若将礼宾作为一种有意义或功能性的工具来管理关系，需要的不仅是了解礼宾规则及熟知如何应用这些规则，还需要理解我们所生活的世界以及现今礼宾所需提供的价值。作为专业礼宾人员，我们得了解新的发展，以及时间和环境如何与礼宾的意义和功能挂钩。我们还需要知道我们所处的环境是什么样的，在和谁打交道，在哪个领域工作。

　　例如，现代礼宾的一个挑战就是，大多数人十分忙碌。这给组织会议或活动造成了不确定性。人们越来越难接触到其他人，也越来越难说服他们参加活动，还有更多的人压根不响应邀请，或在最后一刻改变他们出席与否的计划，在许多活动中选择不出席的人数都在增加。在组织会议和活动时，不确定性已经成为一个主要问题，在高级别会议和活动中更是如此。

　　罗伯特·约翰森在他的《领袖成就未来》（*Leaders Make the*

41

Future）一书中把我们的世界描述为一个具有波动性、不确定性、复杂性和模糊性的世界（VUCA）：

- 波动性（Volatile）反映了变化的速度和动荡程度。
- 不确定性（Uncertainty）意味着结果的可预测性较低。
- 复杂性（Complexity）是指全球经济体和社会团体互联互通、相互依赖。
- 模糊性（Ambiguity）指的是选择多样化，以及由此产生的潜在结果。

新冠疫情就是一个很好的例子。谁会料到2020年和2021年会是现在这个样子？当新冠疫情改变了我们许多日常习惯时，长期的计划和战略变得无效。在一个更加不可预测和不断变化的世界中，我们需不断适应，灵活处理。我们的系统将不得不适应这个新的"具有波动性、不确定性、复杂性和模糊性的"世界。"在旧世界里，我们曾像钟表一样运转，而在新世界，我们不断与外界互动，适应不断变化的形势"。[①] 过去我们习惯于尽力保证礼宾规则一次又一次地以同样的方式被运用，然而在新的世界里，礼宾需要更加灵活。

按任期长短安排大使座席次序是一项惯例。任期最长的大使（或代表团团长）被认为是最重要的，并被给予最好的席位。任期第二长的大使会坐在第二号的位子上，依此类推。

这需要礼宾官做一些准备。首先，要搞清楚每位大使的到任时间长短。其次，要在每次大使确认或取消参会时更换

---

① Jean Paul Wijers, Monica Bakker, Robert Collignon and Gerty Smit, *Managing Authentic Relationships: Facing New Challenges in a Changing Context* (Amsterdam University Press, 2019).

座位。近年来，直到最后一刻出席人数还在变化的情况变得越来越常见，这使得维持原有的座位安排惯例越来越难。不少组织开始放弃这种旧的礼宾规则。如今常见的做法仍然是让大使坐在第一排，但却并不基于任职时间长短了。在预留区域内，大使们可以选择自己的座位。

《纽约时报》专栏作家托马斯·弗里德曼（Thomas Friedman）在关于其著作《谢谢你迟到》①的采访中谈到了我们这个世界的变化速度。他的书名指的是在一家酒店的早餐会上，他的客人迟到了15分钟。"因为你迟到了，我一直在偷听他们（邻桌）的谈话。这真的太有趣了！我一直在观察大厅里的人，这太棒了！最棒的是，我刚刚利用这段时间想通了困扰我一个月的问题。所以谢谢你迟到了！"弗里德曼解释说，当我们按下机器上的暂停按钮时，它就会停止，而当我们按下人类身上的暂停按钮时，人类则会启动大脑，反思、重新思考，重新设想。

> 只有处于暴风眼时，我们才能给予彼此全部的关注。现代的礼宾官应能够让时间短暂停止，为进行重大会议的人们提供理想的时机。

托马斯·弗里德曼的这本书试图让我们理解在这个加速发展的时代按下暂停键的价值。本文也是这个目的。礼宾的运用就像按下了暂停按钮，现代化的礼宾专家应能够让时间短暂停止。只有处于暴风眼时，我们才能找寻到平静与时间来进行真正的邂逅，在那里人们能够给予彼此全部的关注。在新冠疫情封锁期间，人们感觉到暂停键被牢

---

① Thomas Friedman, "Thank You for Being Late: An Optimist's Guide to Thriving in the Age of Accelerations," Picador, 2016, https://www.youtube.com/watch?v=nuF2JKeM2CY, consulted 12 June 2020.

牢按下了。新型冠状病毒是一种毁灭性的病毒，但它也给了我们停下来的机会，让我们能够重新思考并与那些对我们重要的人重新联系。新冠疫情是人类历史上的一个艰难时刻，但它也被证明是一次苦乐参半的机会，让我们最终把时间花在了那些对我们有价值的人身上。

美国作曲家和音乐家亚当·勃良鲍姆·威尔特兹（Adam Bryanbaum Wiltzie）在接受美国数字杂志《先锋日记》的采访时谈到了"时间弯曲"的概念，"我解释过很多次，我的音乐节奏需要慢下来。我痴迷于一切缓慢的事物，如果我有一个文身，它都会写着'慢下来'。我觉得，世界上的每个人都在试图走得更快，站得更高。但我却想做相反的事"。

威尔特兹因在音乐中弯曲时间的能力而受到赞誉。"当你听到他的演奏时，你无法分辨你是什么时候听到的⋯⋯他构建出这些音符，就像真的弯曲了时间一样。"[1] 这些受过古典教育的音乐家在他们的音乐中把过去和未来结合起来。这种类型的音乐以新旧平衡而闻名。威尔特兹受古典音乐的影响，也受现代电子音乐的影响。从对他的引用中可以了解到，这种音乐通常没有快节奏。缓慢地重复让听者渐行渐远，忘记日常生活的烦恼，达到一种崭新的精神状态。这种音乐实际上迫使听者放慢脚步，沉浸当下。

现代礼宾的目标是相似的，即让时间暂停，并以此为人们创造一个完美的空间，以给予彼此充分和专一的关注。每一个高层次的社交活动都应专注于达到拥有这样意识的时刻，让人们在此时此地，忘记一天中的小烦恼。

"我是一个传统主义者，但如果你不能与时俱进，你就不可能是一个传统主义者。传统在进化，一切都在变化"，阿拉斯泰尔·布鲁斯（Alastair Bruce）解释道。他认为关键在于始终保持尊重：尊重历史，尊重老一辈人，也尊重年轻人的需求和利益。"当这三者发生碰撞而非

---

① 参见：https://vimeo.com/48651845，consulted 12th June 2020。

和谐共处时，你知道该进化了。对于我来说，这就是自然进化"。

新礼宾与改变相关，而改变意味着冒着犯错的风险采取不同的新方法。新礼宾需要空间和自由度去进行实验，才能成为我们所需的礼宾。礼宾中存在切实的挑战，因为礼宾并不以其创新性而闻名：礼宾和变化并不兼容。毋庸置疑，作为一名礼宾专家意味着负责确保礼宾规则一次又一次地以相同的方式得以应用。以相同的方式应用礼宾是意味着管理期望，从而建立信任和关系。然而，如上所述，新的时代需要新的礼宾。这篇文章是关于礼宾新方法的，但是这种新方法并不是剧烈的变化或者对以前工作方式的重大改变。新礼宾是经过深思熟虑后微调的结果，但影响巨大。尽管结果可能很显著，但礼宾的发展仍是一个缓慢转变的过程。

文化、谈判风格与外交礼仪

储永正*

谈判是人类和平解决利益矛盾的重要方式，如何取得谈判的成功是谈判学研究的目的。谈判学探究的内容非常广泛，谈判风格和外交礼仪是其中的两个重要议题。一国的文化决定了其谈判风格，谈判风格隐性影响着外交礼仪，而外交礼仪在很大程度上又是谈判风格的外在表现。本文试图通过解析文化、谈判风格、外交礼仪三者之间的关系，阐释理解谈判风格和重视外交礼仪的重要性，在此基础上对作好对外谈判特别是外交谈判提出几点思考。

一、文化与谈判风格

谈判风格是国家和国际决策者处理谈判的特有方式。不同的决策者、谈判者呈现不同的谈判风格，而谈判风格对谈判过程和结果具有重要影响。英国著名的外交学专家巴斯顿认为："谈判风格是受传统、文化、官僚组织和角色认知等因素的影响而形成的。"[①] 其中，文化是谈判风格形成的最具决定性的因素。

---

* 储永正，国防科技大学国际关系学院军事外交研究中心主任、教授。

① R. P. 巴斯顿：《现代外交》（第二版），赵怀普等译，世界知识出版社，2002，第107页。

（一）高语境文化与低语境文化[①]

文化指人类在社会实践过程中所获得的物质、精神的生产能力和创造的物质、精神财富的总和。[②]文化没有高低之分，但存在或多或少的差异。当人们遇到来自不同文化的人，特别是当自己初次置身于另一种文化之中时，就会立即感受到不同文化带来的冲击，即跨文化交流中所说的"文化冲击"（Culture Shock）。

不同文化在信息表达上存在或隐或显的差别。美国著名人类学家爱德华·霍尔（Edward T. Hall）对此有着开创性研究，他于1976年出版的《超越文化》（*Beyond Culture*）中首次提到高语境文化（High Context Culture）、中语境文化（Middle Context Culture）和低语境文化（Low Context Culture）。"任何交流都表现为高语境、低语境或中语境。高语境互动的特色是，预制程序的信息贮存在接收者身上和背景之中；此时传达的讯息（message）中只包含着极少的信息（information）。低语境互动则与之相反：大多数的信息必须包含在传达的讯息之中，以弥补语境（内在语境和外在语境）中缺失的信息。"[③]"所谓高语境交流或高语境讯息指的是：大多数信息或存于物质环境中，或内化在人的身上；需要经过编码的、显性的、传输出来的信息却非常少。低语境交流正相反，就是说，大量信息编入了显性的

---

① 在翻译传播学、交流学著作时，国内普遍将"High Context""Low Context"翻译为"高语境""低语境"，如享誉盛名的爱德华·霍尔所著《超越文化》的几个译本均是如此翻译。由陈志敏等翻译的《外交谈判导论》中将其分别译为"强情境""弱情境"。参见布里吉特·斯塔奇等：《外交谈判导论》，陈志敏等译，北京大学出版社，2005。本文作者倾向于"强情境""弱情境"的译法。但是，"高语境""低语境"在传播学、交流学、跨文化交际学等学科中已经约定俗成，故在此不作改变，但在谈到谈判风格时，采用陈志敏的译法。特此说明。

② 夏征农、陈至立主编《辞海》（第六版），上海辞书出版社，2009，第4117页。

③ 爱德华·霍尔：《超越文化》，何道宽译，北京大学出版社，2010，第90页。

代码之中。"① 霍尔的研究表明，低语境文化中的信息传播依赖环境程度较低，信息的意义需要通过语言进行清楚的表达，不需要依赖环境去解码讯息，即我们常说的"意会"。高语境文化中信息传播依赖环境程度较高，信息的意义寓于传播环境和传播参与者之间的关系中，在传播时，绝大部分信息或存于物质语境中，或内化在个人身上，信息接收者需要依赖共同的环境以及自身经验、感性知觉（内化于身的共同文化）来解码讯息，才能获取正确、完整的信息。霍尔强调："语境的层次对交际性质而言是决定一切的，它又是一切后继行为（包括符号行为）赖以存在的基础。"②

由于地理的阻隔、历史的发展，不同地域形成不同的文化。正如法国学者威尔博所说："文化是适应特定环境的一种表达形式。"③ 有谈判学专家提出："从对语境的依赖性来说，按照从高到低的顺序排列如下：东方、中东、俄罗斯、西班牙、意大利、法国、英格兰、美国、斯堪的纳维亚、德国和瑞士。"④ 霍尔将美国、日本分别视为低语境文化、高语境文化的典型代表，对二者进行了深入的分析。实际上，日本文化深受中国文化影响，同属东亚儒家文化圈。以中日两国为代表的东亚文化均属于高语境文化。

美国属于典型的个人主义文化。这首先根源于新教信仰。"因信称义"是新教的革命性口号，认为每个人都是单独地、直接地面对上帝，可以通过个人灵魂深处的追求与奋斗而获得新生。最初远涉重洋来到北美的清教徒，期望在此建设一个完全不同于欧洲的"新世界"。这种建设新世界的梦想与宗教信仰相结合，形成了带有宗教色彩和爱国情

---

① 爱德华·霍尔：《超越文化》，第82页。

② 同上书，第83页。

③ 威尔博：《跨文化谈判攻略——跨国谈判入门指导手册》，裴辉儒、宋伟译，化学工业出版社，2011，第14页。

④ 罗杰·道森：《优势谈判》，刘详亚译，重庆出版社，2008，第191页。

感的天命观和使命感。他们冒着极大的风险，从东海岸到西海岸，开拓出一片又一片富饶的新土地。艰难困苦的"西进"造就了美国人强烈的竞争意识，以及开拓进取和探索未知的精神。同时，这一创造"新世界"的过程塑造了美国人极为突出的实用主义特质，正如英国工党著名领导人、政治学家哈罗德·拉斯基（Harold Joseph Laski）在为托克维尔的《论美国的民主》所作的导言中指出的："美国人是一个讲究实际的民族，不大善于思考。他们凡事考虑眼前的利益，而不大追求长远的利益。他们所重视的，是够得到、摸得着、切实存在并能用金钱估价的东西。"[①] 美国社会是一个多民族的大熔炉，来自不同地区、不同民族的文化既有融合又保持一定特性，塑造出美国丰富多彩的多元文化。由于移民们的社会等级变化不定，他们也不受权威和传统观念的支配。同时，美国文明源于欧洲文明，发端于古希腊的欧洲文明属于海洋商业文明。商业文明中，人际之间是以"契约"所规定的利益关系，契约关系的建立意味人际关系的平等。凡此种种，造就了美国人崇尚自由、平等、竞争、务实的特性。

以中国为代表的东方文化是典型的集体主义文化。中国半封闭的大陆性地理环境和小农经济为儒家思想的滋生成长提供了丰沃土壤。农业文明对土地的依赖加强了个人对家族的依赖，使得血缘关系进一步巩固。建立于血缘宗法关系基础之上的儒家学说的中心在于伦常之道，强调尊卑有序。儒家思想以"仁""礼"为中心。"仁"是讲如何处理人际关系，个人必须把自己纳入集体之中，和集体融为一体从而达到和合。"礼"是社会行为的规范，人的视听言行都要符合礼的要求，从而使社会达到和合。受集体取向文化的影响，中国人相互依赖，相互合作，"关系"至关重要。维持良好的人际关系，要保持自己在社会中的良好形象，也就是讲"面子"，也要维护和尊重他人的"面子"，

---

① 托克维尔:《论美国的民主（下）》，董果良译，商务印书馆，1989，第1041页。

所以中国人在表达意见时讲究含蓄委婉，以免伤害别人的"面子"。

受中华文化影响的日本文化，同样具有中国文化的一般特征，在某些方面更为极致。例如日本人更为强调集体，注重身份归属（自己对某一集体的归属），更为委婉含蓄，避免公开冲突，等等。

（二）强情境谈判风格与弱情境谈判风格

谈判风格受一个国家的文化、历史、政治制度以及国家大小强弱的影响，不同国家具有不同的谈判风格。美国学者雷蒙德·科恩（Raymond Cohen）将语境理论引入谈判学，他在《跨文化谈判》（*Negotiating Across Cultures*）[1] 一书中，将谈判风格分为两种，称作弱情境的（个人主义的）谈判风格和强情境的（以关系为导向的）谈判风格。

美国人是弱情境谈判风格的典型代表。对美国人而言，关键在于结果而非关系。"美国的谈判者是以其对计划的放任态度、西部牛仔式的枪战技巧、对快速行动的要求以及过于拘泥于法律而著称。他们的自主意识、对个人成就的渴望以及个人追求成功的魄力都反映到了他们的谈判行为上。"[2] 在美国人眼里，人与自然矛盾对立，处理人与事的矛盾时更加注重事情的解决。美国人讲究个人自由，追求效率，强调事情的有效和高效解决。在他们看来，谈判的终极目的是签订协议实现自己的利益，每一个谈判都是一个单独的行为过程。因此，美国人谈判直入主题，语言直接，注重效率，只关注谈判所涉及的即时利益。美国人谈判风格中还有一个强制性和霸道的特点，他们期望谈判对手能欣赏和尊重美国压倒性的优势力量和权力，不了解也不愿意去

---

[1] Raymond Cohen, *Negotiating across Cultures*, 2nd ed. Washington. D. C., United States Institute of Peace Press, 1997.

[2] 布里吉特·斯塔奇等:《外交谈判导论》，陈志敏等译，北京大学出版社，2005，第44页。

了解有关国家的历史、文化和民族敏感性，并且既不理解也不关心他们的文化差别。这种风格简单来说就是，"如果你同意我的观点，我将很高兴。但如果你不同意，我将锤打你"。[①]

中国人和日本人则是强情境谈判风格的典型。中国、日本及东亚其他国家的文化都源自儒家文明的共同信仰和社会结构，"这些国家的谈判者往往秉持另一套价值观与准则：顺从、信任、缄默、等级、责任、忠诚与和谐。在这种文化中，谈判本身不是目的，而是在谈判各方之间建立长期关系的一个片断而已"。[②] 东方人讲究"天人合一"，强调人与人关系的和谐，即"和为贵"，在谈判中处理人与事的矛盾上更加注重人的问题。基辛格曾对中国谈判风格评论道："中国人在谈判之前就把友谊作为缰绳，他们至少在形式上与对方成为私交，这样就微妙地限制了对方能提出的要求。"[③] 中国人高度赞赏"耐心"，美国人着眼于解决问题的风格所表现出的"能够做（事）"的热情，可能很容易被误解为"没有耐心"。[④] 中国人和日本人在谈判时，语言含蓄委婉，不太愿意直接表达自己的不同意见。霍尔指出："和低语境中的人相比而言，高语境系统中成长起来的人对别人的期待多。高语境里的人谈

---

① 理查德·H. 所罗门、奈杰尔·昆内：《美国人是如何谈判的》，中国现代国际关系研究院译，时事出版社，2011，第272—273页。

② 布里吉特·斯塔奇等：《外交谈判导论》，第44页。

③ 亨利·基辛格：《白宫岁月》（第四册），陈瑶华等译，世界知识出版社，2003，第1343—1344页。理查德·所罗门认为，中国人与基辛格培育了一种非常积极的个人关系，他们将后者视为"老朋友"。在中国文化的背景中，"友谊"不仅蕴含着个人间的亲密无间，而且蕴含着责任与义务。因此，中国官员不时地给他们的"老朋友"基辛格施加压力，以使他接纳中国的政策目标。参见理查德·H. 所罗门、奈杰尔·昆内：《美国人是如何谈判的》，第1页。Richard H. Solomon, "Friendship and obligation in Chinese Negotiating Style," in Hans Binnendijk ed., *National Negotiating Styles*, Department of State Publication, Foreign Service Institute, Center for the Study of Foreign Affairs, April 1987, p.6。

④ Richard H. Solomon, "Friendship and Obligation in Chinese Negotiating Style," in Hans Binnendijk ed., *National Negotiating Styles*, Department of State Publication, Foreign Service Institute, Center for the Study of Foreign Affairs, April 1987, p.6.

自己心中的思虑时，往往期待与他交谈的人知道他遇到的麻烦，他用不着把话挑明。结果，他转弯抹角兜圈子，把所有相关的东西都触及了，唯独不谈最关键的一点。把最关键的一点摆到最恰当的位置，这是他的谈话伙伴应该扮演的角色。代替谈话伙伴去扮演这一角色，是侮辱其人格，是侵犯其个性。"① 理查德·所罗门通过观察也得出同样结论："他们能够通过间接的方式和微妙的语言来表达不同观点，从而减少对抗。或者是使用模糊而又富于暗示性的方式引导其对话者说出他们所要表达的意思。"② 基辛格认为："中国人在世界的这个地区执文化的牛耳达上千年，甚至能用自我批评作为工具来为自己服务。他们征求来访者的意见——这是一种赢得'同情和支持'的谦虚姿态。"③

在谈判中，弱情境文化与强情境文化之间的冲突造成了交流上的障碍，最终给谈判者达成协议带来巨大困难。④ 因此，在谈判时，特别是谈判之前，了解谈判对手的文化和谈判风格是非常必要的。

二、谈判风格在外交礼仪上的体现

谈判风格实质上是内化于谈判者心中的文化、信仰等在谈判过程中展现出来的外在表现，而礼仪是这种外在表现之一。强情境谈判风格与弱情境谈判风格在外交礼仪上有明显的差异表现。

（一）对外交招待的重视程度不同

招待，包括以正式和非正式方式为访问者提供接待、食宿和娱乐

---

① 爱德华·霍尔：《超越文化》，第99页。

② Richard H. Solomon, "Friendship and obligation in Chinese Negotiating Style," in Hans Binnendijk ed.,*National Negotiating Styles*, Department of State Publication, Foreign Service Institute, Center for the Study of Foreign Affairs, April 1987, p.9.

③ 亨利·基辛格：《白宫岁月》（第四册），第1343页。

④ 布里吉特·斯塔奇等：《外交谈判导论》，第44页。

等安排——被许多国家精心设计为谈判进程的一部分。弱情境谈判风格与强情境谈判风格在外交招待上有着迥然不同的认识。

弱情境谈判风格（美国人），期望通过正式谈判直接"索取"自己希望的东西，往往注重谈判本身，注重谈判桌上的"实质内容"，而不重视谈判桌之外"虚形式"，因此不重视外交谈判中的招待。"美国轻视招待的作用，部分归结为清教徒的历史传统和民粹主义意识，前者反感所有形式的奢华，后者则批评政府的任何奢侈铺张。美国人轻视外交招待似乎反映了美国文化的本质。美国人在招待传统上倾向于采取简单、非正式和不炫耀的方式，不搞复杂和客套的礼节"。[①] 美国外交官评论说："美国的招待'看似便宜'的部分原因是我们没有这笔资金，但也因为我们没有类似的习俗（以酒席招待外国客人）……阿拉伯人、伊朗人和阿富汗人，如果依照他们的方式，餐桌上的菜肴将会堆积如山，只有其中的很小部分可被简单聚餐消费掉……在某些情况下，存在惊人的浪费……我们是在一种应将自己盘子中食物吃干净的环境中长大的。……因此，从这个意义上来说，是的，我们的方式在他们看来是比较便宜。而他们在我们眼中则显得有些挥金如土。"[②]

强情境谈判风格（以中国人、日本人为代表的东亚人），期望通过谈判达成协议，更期望通过谈判建立长期良好的关系，因此，他们注重谈判桌上的"实质内容"，更注重谈判桌之外"虚形式"——外交谈判中的招待。中国人重视招待，主要原因源于中国文化中的"崇礼好客"，也源于中国人重视"关系"而非一时一地的得失。在美国人看来，"中国人是这方面的行家"，他们"有意识地通过殷勤招待、观光、烹饪和音乐，令来自远方的客人感到目眩神迷……在享用北京烤鸭和茅台酒宴之后，基辛格发现自己在半夜同对方谈判'上海公报'。正如他

---

① 理查德·H. 所罗门、奈杰尔·昆内：《美国人是如何谈判的》，第133页。

② 同上书，第130—131页。

后来的结论所说,'没有什么是偶然的,但所有一切似乎又都是自然发生的'"。① 基辛格对周恩来总理说的一句俏皮话——"在享用过北京烤鸭宴后,我将会同意任何事情"——在一定程度上反映出外交招待在建立关系方面确实发挥了作用。谈判学专家罗杰·道森也指出日本人在这方面的特点,"日本人相当善于招待客户,以至于客户都会觉得不好意思和对方谈生意。当他们坐着日本人派来的豪华轿车赶往机场时,他们感觉都已经丧失了与对方谈判的能力"。②

(二)对外交礼遇礼节的重视程度不同

外交谈判中,给予对方适当的礼遇礼节是国际惯例,也是谈判成功的必要条件。但是,弱情境谈判风格与强情境谈判风格对礼遇礼节的重视程度也有极大差别。

弱情境谈判风格重实质而不重形式,往往就事论事,不注重谈判桌内外之间的联系,往往忽视外交礼遇礼节对谈判的影响。在很多外国外交官看来,美国人不注重或至少不是始终注重外交礼遇礼节。例如,很多外交代表踏上美国领土后没有受到正式欢迎,很多外国谈判代表到达美国时甚至会遭遇严格的安全检查程序。一次,某个亚洲国家的国防部长在刚刚结束与华盛顿高级官员的建设性会谈后,却在纽约机场登上回国飞机之前被搜查和拘留。"在那里,就在那些整个谈判期间为他执行警卫任务的安全人员的面前,他被剥光衣服搜查,被拘留了半个小时,然后又被反复搜查。此次成功谈判建立起来的所有善意都因为这段插曲而消散殆尽"。③ 在另一个例子中,一位在中美关系正常化早期阶段很受尊重的中国高级外交官,在美国国内某个机场被要求进行电子扫描机的安全检查,只是在与国务院一名高级官员通电

---

① 理查德·H.所罗门、奈杰尔·昆内:《美国人是如何谈判的》,第129—130页。
② 罗杰·道森:《优势谈判》,第8页。
③ 理查德·H.所罗门、奈杰尔·昆内:《美国人是如何谈判的》,第132页。

话后才避免了一场对抗，该官员最终被允许免除电子扫描安全检查。这种外交礼遇礼节上的不当往往会给谈判带来很大负面影响。[①]美国人谈判之前的寒暄极其简短，往往开门见山，单刀直入，不愿意将时间和精力浪费在"离题很远""无关紧要"的话题上。他们自恃其超强实力，并急于从谈判中获取其期望的东西，往往表现得盛气凌人，没有耐心，并且容易激动。

强情境谈判风格既注重内容更注重形式，深谙事物之间的普遍联系以及形式对内容的影响，因此，不仅注重谈判桌之内，更注重整个谈判过程中的礼遇礼节。中国自外交谈判代表入境之时，就给予适当的外交礼遇，尤其是给予出入境免检待遇，不会出现美国那种因安全问题连高级外交谈判代表也要进行安全检查的令人匪夷所思的情况。谈判开始时，中国人和日本人首先要做的就是寒暄赞美，意在沟通关系，培养感情。谈判自始至终，"日本人在面对面交流时，总是维持着谦恭有礼、亲切热忱的礼仪，无论内心的感觉如何。怒形于色等于是承认自己失去自控（丢脸）。"[②]

（三）对外交礼仪"含蓄"表达功能的运用和理解上存在差异

外交一般讲究委婉、含蓄。但是，强情境谈判风格与弱情境谈判风格在"含蓄"表达功能的运用和理解上存在差异。

弱情境谈判风格强调直接。美国人会非常直率地讲出心里话，不过分考虑谈话内容以及方式是否让人难受。由于其率直言谈的文化倾向，美国人在捕捉对方未谈及的内容方面表现得远不完美，也很容易遗漏或误解从谈判桌对面匆匆传过来的间接或模糊的信息。因此，美国谈判者在许多情形中未能领会中国和日本对手的肢体语言，或者未

---

① 理查德·H. 所罗门、奈杰尔·昆内：《美国人是如何谈判的》，第132页。
② 爱德华·霍尔：《超越文化》，第144页。

能理解某些无声的，但很有实际意义的信号，如在某些重要仪式上的座位安排。1970年中国国庆游行期间，埃德加·斯诺在天安门检阅台上被安排在毛主席身旁。两个月后，在接受斯诺的采访时，毛主席邀请美国总统访华。基辛格回忆说："事情过后我才终于理解到，毛是想以此作为象征，表示现在他亲自过问对美关系；但是，这在当时是一种学究式的远见卓识。我们在关键时刻理解不到他的真意。事情做得过分微妙反而达不到传递信息的目的。"① "中国人必定估量我们会知道这个谈话的内容……如果他们是这样估量，那他们就要大失所望了。我们过了几个月以后才得悉这个谈话的内容，而到那个时候，我们已接到周恩来的信息，其内容十分明确，我们这些不那么细心的人也能理解。"②

强情境谈判风格更强调委婉和含蓄。总体而言，在中国和日本等以关系为导向的文化中，信息沟通是暗喻而不是直接进行的；信息传递的前后关系、传递的方式与信息的内容同样重要。马戛尔尼使团的巴罗在其使华行记中记述："他们好像无意中说到不同民族穿不同服装多么奇怪，自然趁机把他们的服装跟我们的作一番比较，并且试图仔细观察我们的衣服。经过几次三番的观察，他们认为他们自己的服装更好，更方便，因为缝制宽大，不需用带子绷紧；而我们的服装，除站立外，其他姿势都必定很不舒服不便利，特别在皇帝出场，大家都按习惯真正跪拜的时候。这个巧妙而又明白的暗示，没有引起我们的注意，他们再拿他们的宽裙子和我们的裤子作比较，说明他们的膝关节可以自由活动，我们的膝带扣和袜带则必定有碍动作。"③ 在这一著名的中英"礼仪之争"的事件中，清政府的官员刚开始也是尽量以"委

---

① 基辛格：《白宫岁月》（第二册），第897页。

② 同上书，第902页。

③ 乔治·马戛尔尼、约翰·巴罗：《马戛尔尼使团使华观感》，何高济、何毓宁译，商务印书馆，2019，第232—233页。

婉含蓄"的方式向马戛尔尼使团提出向皇帝行"三叩九拜"之礼的要求。日本的文化特性是不愿直接说"不"，并以微笑和点头来表示理解，但不一定是同意。这常导致西方谈判者的误解。因此，日本人经常选择沉默。在日本的社交活动中，沉默是完全可以接受的。实际上，这也是高级官员和德高望重的长者可预料的方式。不过，非日本人往往将日本人以沉默应对谈判对手的做法误解为同意或至少是默认。正如联合国外交官明石康所评论，日本外交官拥有"大耳朵和小嘴巴"。[①]

三、了解谈判风格，运用外交礼仪

国际谈判中，常常出现冲突和矛盾，这固然与各方利益差距有关，但很多是各方谈判风格不同所导致的。法国谈判学专家威尔博提出，管理文化差异有四个层次：首先是认识和接受差异，其次是适应差异，再次是整合差异，最后是利用差异。[②] 这为我们进行跨文化谈判提供了很好的模式。要想成功地进行跨文化谈判，首先要学会观察对方谈判风格，深究其文化根源，学会鉴别、了解、接受、尊重对方的文化，然后是以充分的心理准备与之交流。在更高一个层次上，谈判者要利用这种差异，为达成自己的谈判目标服务。

（一）了解对手的谈判风格

正如前文所述，谈判风格是受其历史、文化长期影响而形成的。因此，要了解对手的谈判风格，首先必须了解其历史和文化。美国人自视其文化和制度优越，特别是国力超强，在与他国谈判时往往无视他国的文化和谈判风格。例如，在美印关系中，美国最初对印度文化

---

① 理查德·H. 所罗门、奈杰尔·昆内：《美国人是如何谈判的》，第101页。

② 威尔博：《跨文化谈判攻略——跨国谈判入门指导手册》，第15—16页。

的歧视和偏见给其谈判带来很大负面影响。曾担任印度外交秘书、驻美国大使和驻英国高级专员的拉里特·曼辛格说："在印美关系头50年内，强制性的美国谈判风格基本上一直占据上风；只是在冷战结束后，美国外交官才开始引人注目地转而采取劝说性谈判方式。"[①] 所谓劝说性谈判方式，就是愿意放下"超级大国"的架子，愿意倾听对方并了解对方的历史、文化等，以平等的态度"劝说"而不是"强迫"对方接受自己的条件。

1998年3月，印度核试验后，克林顿政府断然对印实施制裁，并劝说世界其他大国采取类似行动。6月，他要求副国务卿斯特罗布·塔尔博特主动与印度进行对话。随后两年中，塔尔博特与印度外交部长辛格会晤了14次。塔尔博特–辛格会谈为后来乔治·W. 布什宣布的新战略伙伴关系铺平了道路。塔尔博特本身是俄罗斯问题专家，他意识到自己对印度缺乏了解，便花费极大精力学习有关印度的历史和文化课程。通过对印度文化的深入研究，塔尔博特很快承认，美国对跨越底线、伤害印度敏感意识的某些案件负有责任。他后来写道："我们对印度人的目标是改变他们的政策和态度，而不是羞辱、恐吓或使他们难堪。"[②] 塔尔博特认识到印度人性格中的一个基本特质，这就是爱德华·卢斯在其著作《不顾诸神：现代印度的崛起与发现》中所阐明的："而这个特点是美国人和其他人需要牢记在心的。印度的外交家们一旦觉得外国同行的公开言论没有给予自己格外尊重，他们就绝不会善罢甘休。有时，印度的外交官更在意礼节而非实质。印度需要总是被提起它如何重要，总是被恭维它的文明何其深远。"[③]

我们在与其他国家进行谈判的过程中，也要了解并理解其文化和

---

① 理查德·H. 所罗门、奈杰尔·昆内:《美国人是如何谈判的》，第272—273页。

② 同上书，第285—286页。

③ 爱德华·卢斯:《不顾诸神：现代印度的崛起与发现》，张淑芳译，中信出版社，2011，第218页。

谈判风格，从而不至于对其在谈判中表现出的不合乎我们东方礼仪的行为举止产生诧异和误解。

（二）运用外交礼仪服务谈判目标

外交礼仪是国家间交往必不可少的润滑剂，体现对他国的尊重。有些国家，尤其是一些小国，由于历史、文化、国情等影响，民族自尊性极强。美国谈判学专家讲述了一个案例，在代顿谈判期间，波斯尼亚联邦总统克里斯米尔·朱巴克因感觉自己受到忽视而拒绝出席签字仪式。——直到美国国务卿沃伦·克里斯托弗与他寒暄交谈后才改变主意。理查德·霍尔布鲁克回忆道："因为受到国务卿本人的注意而感到很满意——后者仅与他交谈了15分钟——朱巴克说他将参加签字。"甚至两个谈判小组就餐座位安排也可能成为微妙的交易筹码：某些其他国家的谈判小组成员似乎更愿意被安排坐在美国高级官员身旁。20世纪80年代，数十个外国代表团参与了欧洲安全合作会议的谈判，美国代表团特意安排一两名成员在会谈时"花费一定时间与小国代表"交谈。[①] 这种做法是为了体现对这些小国的尊重，以取得他们的支持与合作。

周恩来总理在运用礼宾安排促成谈判方面堪称典范，通过"粗茶淡饭"宴请阿尔巴尼亚贵宾就是一个典型案例。1965年5月，阿尔巴尼亚劳动党中央政治局委员、部长会议第一副主席斯皮罗·科列加率领阿尔巴尼亚政府经济代表团访华时，提出了一个数目庞大的要求中国政府给予援助的项目清单。这些要求显然是中国难以承受的，双方会谈陷入僵局。周总理当机立断，建议暂时休会，邀请客人到大寨参观，并指示当地宴请时"只上中国农民日常吃的粗粮，如窝头、老玉米、小米粥等，荤菜只上一两个就够了"。在大寨的参观和用餐，深深

---

① 理查德·H.所罗门、奈杰尔·昆内:《美国人是如何谈判的》，第71页。

地触动阿尔巴尼亚客人，在随后的会谈中阿方收回了原先过分的援助要求。①

（三）不盲目模仿他人的谈判风格

每个国家的谈判风格是在其历史、文化、制度等多重因素的作用下经过长期的发展而形成的。一方面，我们要客观认识其他国家的谈判风格，有借鉴价值的一面加以吸收，在此基础上塑造形成符合中国实际和国际谈判需要的中国谈判风格。但是，需要切记的是不能盲目模仿他人的谈判风格，否则难免成为"东施效颦"，适得其反。理查德·所罗门对美国官员提出忠告说："不要试图去模仿中国人风格。多半美国官员认为自己刚开始与中国人打交道是个令人愉悦的经历（特别是与其他特定国家相比较）。你很容易觉得自己理解中国人，并且很自然地，你希望模仿他们微妙而又文雅的风格。一定要忠于自己的风格，即使你赞赏中国人行事的方式，并且你非常懂他们，能够看透他们的目的。"② 另一方面，要正视自己的谈判风格，克服不足之处，发扬其中的长处。1972年2月，美国总统尼克松访华，中美双方展开一场具有重大历史意义的国际谈判。为了创造一种融洽和谐的谈判环境和气氛，周恩来总理亲自过问，对谈判过程中的各种环境都作了精心而又周密的准备和安排，甚至对宴会上要演奏的中美两国民间乐曲都进行了精心地挑选。这种礼宾安排充分发扬了中国人尚礼好客的文化和注重细节的谈判风格，对中美关系正常化谈判起到了很好的促进作用。

---

① 吴德广、刘一斌主编《礼宾：鲜为人知的外交故事》，新华出版社，2008，第47—48页。

② Richard H. Solomon, "Friendship and obligation in Chinese Negotiating Style," p.16.

四、结　语

　　正如霍尔所指出的："不同的文化存在深刻的差异。我们必须认识这些差异，使之显性并得到解决，才能揭示全人类共同的人性。然而，深刻把握并认清这一事实对人类而言却存在一定的困难。在武器先进的情况下，倘使人不想自我毁灭，他就必须超越自己的文化。首先是超越显性的、一目了然的文化——耐心和善意能协助我们弥合这一层次的文化差异。其次和更重要的是超越无意识文化——这是更难以超越的文化。"[①] 通过了解、理解他国文化及其在此基础上形成的谈判风格，可以理解不同决策者、谈判者在外交礼仪上的不同表现，不至于对其外交礼仪中的"不当"感到惊讶、愤慨、过度解读乃至在谈判中作出不适当的应对。同时，通过外交礼仪上的差异可以分析决策者、谈判者的谈判风格，只有全面深入地认识谈判对手，谈判时才能做到胸有成竹。在更高一个层次上，理解了谈判风格与外交礼仪之间的关系，可以根据具体谈判对象、谈判议题等，调整运用外交礼仪，营造于己有利的谈判氛围，达成自己的谈判目的。

----

　　① 　爱德华·霍尔：《超越文化》，第145页。

外交礼仪与国际关系的善治

文　泉[*]

2021年3月18日，中共中央政治局委员、中央外事工作委员会办公室主任杨洁篪，国务委员兼外长王毅受邀到美国阿拉斯加州的安克雷奇同美国国务卿布林肯、总统国家安全事务助理沙利文举行中美高层战略对话。在这次对话会议开场环节中，美方不遵循最起码的外交礼仪，不但没有用人们普遍可以接受的传统迎客方式，以比较客气和热烈的语言和仪式来欢迎客人，为中美高层战略对话营造一种良好的开场氛围，反而是一再用盛气凌人和教训的语气，对中方进行各种指责，甚至以故意临时驱赶记者等方式，企图造成中方处在弱势的世界媒体印象，引发中方代表的严正回击。在会议开始之前的3月17日，美国政府还在香港问题上升级了针对中国的所谓"制裁"。[①]也体现了美方不遵循"外交礼仪"的习惯做法。尽管此次中美高层战略会议，中美双方完成了两天的会议，中方也作出了"这次对话是有益的，有利于增进相互了解。双方在一些问题上仍存在重要分歧"[②]的善意评价。但是从后来两国关系的发展情况来看，美国拜登政府并未纠正特朗普政权时期对华的错误和打压的政策，两国关系并未完全回到正常和健康的关系轨道上。

---

[*] 新加坡南洋理工大学驻中国办公室主任，中国外交学院前"涉外礼仪"课教师。

[①]《香港特区政府谴责美国在所谓"香港自治法"下的错误行径》，新华网，2021年3月17日，http://www.xinhuanet.com/2021-03/17/c_1127223625.htm。

[②]《中方谈中美高层战略对话》，新华网，2021年3月20日，https://xhpfmapi.zhongguowangshi.com/vh512/share/9844249?articleId=435625&channel=weixin。

应该说，美国不遵循外交礼仪的做法由来已久。而特朗普四年任期的美国对外交往可能是美国历史上这种做法达到顶峰的时期。特朗普总统本人在国际外交活动中，横冲直撞，把其他国家的总统拉开抢行[①]，抢占风头；在其他国家总统来访会谈和签署协议本文时，给客人安排小桌，给人以矮化来宾突出自己之感；甚至在联合国大会上，直接指名道姓，攻击、抹黑和威胁其他国家及其领导人等有失外交礼仪和风范的做法。这样的例子数不胜数。应该说，这种不遵循外交礼仪，而完全靠霸权和军事实力作后盾的外交行为，实际上已经引起包括美国人在内的国际社会的普遍不满，严重破坏国与国之间的正常的交往和交流。由此也带来政治、经济和跨国交往等一系列问题和矛盾，甚至冲突。实际上也是对国际关系治理，特别是国际关系善治的严重破坏。

美国，特别是其前总统特朗普先生不遵循外交礼仪的做法从反面折射出外交礼仪在国际关系善治当中的必要性。如果不遵循外交礼仪，我们的世界将是一个只有丛林法则的世界，人类将无文明可言。但是，外交礼仪可以在国际关系善治当中具体起什么样的作用？扮演什么角色？应该如何定义外交礼仪在国际关系善治当中的作用？这些问题，似乎一直没有一个比较全面的论述。本文试从外交礼仪的本源、国际关系善治的概念、外交礼仪在国际关系善治当中的作用等三个方面来谈一些观点和想法。

一、外交礼仪的本源

对于如何定义外交礼仪有很多的版本。总体来讲，外交礼仪是外

---

① 《美国优先！特朗普一手推开黑山总理与他人交谈》，海外网，2017年5月26日，http://news.haiwainet.cn/n/2017/0526/c3541093-30934893.html。

交活动当中应该遵循的礼仪规范，不管这种外交活动是一种多边外交还是双边外交活动，不管是国与国之间还是在国际组织当中的外交活动。从目前的实践来看，外交活动主要是指主权国家及其代表所参与的各种国际交流和交往的活动，其形式包括国际会议、庆典、招待会、论坛等非常多的形式。由于主权国家是组成国际社会最基础和最重要的单元，外交活动当中遵循的外交礼仪规范及其原则也就广泛应用于其他性质和类型的活动当中。应该说，外交礼仪已经成为整个礼仪体系最重要的标杆和旗帜。外交礼仪从学理上，可以分为两个大的范畴，即外交礼宾（diplomatic protocol）和外交礼仪（diplomatic etiquette）。

外交礼宾主要是典礼及仪式的安排和组织，包括座位、桌位、站位、旗帜、徽章、音乐、礼品、礼炮、礼器、餐具、菜肴、交通工具等的布置安排。具有很强的官方特征和政治属性。其最重要的内容是礼宾排序（the order of precedence）。外交礼宾有很多具有法规属性的书面规定，其中最著名的是1961年4月18日在奥地利首都维也纳签署，于1964年4月24日生效的《维也纳外交关系公约》（*Vienna Convention on Diplomatic Relations*）。① 而在很多主权国家和国际组织内部还有适用于外交活动的国内法和国际组织规约。

外交礼仪既可以宽泛地理解，也可以狭窄地理解，这里我更愿意从狭义的角度理解它，即外交活动当中公认应该遵循的个人礼仪表达方式，包括个人的言语谈吐、仪容仪态、服饰着装等。外交礼仪更多表现为一种共识，可以带有鲜明的民族和文化特性。外交礼仪不成文的规范比较多，明确成文的规范相对较少。

外交礼宾和外交礼仪尽管不是语言，但是经过长期的实践，已经

---

① 《维也纳外交关系公约》，联合国公约与宣言索检系统，https://www.un.org/zh/documents/treaty/files/UNCITRAL-1961.shtml。

成为外交活动当中应当遵循的行为规范共识，成为一种类似于语言、具有信息传递、表情达意功能的符号系统。① 人们可以从外交礼宾的安排和外交礼仪的表达，观察出很多明确的信息，导致与语言交流相同或者更加强烈的传播效果和心理效应。

外交礼宾和外交礼仪之间不能完全割裂开来，两者之间没有清晰的边界，有很多模糊和重叠的区域。因此，在中文中往往被统称为"外交礼仪"，在英语里往往用"diplomatic protocol"来表示。为了便于讨论和研究，本文以下内容中的"外交礼仪"即为包括外交礼宾和外交礼仪两部分内容的统称。

正如《维也纳外交关系公约》开篇所讲"关于外交往来，特权及豁免之国际公约当能有助于各国间友好关系之发展——此项关系对于各国宪政及社会制度之差异，在所不问"的原则，外交礼仪最重要的目的是有助于"各国间友好关系之发展"，体现的是国际公认的"主权平等""增进并激励对于全体人类之人权及基本自由之尊重"② 的精神。

在具体的操作上来讲，外交礼仪突出四个最重要的观念：第一，平等。这种平等体现在主权国家在各种外交活动当中的地位不分大小是平等的；主权国家的代表也是平等的。第二，秩序。《维也纳外交关系公约》除了要突出平等，更多的是要确定交往、交流的秩序和规矩。这个世界是一个由空间和时间组成的世界，任何交流和交往必然有先后的时间顺序和前后左右的空间距离。没有秩序和规矩的交流，必将是混乱和无序的，甚至是充满摩擦和冲突的。第三，尊重。《维也纳外交关系公约》第29条规定，"接受国对外交代表应特示尊重，并应采取一切适当步骤以防止其人身、自由或尊严受有任何侵犯"。外交礼仪通过各种具体的仪式、流程、措辞来呈现尊重的精神和意志。这种尊重

---

① 文泉：《国际商务礼仪》，广西师范大学出版社，2019，第8页。
② 《联合国宪章》第一章第一条"联合国宗旨"，联合国网，https://www.un.org/zh/about-us/un-charter。

甚至包括对代表国格和人格器皿和符号系统的尊重。第四，保护。外交礼仪特别注重对合法权益的保护。这种权益保护既包括有形和无形资产的保护，也包括对合法权利的保护。《维也纳外交关系公约》中对于外交使团馆舍、资产及其外交通信等的保护就是一个最好的例子。

二、国际关系善治的概念

"善治"是从英文概念"good governance"翻译过来的。在国际上，善治被引入各种管理和治理的领域当中，有企业善治、社会善治等。但是在大多数情况下，这个概念主要是指政治学领域里的治理。

善治是在治理（governance）的基础上衍生出的新的治理高度。治理侧重于"管理""管控"，而善治则侧重于互动和全方位多维度的治理模式。政治学领域的善治，可以用著名政治学家、北京大学中国政治研究中心主任俞可平教授在其论文《治理与善治引论》的解释，即"善治就是使公共利益最大化的社会管理过程。善治的本质特征就在于它是政府与公民对公共生活的合作管理，是政治国家与公民社会的一种新颖关系，是两者的最佳状态"。①

二战以后，随着科技进步和跨国交通设施设备的快速发展，全球化的过程进一步加速，国际关系更加紧密，但也变得更加复杂多样，甚至出现混乱冲突。因此，国际关系的善治也变得更加急需。尽管国际关系的善治与一个国家内部社会的善治不一定完全一样，但是国际社会也和一个国家内部的社会组成有很多相似、相同，甚至重叠之处。因此，两者的善治应该有很多共通的特点。俞可平教授2002年写的另一篇论文《全球治理引论》尽管没有直接地把他理解的善治与全球治理完全勾连在一起，但他把善治的大量论述与全球治理放在同一篇文

① 俞可平：《治理与善治引论》，《马克思主义与现实》1999年第5期，第39页。

章当中，可以看出他认为两者之间也是有共通之处的。

国际关系善治，综合各种专家的观点，被认为是由包括主权国家、国际组织、商业机构、公民社群组织及其代表所构成的多层级主体构成的。[1][2] 而治理的工具主要有：（1）各种政府间及国际组织的规约、协议、备忘录等。这些文件很多具有法规意义，有可操作性，而且具有一定的强制力。（2）国际社会的各种议程、宣言和倡议。这些更多是一种行为的引导和说服。（3）公民社群的请愿和各种运动。从总体来看，国际关系善治与一个国家内部的社会善治一样，也应具备俞可平教授所提出的善治十个基本要素：（1）合法性；（2）法治；（3）透明性；（4）责任性；（5）回应性；（6）有效性；（7）参与；（8）稳定；（9）廉洁；（10）公正。[3]

但是，国际关系善治与一个国家内部的社会善治最大的不同是国际关系善治并没有一个超越主权国家，同时具有独立执法权的组织和主体来主导这种善治的力量和方式。国际关系善治的全部机制、体制和原则基本建立在一种自愿的基础之上。所有国际关系善治网络中的成员可以随时退出这种机制，或者选择忽略善治的要求、呼吁和倡导。所以，国际关系善治面临很多的不确定性和挑战。这种不确定性和挑战当前尤其在以下四个方面表现突出。

第一，不平等问题。这种不平等既包括世界范围的性别、种族、群体的不平等；也包括大小强弱国家之间的不平等。[4] 歧视问题仍然严重存在，并带来一系列问题。这一系列的不平等，既有经济发展不均

① 薛澜、俞晗之：《迈向公共管理范式的全球治理——基于"问题-主体-机制"框架的分析》，《中国社会科学》2015年11期，第77—92页。

② 托尼·麦克格鲁：《走向真正的全球治理》，陈家刚编译，载《马克思主义与现实》2002年第1期，第33—42页。

③ 俞可平：《全球治理引论》，《马克思主义与现实》2002年第1期，第23—24页。

④ 何哲：《后疫情时代全球治理的挑战、趋势与对策》，《行政管理改革》2020年第10期，第43—52页。

衡、贫富差距引发的不平等问题；也有传统观念带来的歧视和不平等问题。

第二，信任危机。这种信任危机包括西方一些国家面临的政府信任危机、当前一些大国和国际组织面临的信任危机。① 这些信任危机，绝大部分是由党派纷争、利益集团插手政治和官员不负责引起的，归根结底，是制度设计的缺失和政治精英失去责任意识造成的。对国际关系善治来讲，信任危机所带来的最大问题是其后果的"溢出效应"。最明显的案例莫过于新冠疫情暴发之初，西方很多国家，特别是美国，为了党派利益，弱化抗疫措施，并且搞出甩锅他人、转移视线等各种闹剧，致使疫情迅速扩散，引起公众的信任危机；同时，还引发疫情在全世界的疯狂传播和无限蔓延，造成全球性的公共卫生灾难。

第三，造乱现象。西方媒体和美国霸权在这种制造混乱的现象中表现最突出。西方媒体出于自身商业和政治双重目的，经常打着新闻独立和自由报道的幌子，通过自行设置议程和自由裁剪素材，故意混淆视听，制造混乱。最典型案例莫过于美国有线电视新闻网（CNN）和福克斯新闻频道（Fox News）两个代表不同政党立场的媒体在美国及世界的造乱现象。而美国霸权造乱，则主要是凭借自身的军事霸权和实力在全球范围之内，不断通过直接派兵，或者通过北约等所谓同盟或伙伴在世界范围内制造各种"颜色革命"或武装冲突，搞得世界鸡犬不宁。

第四，反智现象。这种现象就是反对科学、反对常识和反对社会经济发展规律的行为。这种现象最明显的莫过于对全球化采取的抵制和对气候变暖、新冠疫情等所采取的反智行为。这些反智现象不仅是一种思想观念，而且实际上已经带来了一系列的国际政治的重大现实

---

① 何哲：《后疫情时代全球治理的挑战、趋势与对策》，《行政管理改革》2020年第10期，第43—52页。

问题。例如英国脱欧，美国退出《巴黎协定》等。这些造乱行为直接带来一系列巨大的全球性风险，包括全球性经济衰退、全球范围自然与公共卫生重大灾害等。

三、外交礼仪在国际关系善治当中的作用

第一，外交礼仪为国际社会提供了善治的条件和基础。国际社会本身是一个没有超国家力量来主导其运行的体系，国际社会成员之间的交流互动原本是没有什么规范和原则的，类似于丛林社会，因而冲突不断。外交礼仪的出现为这些国际社会成员之间的交流互动提供了规范和指导原则，设立了一套可以遵循的交流规则。特别是在当前，如果没有以《维也纳外交关系公约》为代表的现代外交礼仪，我们所面临的问题可能更大更多，更具挑战性。外交礼仪事实上为国际社会发展到今天这样的高度和广度提供了不可或缺的条件和基础。没有外交礼仪，可能就没有我们今天讨论国际关系善治的机会。

第二，外交礼仪可以为国际社会的公序良俗起到积极的建设作用。目前，国际关系善治面临的最大问题，不管是不平等问题、信任危机，还是"造乱"和"反智"现象，更多可能是源于还没有真正形成大家一起严格遵循的公序良俗。而想要建设国际社会的公序良俗，遵循外交礼仪的原则和规范就显得尤其重要。事实上，如果遵循了外交礼仪的"平等"观念，就有可能帮助消除当前国际关系善治当中的很多"不平等"现象，坚持外交礼仪当中的"尊重"观念，就有可能消除国际关系善治当中很多的"造乱"和"反智"现象。

第三，外交礼仪可以在国际关系善治中起到黏合剂的作用。外交礼仪强调"平等""尊重""保护"原则，最重要的目的是要建立良好的交流沟通渠道和氛围，本质是要凝聚而非撕裂国际社会，目的是减少对抗、调和矛盾，提供更多解决问题和共同发展的方案，帮助寻找

公共利益最大化的途径。外交礼仪由此可以扮演国际关系善治当中减少冲突和矛盾、增进交流和交往的黏合剂。这一点上，除了外交礼仪的原则可以起到黏合作用，外交礼仪本身是一种国际通行的表情达意的方式，也为外交礼仪成为黏合剂提供了条件。这就如同讲同一种语言的人，相互之间如果可以无阻碍交流，这就为相互理解提供了条件。

尽管外交礼仪在国际关系善治中可以起到至少以上三个重要的作用，但是，必须明确，外交礼仪在国际关系善治中所能发挥的作用是推动和辅助性质的，而非决定性的。一方面，国际关系善治是由多方参与、多重作用和多种力量共同推动和促成的，而且时刻面临挑战和困难。这些挑战和困难的原因是多方面的。有历史原因，也有现实原因，有个体国际社会成员的原因，也有群体的原因。外交礼仪只能在国际关系善治当中，起到部分作用，而不是全部作用。很多的挑战和困难，不可能完全靠外交礼仪的黏合和调解作用来消除。

另一方面，我们也必须看到，当前国际关系善治面临的挑战和困难确实也与外交礼仪没有得到国际社会的很好遵循，外交礼仪的规范没有受到国际社会的高度重视有关。外交礼仪有被工具化的问题，即符合自己的利益时就拿来使用，不符合自己诉求时就束之高阁。应该说，外交礼仪的国际关系善治功能和作用在当下的国际社会当中并未能完全发挥出来。放眼未来，如何才可以让外交礼仪在国际关系善治中发挥出其应有的作用和效能呢？

第一，国际社会要对外交礼仪及其在国际关系善治当中的作用有一个非常清晰的认识和全面的了解，让国际社会重新发现外交礼仪的善治功能，重视外交礼仪的作用，加强外交礼仪在国际社会当中的宣传、教育和培训工作。让遵循外交礼仪、践行外交礼仪规范成为一种常态。

第二，外交礼仪自身建设和发展问题也需要得到重视。一方面，外交礼仪是一种共识，要求国际社会的所有成员对同一外交礼仪符号、仪式、表达方式要有相同的理解和认识。这就要求外交礼仪本身的规范、实操细则等要在国际社会上基本获得统一，或者取得真正意义上的共识。另一方面，外交礼仪要跟上时代和科技发展的步伐，需要研究并推出在新形势下落实细化外交礼仪的新方法、新方式，做到与时俱进。目前，学界对外交礼仪的理论研究主要专注于外交礼仪实践的总结、外交礼仪历史的回顾；从其他学术视角对外交礼仪进行理论研究的还比较少，特别是结合当代科学技术发展的新形势对外交礼仪进行的理论研究比较少。外交礼仪的基础理论研究，特别是从政治学、经济学、社会学、心理学、人类学、统筹学等角度进行的外交礼仪基础理论也需要进一步夯实，以便更符合当前国际关系善治的新形势和新要求。

第三，国际社会要加强外交礼仪从业者能力素质的培养培训。这种能力素质既包括建立专业的外交礼仪培养培训的官方机构；也包括对外交礼仪工作人员的培养培训。这种能力素质也不仅仅是业务素质和能力，更需要培养培训外交礼仪从业者坚持这些原则的勇气和胆量，包括灵活性。美国前总统特朗普在任期间在外交活动当中一再地特立独行、不遵循外交礼仪是他个人性格乖张狂妄的原因导致的，还是美国的礼宾官员没有尽到勤勉义务而造成的呢？对此，也许谁也无法知晓。但可以肯定的是，目前在世界范围内，除了几个为数不多的私立礼宾业务和技能的培训机构，基本没有一所专门以培养和培训外交礼仪专业人才为主业的国际知名高等学府，也几乎没有一个真正能把世界各国外交礼仪从业人员聚在一起、共同交流的平台和机构。在这样的情况下，要让外交礼仪在国际关系善治中充分发挥作用，必然有很多的困难和不足。

四、结　语

国际关系善治是一个非常复杂的系统工程，是一个多元、多维度、多方参与的治理模式。由于历史和现实的各种原因，国际关系善治当前面临很多的现实问题和挑战。造成这些问题和挑战最根本的原因是国际社会没有一个超越国家且具独立执法权的主体来主导其善治，国际关系善治主要依靠国际社会的自愿和自觉行为。在这样一个以自愿为基础的国际关系善治结构中，外交礼仪这种基于共识的行为规范和表情达意的符号系统为国际关系善治提供了交流互动的善治基础。外交礼仪及其最重要的四个观念——"平等""尊重""秩序""保护"，不仅可以为国际社会起到公序良俗的建设作用，也可以为国际关系善治起到黏合剂作用。

尽管外交礼仪在国际关系善治当中不起决定性作用，但也是国际关系善治不可或缺的前提，扮演着重要的推动和辅助作用。这一方面是因为外交礼仪本身所蕴含的理念与国际关系善治高度契合，符合人类社会的共同价值理念和追求；另一方面是因为外交礼仪也是一种需要自觉遵循、共同维护和践行的实践活动，与国际关系善治的内生要求基本一致。在当前形势下，要想让外交礼仪在国际关系善治中发挥更大的作用，一方面，需要国际社会对外交礼仪有一个更加清晰和全面的认识，共同遵循和维护外交礼仪的原则和规范；另一方面，外交礼仪本身也需要得到进一步的建设和发展，使外交礼仪从业者的专业技能和职业操守获得进一步的提升。

当前人类社会的科技水平、物质条件和人文观念的成熟程度为国际善治打下了前所未有的有利条件，人类自身所掌握的可以毁灭自己和地球无数次的各种武器也要求国际关系只有走向善治，人类才有未来和出路。尽管外交礼仪不是可以决定每一个国际社会成员行为的核心因素，但是外交礼仪为国际关系善治提供了国际社会成员之间优雅而有尊严的交流方式和方法，为国际关系公序良俗的建设起着积极的推动作用。从哲学的高度来讲，人类社会存在的全部意义对人类自身而言，应该是体验人类自身成长和发展的过程，而不是要到达任何终极的目的（地），因为没有这样的目的（地）。而外交礼仪则是指导国际社会成员体验美好互动过程的重要指引。

历史篇

LI SHI PIAN

外交礼宾的历史演变

［瑞典］克里斯特·约恩松*

林禹彤　译

　　外交可以被视为一种国际制度，广义上理解为一个相对稳定的国际社会规范、规则和角色的集合，这些规范、规则和角色可以规定行为、限制活动并影响人们的期望值。①包括外交在内的各种制度并不是完备无缺、一成不变的，而是通过制度化进程而不断演变的。一些观察家声称，外交直到17世纪才完全制度化，这是随着常驻使馆的建立、民族国家体系的出现、外交关系的官僚化、一系列外交思想的形成和外交教科书的出现才得以完成的。②在文艺复兴时期的意大利，城邦"通过其娴熟的外交技术在敌对环境中生存下来"。③拜占庭和主要城邦威尼斯有着密切的关系，这使其重视仪式、热情好客的习俗得以发扬光大，并发展成为我们今天所知的外交礼宾。

　　如果我们将外交视为一种制度，代表着对"独立生活（或希望独

---

　　*　克里斯特·约恩松（Christer Jönsson），瑞典皇家科学院院士，瑞典隆德大学政治学系荣誉教授。

　　①　这是克里斯特·约恩松和马丁·霍尔在《外交的本质》(*Essence of Diplomacy*, Basingstoke: Palgrave Macmillan, 2005）中提出的观点，本文广泛借鉴了这一观点；中译本，北京大学出版社，2020年。

　　②　例如：Kalevi J. Holsti, *Taming the Sovereigns: Institutional Change in International Politics* (Cambridge University Press, 2004), pp. 178-179。

　　③　Kalevi J. Holsti, *International Politics: A Framework for Analysis* (Englewood Cliffs, NJ, 1967), p. 59.

立生活）但又不得不与他人保持联系这一普遍问题"① 的回应，那么我们就可以将外交制度化的开端追溯到更早的历史时期。事实上，外交与战争同时期出现，存在可比性。外交和战争似乎都起源于永久性社会团体的出现②，这两者都假定人们能够通过语言和传统，认同其所在的社会团体。外交和战争的历史可追溯到美索不达米亚文明和埃及文明时期。③

　　制度化包括发展对恰当行为的共同理解。因此，外交礼宾已经发展成了为国际关系提供普遍行为规范的准则。像大多数制度化的过程一样，这意味着一种仪式化。在定义上，大多数仪式的共同点在于其象征性和重复性。研究仪式在政治中作用的学者将仪式定义为"符合社会标准的、重复且具有象征意义的行为"。④ 一位学者从历史角度出发，将仪式看作"一种形式化、集体化、机制化的重复行为"，他认为仪式是实现集体凝聚力的必要条件。⑤ 仪式反映集体的基本价值观，创造或巩固了集体共同的意义世界。⑥

　　仪式化的过程往往催生礼仪，这涉及大规模群体互动而非面对面交流。⑦ 约翰·伍德和让·塞雷斯在他们关于外交礼宾的经典论述中表

---

① Paul Sharp,"For Diplomacy: Representation and the Study of International Relations," *International Studies Review*, No.1 (1999): 51.

② Quincy Wright, *A Study of War, Vol. 1* (Chicago: University of Chicago Press, 1942), p. 36.

③ Ibid., p. 38.

④ David I. Kertzer, *Ritual, Politics, and Power* (New Haven, CT and London: Yale University Press, 1988), p. 9.

⑤ Edward Muir, *Ritual in Early Modern Europe* (Cambridge: Cambridge University Press, 1997), p. 3.

⑥ Gerd Baumann, "Ritual Implicates 'Others': Rereading Durkheim in a Plural Society,"in Daniel de Coppet, ed., *Understanding Ritual* (London and New York: Routledge, 1992), p. 98.

⑦ Ronald L. Grimes, *Beginnings in Ritual Studies* (Lanham, MD: University Press of America, 1982), pp. 39-40.

示，无礼则无文明，外交礼宾"将礼仪规则编集成典，加以实践，并监督其施行"。[1]

这些对仪式的一般理解也适用于外交礼宾。"外交活动的仪式性方面总是引人注目的。"[2] 人们甚至可以得出这样的结论："没有了仪式的外交是不可想象的。"[3] 对礼貌、热情和互惠的象征性表达构成了外交礼宾的核心要素。

然而，礼宾并不只是象征性、仪式性的，它还可以成为一种政治工具。礼宾有助于展示权力和地位，传达微妙的信息。虽然外交礼宾基于共存和相互尊重的理念，但也非常重视各国统治者、不同国家和各国代表孰轻孰重，谁具有次序优先权（precedence）。此外，礼宾是传达外交信号的便利媒介，所有偏离仪式化的形式和表达都会发出微妙的信号。

这种象征性与政治性的结合，使礼宾从一开始就成为外交的一个重要部分。换句话说，礼宾并非起源于文艺复兴时期的意大利，而是长存于古老的外交制度之中。制度化和仪式化在最早期的外交史料中就有迹可循，可追溯到公元前2000年。本文中，我将从以下三个方面追溯外交礼宾从古代到当代的演变：（1）次序优先权；（2）外交官神圣不可侵犯；（3）缔结条约。

一、地位和声望：次序优先权（precedence）

外交史上充满了有关地位和声望的争议。自古以来，外交就对统治者以及国家的次序优先权（重要性次序）十分敏感。1887年，《阿

---

[1]　John R. Wood and Jean Serres, *Diplomatic Ceremonial and Protocol: Principles, Procedures and Practices* (London: Macmillan, 1970), p. 18.

[2]　Ibid., p. 3.

[3]　Kertzer, *Ritual, Politics, and Power*, p. 104.

玛尔纳书简》（*The Amarna Letters*）的泥版在埃及阿玛尔纳（Tell el-Amarna）出土，它展示了公元前14世纪（阿玛尔纳时期）古代近东大国之间密切而复杂的外交关系。[①] 在古代近东，人们一般将国王按"大国君主"和"小国诸侯"的标准加以区分。小国诸侯受大国君主庇护，作为交换，他们对后者效忠。由于同埃及的关系网越来越复杂，大国君主们常常因为他们在法老眼中的地位高低而互相嫉妒、争风吃醋。[②]

楔形文字泥版上的称谓和问候语包含了对身份地位的象征性表达。只有当寄信人身份高于或等同于收信人身份时，前者才会把自己的名字写在前面。违反这一礼仪会被视为危险信号，如下文中的信件所示：

> 您为何在信中把您的名字置于我的名字前面？究竟是谁在破坏关系？此举与我们共同的行为准则相符吗？我的兄弟，您是否于平和之中写下此信？如您确实如此，又为什么将您的名字写在前面？[③]

其他仪式化表达也被用以暗示相对地位高低。在新君主登基时，就会有人发誓或请愿宣称，"对新君主的爱戴将超过旧主十倍"。研究古代近东的学者将此类表达尊重的方式统称为"归顺套语"（prostration formulae）。如君主或诸侯们自述"触碰收信人的衣服褶

① William L. Moran, ed. and trans., *The Amarna Letters*, Baltimore (MD: Johns Hopkins University Press, 1992).

② Carlo Zaccagnini, "The Interdependence of the Great Powers," in Raymond Cohen and Raymond Westbrook, eds, *Amarna Diplomacy: The Beginnings of International Relations* (Baltimore, MD: Johns Hopkins Press, 2000), pp.149-153.

③ Moran, *The Amarna Letters*, p.115.

边"①,"拜倒在其脚下",或自称为"收信人脚底的尘土"。②简言之,《阿玛尔纳书简》表明,大国君主们常常陷入"关于外交关系的谈判中——他们争夺地位、位次和声望。这些谈判既涉及他们整体相对于埃及的地位,也涉及他们每个人相对于埃及的地位"。③

互赠礼品是早期外交的重要组成部分。礼物被视为统治者地位和关系的象征。例如,在《阿玛尔纳书简》中,米坦尼(Mittani)国王明确表示,他认为埃及法老赠送非纯金雕像是对他地位和威望的打击,也是两国关系恶化的象征。更糟糕的是,这些礼物是当着外国客人的面送的,这些客人会认为法老送出这种羞辱性的礼物,就意味着没把对方平等看待。④

古代中国也出现过次序优先权争夺,⑤统治者们希望在举办典礼上胜过对手,"举办隆重典礼的能力常常决定了他们在诸侯中的地位"。⑥同样,拜占庭皇帝为到访的外交官举行极其奢华的招待宴会,目的就是给对方留下一种居高临下的印象。国王也会邀请其他国家的使节赴宴,以保证使节们能目睹外国贵客对拜占庭皇帝所展示的全部尊重,并将此类消息如实汇报给本国。⑦

---

① J. Margaret Munn-Rankin, "Diplomacy in Western Asia in the Early Second Millennium b.c.," *Iraq*, XVIII, part 1 (1956): 91.

② Kevin Avruch, "Reciprocity, Equality, and Status-Anxiety in the Amarna Letters," in Cohen and Westbrook, eds., *Amarna Diplomacy*, p.164.

③ Ibid., p. 138.

④ Christer Jönsson, "Diplomatic Signaling in the Amarna Letters," in Cohen and Westbrook, eds., *Amarna Diplomacy*, p. 195.

⑤ Roswell Britton, "Chinese Interstate Intercourse before 700 b.c.," in Christer Jönsson and Richard Langhorne, eds., *Diplomacy* (Volume II, London: SAGE, 2004), p. 95.

⑥ Richard L. Walker, *The Multi-State System of Ancient China,* (Hamden, CT: Shoe String Press, 1953), p. 77.

⑦ Jonathan Shepard, "Byzantine Diplomacy, a.d. 800-1204: Means and Ends," in Jonathan Shepard and Simon Franklin, eds., *Byzantine Diplomacy* (Aldershot: Variorum, 1992), pp. 61-62.

在中世纪欧洲，外交礼宾得以发展，规矩繁多。[1] 例如，外交官参加典礼以及在城门觐见君王时，需遵循详细规定。"规定了双方会面的具体地点，即招待会距离城门的距离，以及按照15世纪至16世纪形成的礼宾标准来确定礼品的价值"。[2] 各方紧盯共同接受的程序，哪怕是最轻微的越轨也会被视为蓄意冒犯。

在17世纪至18世纪，特别是在法国和西班牙之间，存在着无休止的争取次序优先权的斗争，大使们试图从接受国统治者那里获得更高规格礼遇，这致使危机不断。例如，1618年西班牙驻伦敦大使表示，除非他的位次高于法国大使，否则他拒绝参加第十二夜庆典。法国作出的回应是召回这位特使，扬言为此开战。[3] 1633年，丹麦国王为其子举行婚礼庆典时，也出现过一个类似的争议，法国大使不满意他的位次，并表示要先请西班牙大使挑选最体面的座位，然后迫使后者放弃该位置，自己取而代之。西班牙大使得知这一消息后，借口另有紧急公务，巧妙地缺席了婚礼。[4]

法、西两国关于次序优先权的竞争直到1761年才通过协议得以解决。根据协议，法国大使在主权属波旁王室的那不勒斯和帕尔马享有次序优先权，但在其他国家的宫廷，其相对位次高低则由大使到任日期先后决定。[5] 就这样，一项未来惯例的雏形诞生了。

对次序优先权的争夺不仅扰乱双边关系，也会对多边外交造成影

① Donald E. Queller, *The Office of the Ambassador in the Middle Ages* (Princeton, NJ: Princeton University Press, 1967), p. 202.

② Edward Muir, *Ritual in Early Modern Europe* (Cambridge: Cambridge University Press, 1997), p. 241.

③ Garrett Mattingly, *Renaissance Diplomacy* (London: Jonathan Cape, 1955), pp. 262-264.

④ Elmer Plischke, *Conduct of American Diplomacy*, 3rd ed. (Princeton, NJ: Van Nostrand, 1967), p. 6.

⑤ Ernest M. Satow, *Satow's Guide to Diplomatic Practice*, 5th ed., Lord Gore-Booth, ed. (London and New York: Longman, 1979), p. 22.

响。人们经常就代表在会议上的座次进行冗长却收效甚微的谈判。例如，对地位高下和次序优先权的争议延长了三十年战争，推迟了《威斯特伐利亚条约》的签订。

直到1806年神圣罗马帝国解体，法国共和制政府取代了君主制政府，不再坚持其优先位次，次序优先权的问题才变得不那么尖锐。1815年，维也纳会议起草了一项协议，外交代表的次序优先权不再取决于其代表的国家，而是按照外交使节递交国书的日期先后决定。因此，到任时间最长的大使被认定为外交团团长（doyen或dean），拥有一定的权利和责任。[①]

多边外交上也出现了一种解决次序优先权问题的方法，1818年的亚琛会议（the Congress of Aix-la-Chapelle）确立了与会代表按首字母顺序签署条约的原则。[②] 自此，绝大多数国际会议都采用了按首字母顺序排列的方法，避免了次序优先权问题。尽管可能引发语言政治问题，按首字母顺序排列也有一些创造性用法。例如在联合国，与会代表按照国家的英文名首字母顺序排座次；在欧洲理事会，则是按照国家的法文名排位。在欧盟部长理事会，按照各国国名在本国语言中的首字母顺序排位。[③] 语言的多样性使首字母顺序排列成为一种灵活的工具。例如，2013年9月，在圣彼得堡举行二十国集团峰会时，恰逢美国和俄罗斯围绕斯诺登事件和叙利亚问题的紧张局势不断升级。按照惯例，首字母排序应使用东道国语言，但东道主俄罗斯为了避免让奥巴马和普京挨着坐，在安排座席时，改用英语作为首字母排序所依据

---

① Charles W. Thayer, *Diplomat* (New York: Harper & Brothers, 1959), p. 226; Harold Nicolson, *Diplomacy*, 3rd edition. (New York: Oxford University Press, 1977), p. 100.

② Harold Nicolson, *The Evolution of Diplomatic Method* (London: Constable, 1954) ; reprinted by the Diplomatic Studies Programme, Centre for the Study of Diplomacy, University of Leicester, 1998, pp. 45-46.

③ Erik Goldstein, "Developments in Protocol,"in Jovan Kurbalija, ed., *Modern Diplomacy,* (Malta: Mediterranean Academy of Diplomatic Studies, 1998), p. 53.

的语言。这样，就会有五位其他国家的领导人坐在俄罗斯总统和美国总统之间。①

这些新的方法使次序优先权不再具有争议性和戏剧性，并逐渐固定下来，得以制度化。有关次序优先权和地位高下的问题仍可能会出现，但通常可以从实际出发解决。20世纪50年代发生过一个事件，让人回忆起了中世纪接待外国政要时的礼遇之争。美国总统杜鲁门和艾森豪威尔过去常常在火车站或机场迎接访客，但1957年，艾森豪威尔决定将欢迎仪式移至白宫。当时下一位到访的政要是沙特阿拉伯的国王，他对此很是愤怒，遂取消访问。最终，艾森豪威尔同意去机场迎接他。②

这里有一个创造性地解决次序优先权问题的例子，1989年日本裕仁天皇葬礼时，多国领导人出席。当美国总统老布什宣布他将出席葬礼时，日本极其欢迎。但按照传统礼宾，国家元首的次序优先权由其上任日期决定，这就引发了一个问题。由于老布什刚刚上台不久，他在位次排序中会被排到末位。然而，日本又想充分利用这次美国总统出席天皇葬礼的机会。他们找到的解决办法是，将葬礼办成一场纪念裕仁天皇生平的典礼而非国殇，并因此宣布按照裕仁天皇生前出访国家的顺序来确定各国领导人的次序优先权。所以，美国总统在参加葬礼的国家元首中，被安排在了第一排正中的位置。③

总之，礼宾规则不断发展，解决了次序优先权和相对地位高低的问题，同时，也允许适度灵活性的存在。现今，次序优先权问题已不

① See Christer Jönsson, "Diplomacy, Communication and Signaling," in Costas M. Constantinou, Pauline Kerr and Paul Sharp, eds., *The SAGE Handbook of Diplomacy* (London: SAGE, 2016), p. 81.

② Erik Goldstein, "The Politics of the State Visit," in Jönsson and Langhorne, eds., *Diplomacy*, Volume II, p. 361.

③ Erik Goldstein, "Developments in Protocol," in Jovan Kurbalija, ed., *Modern Diplomacy* (Malta: Mediterranean Academy of Diplomatic Studies, 1998), p. 53.

那么突出，一旦出现问题，也更容易解决。

二、豁免权：外交官神圣不可侵犯

正如英国外交家哈罗德·尼科松所提出的那样，我们可以合理认为，外交豁免原则最早产生于史前时代，因为当时人们就认识到，如果做不到"两国交兵，不斩来使"，就无法通过谈判来达成令人满意的狩猎范围谅解。[①] 尽管人们在原则上认可这一点，但在阿玛尔纳时期的外交中，信使的不可侵犯性实践起来却问题重重。除了在出使途中会面临被强盗或游牧民族袭击、抢劫和杀害的危险，信使还经常被接受国的统治者扣押，以向派出信使者施压。豁免原则虽经常被违反，但当时常有谴责这类行为的信函，这表明豁免原则仍应是有效的。[②] 在古印度，国王也须对使节的安全负责，人们认为杀死使者的国王必定和他的一班朝臣及其祖先一起下地狱。[③] 在古代中国，杀死使节也被认为是一种很严重的侮辱，外交豁免权似乎适用于所有贵族的、超越领土界线的最高准则。[④]

在古希腊，使节不可侵犯不是理所当然的，而且"使节很少受到侵犯仅仅是出于现实考虑"。[⑤] 有两类外交人员享有豁免权：一是传令官（kerykes），他们被视为赫尔墨斯的后代，受到神的庇护，因此享有外交豁免；二是特命护侨官（proxenoi），即荣誉领事。传令官不

---

① Nicolson, *Diplomacy*, p. 6; Nicolson, *The Evolution of Diplomatic Method*, p. 2.

② Jönsson and Hall, *Essence of Diplomacy*, pp. 58-59.

③ Gandhi Jee Roy, *Diplomacy in Ancient India* (New Delhi: Janaki Prakashan, 1981), p. 37; Linda S. Frey and Marsha L. Frey, *The History of Diplomatic Immunity* (Columbus, OH: Ohio State University Press, 1999), p. 20.

④ Britton, "Chinese Interstate Intercourse Before 700 B.C.," pp. 98-99.

⑤ Derek J. Mosley, "Envoys and Diplomacy in Ancient Greece," *Historia: Zeitschrift für alte Geschichte*, Einzelschriften, Heft 22 (Wiesbaden: Franz Steiner Verlag, 1973), p. 83.

会有被扣押的风险，且他们可以优先于普通外交官向接受国要求安全通行。①

罗马人将外交豁免的古老传统编入《万民法》中，在罗马，豁免权的适用扩大至包括工作人员的全体外交使节。然而，他们的外交信函须经过罗马邮政官员的审查。按照当时的规定，如果到访使团的成员触犯法律，他们就会被押送回国。此外，如果使节被指控为间谍或投机商，他也会失去外交豁免权，元老院可以拒绝接受该使团的访问，这是一种类似于驱逐出境的做法。②

到了中世纪晚期，一个连贯的外交豁免理论已经形成，即使节不可侵犯，豁免从使节个人免于任何形式的民事或刑事诉讼，扩展至他的住房和个人物品。豁免不能保护使节免于不当行为的惩罚，如间谍、杀人、盗窃或欠债不还等。然而，即使在这种情况下，他们也会被带到贵族法庭（prince's court）审判，而不受任何下级法院管辖。③

在中世纪，豁免权"是合理的，因为外交官享有君主赋予的权利和特权，君主是本国政权的象征，默认他们派出的代表也有这样的象征作用"④。领土与主权国家的理念在16世纪开始出现，与此同时，常驻使节的重要性日益增加，这使中世纪的理论与不断演变的实践之间产生了矛盾。领土国家宣称对所有在其领土范围内的人员都拥有主权。"鉴于使节不再仅仅是短暂停留于他国的信使，而将成为常住居民，这

---

① Derek J. Mosley, "Envoys and Diplomacy in Ancient Greece," *Historia: Zeitschrift für alte Geschichte*, Einzelschriften, Heft 22 (Wiesbaden: Franz Steiner Verlag, 1973), p. 84.

② Nicolson, *The Evolution of Diplomatic Method*, pp. 18-19.

③ Mattingly, *Renaissance Diplomacy*, p. 269.

④ Paul Sharp, "Who Needs Diplomats? The Problem of Diplomatic Representation," in Kurbalija, ed., *Modern Diplomacy*, p. 63.

种主权观势必引发摩擦。"① 慢慢地，"虚构的治外法权概念"② 开始为人们所接受，这种学说假设，大使及其使馆所在的区域并不是驻在国的领土范围，而是其祖国领土的延伸，或者可以说他们从未离开祖国。1625年，格劳秀斯在《战争与和平》（*De iure belli ac pacis*）一书中，详尽阐述了治外法权（extraterritoriality 或写作 exterritoriality）的法律理论。

治外法权衍生出了"特别许可区"（franchise du quartier）的概念，即认为使馆是某种程度上的避难所，其豁免权意味着庇护权。这给地方当局造成了很大的困扰。如果地方当局无权在使馆内实施拘捕，甚至无法搜查使馆，那么大使们就不仅可以庇护他们自己的家人及随从，也可以庇护躲进使馆避难的任何人。这也是法律专家和各国政府认为治外法权存在争议的一个方面。历史上曾发生过几起当局违反使馆豁免权，搜捕罪犯或政敌的事件。但由于有使馆治外法权的支持，庇护权在实践中仍有保留。③ 目前，由于未就合法使用庇护权的条件达成任何共识，外交庇护被视为一种人道主义行为，而非法律权利。④

1961年《维也纳外交关系公约》的签署，使外交使团和代表的不可侵犯性得到了确认，这标志着一个长期制度化进程的里程碑。人们可以在不同时期、不同地区，找到一定程度制度化的外交豁免规则及惯例。对外交豁免正当性的解释，从个人代表权到治外法权，各不相同。然而，外交豁免权最持久和最坚实的基础似乎是基于职能必要性的：自古以来，外交使节所享有的特权和豁免，都只被视为外交官履

---

① E.R. Adair, *The Extraterritoriality of Ambassadors in the Sixteenth and Seventeenth Centuries* (London, New York and Toronto: Longmans, Green and Co., 1929), p. 9.

② Mattingly, *Renaissance Diplomacy*, p.272.

③ Adair, *The Extraterritoriality of Ambassadors*, pp. 198-229.

④ *Satow's Guide to Diplomatic Practice*, pp.112-114.

行其职能的必要条件。① 职能必要性基于互惠原则："各国政府期望，他国政府基于互惠给予其外交和非外交人员相同程度的豁免权。"②

三、仪式：缔结条约

"Pacta sunt servanda."（意为"条约必须遵守"）。这句著名的拉丁语格言有着深厚的历史渊源。从古至今，为保证条约得以遵守，缔结条约都伴随着仪式，以及一些象征违反条约者将遭到厄运的活动。

在古代近东，条约结尾处无一例外地召唤缔约双方的神灵作为条约条款的神证，并详细记载违反条约必遭神罚。神灵作为条约神证，数量众多，有时甚至近千。③ 双方神灵要共同宣誓，因此，如果缔约的任意一方不遵守条约，他就会受到双方神灵的惩罚。

作为缔结条约仪式的一部分，宣读宗教誓言的做法也在后来的历史中有迹可循。举例来说，在早期拜占庭外交中，拜占庭人接受用非基督教的誓言来确认条约，这让人联想起古代近东人召唤多方神灵作为神证的做法。④ 在当时，人们认为神是真实存在的，因此宗教宣誓就有其优势："由于古代国际法的强制力来源于神的惩罚而非国家共识，所以在某些方面，它比现代国际法更令人畏惧也更具约束力。"⑤

除宣誓外，早期历史中缔结条约还伴随着祭祀，以及其他象征着

① Grant V. McClanahan, *Diplomatic Immunity: Principles, Practices, Problems* (London: Hurst & Co, 1989), p. 32.

② Clifton E. Wilson, *Diplomatic Privileges and Immunities* (Tucson, AZ: University of Arizona Press, 1967), p. 32.

③ Gary Beckman, *Hittite Diplomatic Texts* (Atlanta, GA: Scholars Press, 1996), pp. 80-81.

④ Cf. Evangelos Chrysos, "Byzantine Diplomacy, a.d. 300-800: Means and Ends," in Shepard and Franklin, eds., *Byzantine Diplomacy*, p. 30.

⑤ Raymond Cohen and Raymond Westbrook, "Conclusion: The Beginnings of International Relations," in Cohen and Westbrook, eds., *Amarna Diplomacy*, p. 230.

违反条约所受惩罚的活动。古代西亚的历史记载中提到了动物献祭，通常是用小驴驹。[①] 对于游牧民族来说，在马匹尚未被人们使用之前，驴是唯一的辅助工具。由于其昂贵的价值和优良品质，用驴献祭就强调了祭祀的重要性。[②] 据说在宣誓时，每个缔约方的统治者都得"碰一下自己的喉咙"。他们可能用一把小刀或一根手指划过自己的喉咙，以象征违反条约者将遭到的厄运。目前尚不清楚，动物献祭和"触摸喉咙"在仪式上是替代关系还是互补关系。[③]

上述仪式与中国古代缔结条约的仪式有着惊人的相似之处。在中国，也会用动物祭祀（通常是牛犊或公牛）。条约文本与被割去左耳的动物祭品绑在一起，文本被动物耳朵的血液浸染，缔约人的嘴唇上也涂抹上牲血。该条约的一份抄本与祭礼被一同埋葬，缔约者们各自保留一份约本，其中载有任何破坏盟约的人都会引起神灵惩罚的誓言。[④]

罗马人缔结条约时，官员们会在其他缔约方使节面前大声宣读条约，并诅咒所有违反条约的人，然后他们会用青金石刀（lapis silex，某种极为古老的新石器时代匕首）割开母猪的喉咙。[⑤] 简言之，早期世界各地的外交活动似乎印证了人类学家共同持有的观点，即宗教祭祀仪式取代了早期人们毁灭社会的暴力威胁。[⑥]

另外，在古希腊，条约的缔结伴随着祭奠酒神的仪式"祭酒"（spondai），并以"向赫科斯发毒誓"（horkoi）来确认。这两个词都能

---

① Munn-Rankin, "Diplomacy in Western Asia,"pp. 90-91.

② André Finet, "La sacrifice de l'âne en Mésopotamie," in Jan Quaegebeur, ed., *Ritual and Sacrifice in the Ancient Near East* (Leuven: Peeters, 1993), p. 141.

③ Munn-Rankin, "Diplomacy in Western Asia," pp. 89-91.

④ Walker, *The Multi-State System of Ancient China*, p. 82; Britton, "Chinese Interstate Intercourse before 700 b.c." p. 100.

⑤ Nicolson, *The Evolution of Diplomatic Method*, p. 16.

⑥ Catherine Bell, *Ritual Theory, Ritual Practice* (New York and Oxford: Oxford University Press, 1992), p. 173.

被用来喻指条约。[1] 在此之后，祭祀仪式采取了更具象征性的形式，并沿用至今，例如，现代人在签订条约后采用开香槟庆祝的仪式。

关于次序优先权的考虑也影响了条约的签署。尤其在中世纪的欧洲，代表们在条约上的签字顺序可能会引起争端。长期以来，条约的签署顺序都由次序优先权决定，这就引发了争议。17世纪，英国驻君士坦丁堡大使托马斯·罗爵士（Sir Thomas Roe）曾描述他在签署条约时陷入的尴尬境地。当时，英、法两国在次序优先权问题上争吵不休。按照基督教国家传统，以文件左边签字为尊，而按照土耳其习俗，签名以右为尊。

在这种情况下，罗心想，如果他在任意一边签字，法国大使就会签在另一边——并根据罗的选择，来决定遵从基督教国家传统还是土耳其习俗，以占据优先位次。这样……这位英国大使"拿出了一个圆规，精确地把姓名签在了文件正中间，并按惯例盖了章"。[2]

后来，一个新的原则逐渐成形，即轮换制原则（alternat），根据这一原则，每一方的全权代表都在本国保存的条约副本首位签字。尽管该原则最初存在争议，但已经成功制度化，并保留至今。轮换制原则没有完全解决次序优先权的所有问题，因为它没有规定除本国签名外的其他签名该如何排序。今天，签署多边条约时，人们习惯上只按首字母顺序签署一份原件，通常不采用轮换制原则。[3]

---

① Frank E. Adcock and Derek J. Mosley, *Diplomacy in Ancient Greece* (London: Thames and Hudson, 1975), pp. 183, 229.

② G.R. Berridge, "Notes on the Origins of the Diplomatic Corps: Constantinople in the 1620s," *Discussion Papers in Diplomacy*, No. 92 (The Hague: Netherlands Institute of International Relations "Clingendael," 2004), p. 10.

③ Nicolson, *Diplomacy*, pp. 99-100; *Satow's Guide to Diplomatic Practice*, p. 24; Wood and Serres, *Diplomatic Ceremonial and Protocol*, p. 222.

四、结 论

　　制度化过程通常是漫长而复杂的。经过联合国国际法委员会十多年的谈判，1961年，《维也纳外交关系公约》得以签署。[①] 这可以被视为外交实践制度化进程的里程碑，该进程的起点可以追溯到有历史记录的早期时代。正如我在这篇短文中试图阐明的那样，在不同时代，礼宾问题一直是外交制度化过程中的突出问题。纵观历史，外交关系中的礼貌、互惠和可预见等基本要素，都是由礼宾提供的。

---

　　① Wood and Serres, *Diplomatic Ceremonial and Protocol*, p. 22.

先秦汉唐礼宾浅识

马保奉[*]

外交礼宾是一项古老的事业。根据史料，中国古代外交礼宾始于尧舜，兴于先秦，臻于汉唐。古代礼宾与现代礼宾，无论形式、内容，都有诸多不同，但实质无二，即礼待宾客。

一、礼宾人溯源

礼宾之始

《尚书·舜典》：舜"宾于四门，四门穆穆"。^①《史记》卷一《五帝本纪》，又在这八个字后面加上："诸侯远方宾客皆敬。"^② 这是我国古代礼宾最早的文字记载。这段话讲的是，约在公元前22世纪^③，我国古代五帝中的尧，年老了，打算将首领之位禅让给合适的人，大家推举舜。尧决定，在让位给舜之前，让舜到实践中接受考验。《尚书·舜典》："将使嗣位，历试诸难"^④，其中一项是，让他负责接待远方来朝的诸侯，也就是外交礼宾工作。舜不负所望，把这项工作完成得井井有条，受到宾客普遍尊敬。这是我国古代史上，首次提到具体人所做的外交礼宾工作。舜可谓我国礼宾的"始祖"。

---

* 马保奉，外交部礼宾司前参赞，外交学院兼职教授（2005—2013年）。

① 孔颖达等编《尚书正义（十三经注疏）》，北京大学出版社，1999，第61页。

② 司马迁：《史记》，中华书局，2010，第8页。

③ 据《现代汉语词典》：五帝：黄帝、颛顼、帝喾、唐尧、虞舜。五帝所处年代：约前30世纪初至约前21世纪初。

④ 孔颖达等编《尚书正义（十三经注疏）》，第59页。

周朝行人

不过，舜做礼宾接待，虽有其"实"，但并无一个确定的名分。之后，夏商两代约一千年，这方面没什么记载，直到公元前11世纪，[①] 周朝建立后，负责外宾接待的官员才有了自己的称呼。《周礼》第五篇《秋官司寇》，称他们为"行人"。所谓"行人"，就是奔走在各诸侯国之间的外交人员，犹如今天出国执行临时任务的外交特使。唐朝人尹知章注："行人，使人也。"[②] 由于"行人"经常出使，熟悉国外情况，因而在没有出国任务的时候，朝廷往往安排他们做外交礼宾接待工作，因而"行人"又是礼宾官。

周代的"行人"——礼宾官，又分为"大行人""小行人"。《周礼》第五篇《秋官司寇》还说："大行人掌大宾之礼，及大客之仪，以亲诸侯……小行人掌邦国宾客之礼籍，以待四方之使者……大客则摈，小客则受其币而听其辞。"[③] 大宾、大客是指诸侯、诸侯派遣的使臣，属于有固定朝贡关系的正式客人。东汉学者郑玄注："大宾，要服以内诸侯；大客，谓其孤卿。"[④]

而邦国宾客，很显然就是来自更遥远的外国客人，但都属于小客，只在接受其信物、礼品并弄清其来意后，才给予接待。由此看出，邦国小客——四方使者所享受的待遇，比大宾、大客要逊色一些。先秦时期，行人一直处在外交第一线，既做临时外交使节，又兼做礼宾接待工作。

---

① 周朝建立：约公元前11世纪。根据中国历史断代工程确定：公元前1046年，周军在牧野大败商军，商朝灭亡，周朝建立。

② 辞海编辑委员会：《辞海》（第七版），上海辞书出版社，2021，第六卷。

③ 郑玄、贾公彦：《周礼注疏（十三经注疏）》，北京大学出版社，1999，第992—1011页。

④ 同上书，第992页。

大鸿胪

秦朝来去匆匆，秦始皇统一中国，还未来得及广泛开展对外交往，就灭亡了，其外交事务只涉及与周边少数民族往来，其主管官员称作"典客"，亦称"典属国"，《汉书·卷十九上·百官公卿表第七上》："典属国，秦官，掌蛮夷降者。"[①] 汉初随秦制，负责外事的官员也称典属国。景帝时期，"公孙昆邪曾任典属国"。景帝中元六年（前144年）改为大行令。此次改名，显然与周朝的"行人"有继承关系。不过，勇于开拓创新的汉武帝，在太初元年（前104年），将负责外交礼宾接待事务的官员更名为"大鸿胪"[②]，并新增属官"别火令""译官令"，分别负责宾客的饮食和翻译工作。所谓"别火"，是因为外国客人不习惯汉朝的伙食，有另外开火做饭之意，可见招待是如何周到。这次体制改革，是前无古人的，说明汉朝外交交往繁忙，礼宾职能更强，分工更细腻、完备，对后世产生了巨大影响。

为什么称鸿胪？东汉学者胡广《汉官解诂》注释："鸿，声也；胪，传也。所以传声赞导九宾也。"[③] 又据唐代综合性文献《艺文类聚》，鸿胪"掌礼。鸿，大也；胪，陈序也。欲大以礼陈序宾客"。[④]《汉官解诂》又曰："昔唐虞（唐尧、虞舜）宾于四门，此则礼宾之制与鸿胪之任亦同。"[⑤]

西汉至魏晋时期均设大鸿胪，南北朝时期基本上也继承了这一传统。不过，南北朝时期，由于外交事务萎缩，管理此项事务的大鸿胪，

---

① 班固:《汉书》（简体字本），中华书局，1999，第619页。

② 关于汉朝大鸿胪设置年代，说法不一。《汉书》卷五《景帝纪》，早在景帝中元二年（前148年）就已有大鸿胪。本文根据《汉书》卷十九上《百官公卿表上》，确认大鸿胪设置于汉武帝太初元年，即公元前104年。

③ 杜佑:《通典》，中华书局，1988，第二十六卷。

④ 李昉等:《太平御览》，中华书局，2000，第二三二卷。

⑤ 同上书，第二三二卷。

常常是有事则设、无事则省，且大鸿胪名称变化较大。《唐六典》卷十八《鸿胪寺》"典客署"注云，南朝刘宋政权"永初中，分置南、北客馆令丞"。至南朝梁武帝时期，将大鸿胪改为鸿胪卿。据《梁书》卷二《武帝纪中》，梁武帝天监七年（508年），恢复鸿胪。另据《通典》卷二十六《职官典八·鸿胪卿》，梁武帝时"除大字，但曰鸿胪卿，位视尚书左丞"。① 北朝北魏前期有大鸿胪，《册府元龟》卷九百六十三《外臣部·册封一》：拓跋焘延和二年（433年）"诏兼大鸿胪崔颐，拜杨难当为南秦王"。② 至太和十五年（491年），又置主客少卿，即鸿胪少卿。据《魏书》卷一百十三《官氏志·职员令》，大鸿胪从第二品上，主客少卿从第三品上。

鸿胪寺

南北朝时期，北方少数民族政权，外事机构名称更是变来变去，直至北齐（550—577年），始出现鸿胪寺。据《隋书》卷二十七《百官中》，北齐鸿胪寺为九寺之一，"置卿、少卿、丞各一人"，"统典客、典寺、司仪等署令、丞"。③ 鸿胪寺作为封建国家的外交主管机关，偏重于礼宾事务，被以后的各封建王朝沿用。

唐代鸿胪寺，同今天的外交部礼宾司已十分相似。该寺下分典客、司仪二署，分别负责蕃（外国）客接待和各种典礼仪式。

北宋鸿胪寺下属机构多达十二个，其中有国信所、礼宾院、怀远驿、同文馆等，分别负责周边国家使节往来、朝贡、馆舍、互市、译语等。

《明史·职官志三》："鸿胪掌朝会、宾客、吉凶仪礼之事。凡国家大典礼、郊庙、祭祀、朝会、宴飨、经筵、册封、进历、进春、传制、

---

① 杜佑：《通典》，第二十六卷。
② 王钦若等编《册府元龟》，中华书局，2003，第963卷。
③ 魏征等编《隋书》，汉语大词典出版社，2004，第665页。

奏捷、各供其事。"①

清朝鸿胪寺，掌赞导朝会、宴会、祭祀礼仪。鸿胪寺初属礼部，顺治十六年（1659年）独立。康熙、雍正时期，鸿胪寺与礼部，数度分分合合。至乾隆十四年（1749年）又独立，以礼部满洲尚书兼管寺大臣。光绪三十二年（1906年），鸿胪寺被裁撤。

南宋及辽、金、夏、元等少数民族政权，未设鸿胪寺，其外交礼宾事务，多由礼部或其他官署掌管。

礼宾司

民国时期，外交部设交际司，1943年更名礼宾司。

二、先秦礼宾　曙光初现

先秦，是指秦朝建立之前的历史时代，华夏文明启蒙，特别是尧舜时期，礼仪文明曙光初现，而《周礼》则为华夏礼仪文明点燃了一盏明灯。

《周礼》，世传为周公旦所著，但实际上成书于两汉之间。《周礼》提出的理想化的宾客接待模式，在早期周王室与各诸侯国以及诸侯国之间的交往中，基本上能得到保证。但是，我们也注意到一个事实，当时的外交礼宾工作并未受到特别重视，尚未见到专职礼宾人员身影，礼宾工作只是由"行人"兼做而已。随着各诸侯国形势的演变，诸侯强国一个个崛起，周王室衰弱，相互交往中，实力主义盛行，强国想怎么干就怎么干，常常上演一场场"失礼"闹剧。正如孔子感叹，春秋战国时代，开始"礼崩乐坏"。

---

① 张廷玉等：《明史》，中华书局，1974，第五十卷。

周礼接待

先秦时期，周天子与各诸侯国以及各诸侯国之间交往频繁。《周礼》对这些交往进行了具体规范，从客人将要到达、报告国君、迎接、慰劳、扫除、祭祀、住宿、安全、饮食、车辆管理等各方面，都进行了全面、周到的指导。

《国语》引用《周礼·秋官》指出："敌国宾至，关尹以告，行理以节逆之，候人为导，卿出郊劳，门尹除门，宗祝执祀，司里授馆，司徒具徒，司空视途，司寇诘奸，虞人入材，甸人积薪，火师监燎，水师监濯，膳宰致饔，廪人献饩，司马陈刍，工人展车，百官以物至，宾入如归。是故小大莫不怀爱。其贵国之宾至，则以班加一等，益虔。至于王吏，则皆官正莅事，上卿监之。若王巡守，则君亲监之。"①

这段话的大意就是：地位相当的国家宾客来访，关尹把来访的事报告国君，"行理"持节去迎接，"候人"作向导，卿一级的官员到郊外迎接慰劳，"门尹"打扫门庭，"宗伯太祝"陪同宾客到祖庙执行祭祀礼仪，"司里"招待宾客到旅馆住宿，"司徒"调遣仆役，"司空"视察道路，"司寇"查问奸盗，"虞人"送上山泽的出产，"甸人"积聚柴火，"火师"监察门庭的火烛，"水师"监管洗涤的事，"膳夫"送上熟食，"廪人"献上粮食，"司马"摆好喂马的草料，"工匠"来检查客人乘坐的车辆，官员们各自送来供应物品。宾客进入他们的国家，就好像回到自己家里一样，因此客人不论地位高低，无不感到满意。如果大国的客人来访，就按次序加一级的礼仪，招待愈加恭敬。如果天子的使臣到来，就都由官长亲临招待，用上卿来监督这些招待工作。倘若是天子来巡察，被巡察国的国君就要亲自监督接待工作。

---

① 左丘明:《国语》，上海古籍出版社，1978，第二卷。

晋国宾馆

早期礼宾接待，特别注重住宿。据《左传·襄公三十一年》，晋文公时期，晋国接待各诸侯的"诸侯之馆"，十分高大、气派、舒适，像国君的寝宫一样。此外，宾馆还配备让客人存放车辆、物品的仓库和寄养马匹的马棚。"司空"（修路的官员）事先就平整好了客人要经过的道路。"污人"（管理泥水工匠的官员）早已把馆舍房间粉刷一新。宾客住宿期间的夜间，"甸"（掌管柴火的官员）点起宾馆内庭院中的火把。"仆人"（负责宾馆安全的官员）巡视周边以及客舍安全。"巾车"（管理车辆的官员）给车轴加油。宾客中原先服务人员的工作，如打扫房间、侍候主人饮食、饲养牲口马匹等，也由接待方的服务人员代替。

桓公拜使

最初，周天子作为"共主"，得到各诸侯国的尊重。但随着诸侯大国崛起，周王室的尊崇地位受到挑战，在外交礼仪礼节上必然有所表现。《左传·僖公九年》载，周襄王（前651年即位）派宰孔出使齐国，把祭祀文王、武王的祭肉赐给齐桓公，以表彰其拥戴之功（齐桓公曾提出"尊王攘夷"），并特意交代说，考虑到桓公年老德高，受赐时不必下拜。桓公本想顺水推舟，真的不拜。管仲忙在他的耳边低声说："周天子虽然谦让，做臣子的却不可不敬。"桓公会意，马上回答宰孔说："天子的威严不离我颜面咫尺，我小白岂敢冒昧接受天子的命令而不下拜？我只怕在堂上跌倒，给天子带来羞辱。我岂敢不下阶拜谢？"于是走下台阶拜谢，然后登堂，接受祭肉。这时的齐桓公已是号令诸侯的霸主，虽然内心很不情愿，但表面上还是装模作样，跪拜了周天子的使者。

子产坏墙

《周礼》规定的待客之道，并不总是被重视，例如晋国，在弱小的郑国面前，大搞"霸道"。

《左传·襄公三十一年》载，郑简公（前542年）到晋国参加盟会，按照礼仪规矩，晋平公应及时会见，并亲自接受其贡品。但晋国借口为鲁哀公服丧，迟迟不见郑简公，而且安排郑简公一行，下榻在过去奴隶住过的房子里。馆舍大门窄狭，满载贡品的车辆无法进入。陪同郑简公前来的郑国国相子产十分气恼，便让随从捣毁宾馆院墙。晋国提出抗议。子产申辩说，我们郑国处在（晋、楚）大国之间，大国向我们索要贡品没有一定时间，因此不敢安居。这次我们搜索了全国的财物，作为贡品献给晋国。你们没空接见，载贡品的车辆大，进不了宾馆的大门。若让贡品日晒夜露，致使腐烂变质，又会加重我国的罪过。不得已采取过激行动，以惊动晋国。子产的话合情入理，代表了正义的呼声，体现了礼宾的力量不可战胜。晋平公终于醒悟，马上改变做法，以高规格接待了郑国国君一行。

晏婴受辱

汉朝人刘向写的《晏子使楚》，是我国连小学生都熟知的一篇好文章。该文记述齐国使者晏婴出使楚国，受到一系列刁难非礼，而机智的晏婴见招拆招，挫败了楚王设置的种种非难，成功捍卫了作为使者的尊严和齐国的利益。晏婴到达楚国都城，楚人把城门关闭，而在城门旁边挖了一个洞，示意晏婴从洞口钻进去。晏婴心里虽然十分恼火，但仍以理服人，说："使狗国者，从狗门入；今臣使楚，不当从狗门入。"楚王让人装扮成齐国小偷，妄图污蔑齐国，也被晏婴以巧妙比喻点破。歪门邪道，非礼妄为，无法阻挡文明的阳光。楚王自作聪明，反被聪明误，自知理亏，遂以礼待之。

三、汉朝礼宾　精彩纷呈

汉朝是我国封建社会第一个高峰，创造了对后世影响巨大的汉文明、汉礼仪，出现了一批著名的礼学家，如戴德、戴圣叔侄等，特别是被司马迁称为"汉家儒宗"的叔孙通，帮助汉高祖制定了森严的上朝礼仪。同时，汉朝形成了官方的礼宾专业队伍，他们以灵活的头脑、干练的业绩，保证了对外交往顺畅进行。匈奴是汉朝主要交往对象，来往频繁，不断涌现出精彩的外交礼宾场景。

叔孙朝仪

秦汉之际礼仪专家叔孙通，帮助汉高祖刘邦制定上朝礼仪，影响巨大。当时汉朝天下初定，那些跟随刘邦出生入死的哥们儿，都是战功卓著的赳赳武夫，很难适应和平宁静的生活，不懂规矩，不讲礼貌，肆意妄为，宴席上狂呼乱叫，甚至拔剑击柱。刘邦看在眼里，心生厌恶，烦得要命。叔孙通首先注意到这一细节，便向刘邦建议制定朝仪。据《史记·刘敬叔孙通列传》："夫儒者难与进取，可与守成。臣愿征鲁诸生，与臣弟子共起朝仪。"[1] 意思是，"那些儒生很难为您攻城略地，可是能够帮您保守胜利成果。我希望征召山东的一些儒生和我的子弟们，一起制定朝廷仪礼"。得到刘邦默许后，叔孙通便开始行动，参考秦制，吸纳古礼，制订了详细方案，还带领数百人，到郊外进行了排练。

汉高祖七年（前200年），长乐宫建成了，各地诸侯和朝廷大臣，都来参加十月的朝会。[2] 新式朝仪是这样开始的：天亮之前，谒者引领

---

[1] 司马迁：《史记》，中华书局，2010，第6069—6109页。

[2] 秦代至汉中期，岁首在夏历十月，十月初一为新年。

诸侯大臣们，按次序进入殿门。院子里排列着保卫宫廷的骑兵、步兵，陈列着各种兵器，插着各种旗帜。这时有人喊了一声："趋（小步快走）。"于是，殿下的郎中们站到台阶两旁，每个台阶上都站着几百人。功臣、列侯、将军，以及其他军官们，依次站在西边，面朝东；丞相以下文官，依次站在东边，面朝西。"大行人"（此时尚未更名大鸿胪）设立了九个傧相，专门负责上下传呼。最后，皇帝车子从后宫出来，其贴身人员拿着旗子，传话叫大家注意，然后领诸侯王以下直到六百石的官吏们，依次向皇帝朝贺。从诸侯王以下，所有的人都诚惶诚恐，肃然起敬。群臣行礼过后，又按严格的礼法，摆上酒宴。那些有资格陪皇帝坐在大殿上的人们，也都叩伏在席上，按着爵位的高低，依次起身给皇帝祝酒。酒过九巡，谒者传出命令说："罢酒。"哪个稍有不合礼法，负责纠察的御史，便会立即把他拉出去。整个朝会从始至终，没有一个人敢喧哗失礼。这时汉高祖满意地说："今天我才真正体会到了做皇帝的尊贵。"[1]此后两千多年，各朝代的礼仪都受其影响。

万国来朝

如果说，叔孙通朝仪还是属于内部新年朝拜礼仪，而东汉的大科学家、文学家张衡写的《东京赋》，则十分生动地描绘了各国来使，朝觐活动的盛大场面："藩国奉聘，要荒来质，具惟帝臣，献琛执贽。当觐乎殿下者，盖数万以二。尔乃九宾重，胪人列。"[2]藩属国派来的使

---

① 出自司马迁:《史记·刘敬孙叔通列传》。原文为：汉七年，长乐宫成，诸侯群臣皆朝十月。仪：先平明，谒者治礼，引以次入殿门。廷中陈车骑步卒卫宫，设兵张旗志。传言"趋"。殿下郎中侠陛，陛数百人。功臣列侯诸将军军吏以次陈西方，东乡；文官丞相以下陈东方，西乡。大行设九宾，胪传。于是皇帝辇出房，百官执职传警。引诸侯王以下至吏六百石以次奉贺。自诸侯王以下莫不振恐肃敬。至礼毕，复置法酒。诸侍坐殿上皆伏抑首，以尊卑次起上寿。觞九行，谒者言"罢酒"。御史执法，举不如仪者辄引去。竟朝置酒，无敢喧哗失礼者。于是高帝曰："吾乃今日知为皇帝之贵也。"

② 萧统等编《六臣注文选》，中华书局，1987，第34页。

节，遥远荒蛮的外国入侍的质子，都向皇帝称臣，并献上珍宝和礼物。在殿下参加觐见的有上万人之多。九宾，即内外朝觐官员共九等，即王、侯、公、卿、二千石、六百石及郎、吏、外国质子。由于参礼人员众多、成分复杂、关系错综，要保证朝会礼仪有序进行，幕后必须有周到的策划、细致的安排。赋中所说"胪人列"，即指大鸿胪及其众多属官的工作。在这样隆重朝会中，礼宾官员们必定绞尽脑汁，精心设计，昼夜加班，才能圆满完成任务。

回应挑衅

汉高祖刘邦去世，其妻吕后问政，匈奴暗喜。踌躇满志、骄横不可一世的冒顿单于，凭借自己的强大军事实力，认为有机可乘，便给吕后写了一封信，极尽挑衅、戏弄之能事。

据《汉书·匈奴传上》载："孝惠、高后时，冒顿浸骄，乃为书，使使遗高后曰：'孤偾之君，生于沮泽之中，长于平野牛马之域，数至边境，愿游中国。陛下独立，孤偾独居。两主不乐，无以自虞，愿以所有，易其所无。'高后大怒，召丞相平及樊哙、季布等，议斩其使者，发兵而击之。樊哙曰：'臣愿得十万众，横行匈奴中。'问季布，布曰：'哙可斩也！前陈豨反于代，汉兵三十二万，哙为上将军，时匈奴围高帝于平城，哙不能解围。天下歌之曰：平城之下亦诚苦，七日不食，不能彀弩。今歌吟之声未绝，伤痍者甫起，而哙欲摇动天下，妄言以十万众横行，是面谩也。且夷狄譬如禽兽，得其善言不足喜，恶言不足怒也。'高后曰：'善。'令大谒者张泽报书曰：'单于不忘弊邑，赐之以书，弊邑恐惧。退而自图，年老气衰，发齿堕落，行步失度，单于过听，不足以自污。弊邑无罪，宜在见赦。窃有御车二乘，马二驷，以奉常驾。'冒顿得书，复使使来谢曰：'未尝闻中国礼义，陛下幸而赦之。' 因献马, 遂和亲。"①

面对冒顿单于满含羞辱的来信, 吕后大怒, 莽撞的樊哙更是火上浇油, 愿带兵出战。而冷静的季布, 却从维护汉高祖对匈奴和亲大计出发, 劝说吕后不可感情用事。

吕后于是命令大谒者张泽前去复信, 姿态谦恭、有礼, 柔中有刚, 又送上丰厚礼品, 使冒顿找不到横生事端的理由, 反而陷于尴尬, 只好献马、和亲。

理智战胜冲动, 礼宾化干戈为玉帛!

不臣之礼

《汉书·宣帝纪》载, 宣帝甘露二年（前52年）, "匈奴呼韩邪单于款五原塞, 愿奉国珍朝三年正月。诏有司议。"② 呼韩邪单于到边境五原塞, 叩关告诉汉官员, 他将在来年正月, 带着国礼来长安朝见汉宣帝。宣帝得报, 下诏让有关人员讨论接待呼韩邪单于的礼仪问题。丞相黄霸、御史大夫于定国等多数人认为, "其礼宜如诸侯王, 位次在下"。③ 曾任司礼官, 时任太子太傅萧望之认为, 单于不是汉天子开国分封的侯王, "宜待以不臣之礼, 位在诸侯王上。天子采之"。④

汉朝隆重、周到、热情接待呼韩邪单于, 派车骑都尉韩昌赴边境迎接, 单于所经过的七个郡, 每郡派两千骑兵, 陈列道旁以为宠卫。安排单于下榻泾水上坂皇家长平邸。欢迎仪式在渭水桥畔举行, 诸蛮夷君长王侯数万人, 夹道迎于桥旁。单于正月朝见宣帝于甘泉宫, 《汉书·宣帝纪》: "赞谒称藩臣而不名", 即拜见皇帝时只称藩臣, 不必像普通臣子那样, 讲出自己的名字。后来, 呼韩邪单于又迎娶了汉宫女

---

① 班固:《汉书》（简体字本）, 中华书局, 1999, 第2779页。
② 同上书, 第189页。
③ 同上书, 第189页。
④ 同上书, 第2449页。

王昭君，汉匈关系进一步加强。自呼韩邪单于起，汉朝和匈奴保持友好关系达六七十年。

一场礼宾接待规格的讨论，一项正确礼仪指导原则的制定，竟然为双方长期和平友好奠定了基础。礼宾不是空泛的你好我好，它可以造福国家和百姓。

四、唐朝礼宾　专业丰富

唐朝是中国封建社会又一高峰，发达、富足，外交影响力史无前例。由于朝廷重视，国家不惜财力物力，敞开大门，迎接八方来客，蕃主、使节、留学生、质子乃至僧侣等，一律给予热情周到的接待。唐朝礼宾很专业，分工细腻，井井有条，几与今日礼宾相媲美。

唐朝对外礼宾事务，由鸿胪寺负责。鸿胪寺长官一人为卿，从三品，次官少卿二人，从四品上。鸿胪寺编制约二百人，分典客、司仪二署，分别负责蕃客接待以及朝廷各项典礼事务。唐中后期，负责招待蕃客住宿的宾馆——礼宾院，以及负责蕃客警卫工作的左右威远营，也归鸿胪寺管辖。此外，管理宗教事务的崇玄署，也曾从属鸿胪寺。

入出境

唐朝时的"护照"。蕃客入境，凭铜鱼符放行。宋朝史书《唐会要·杂录》卷一百：铜鱼原本是唐五品以上高官的"随身鱼符"，"以明贵贱，应征召"。"故事：西蕃诸国通唐使处，悉置铜鱼。雄雌相合，各十二，皆铭其国名……雄者留在内，雌者付本国。如国使正月来者，赍第一鱼，余月准此。闰月赍本月而已。校其雌雄合，乃依常礼待之。差谬，则推按闻奏。"[1] 显然，铜鱼符就是入境的"护照"。蕃客回国尚

---

[1]　王溥等:《唐会要》，中华书局，1955，第一百卷。

未出关，或入关后需在唐境内旅行，凭刑部司门司发放的"过所"（通行证）。

《唐会要·杂录》："蕃客往来，阅其装重，入一关者，余关不讥。"即过关时要检查过客的行李，只在一个关口检查即可。入出境时，地方官员迎送照料自不必说，遇有重要客人，朝廷还派官员自京师前往入境口岸迎送。

进京

朝贡蕃客入境后，如果随从人员较多，朝廷只允许为首的少数人员进京。不能进京者，留在当地，由地方政府招待。《新唐书·百官志三》卷四十八："海外诸蕃朝贺进贡使有下从，留其半于境。"[1] 唐文宗开成三年（838年），日本遣唐使藤原常嗣率领的使团有651人，获准进京者不过31人。

进京人数确定后，由地方政府提供交通工具或乘用使团自备交通工具，按朝廷批准的路线进京，地方政府常派员护送。

等位

蕃客抵达后，要辨别和确定其身份高低及等级。《旧唐书·职官志三》卷四十四："凡四方夷狄君长朝见者，辨其等位，以宾待之。"[2] 蕃客等位判定，由其所代表国家或地区强弱、大小，以及国际地位高低、与唐的关系亲疏，即"蕃望高下"等因素决定。等位即礼宾次序，既关系到接待规格、朝见班位的前后，也关系到来客在唐境期间的物质待遇、授官位大小等诸多问题。大体分为一、二、三等，分别视为三、四、五品，其物质待遇，与唐朝相应级别的官员相当，朝见班位，亦

---

① 宋祁等：《新唐书》，中华书局，1975，第1235—1278页。
② 刘昫等：《旧唐书》，汉语大词典出版社，2004，第1453页。

按其等位高低，安排在唐朝相应官员中间。

欢迎

蕃国国主、君长来访，进入京师之前，在郊外举行欢迎仪式。《新唐书·百官志一》载："诸蕃首领至，则备威仪郊导。"① 不过，这项工作并不由鸿胪寺，而是由兵部负责。《唐六典·尚书兵部》卷五："备戎仗之物数，以戒军令，而振国容焉。"② 就是摆仪仗队，供国宾检阅。《旧唐书·王锷传》卷一五一，描写唐朝的迎宾仪式："旗帜光鲜，戈铠犀密，回鹘恐，不敢仰视。"③

住宿

《唐六典·鸿胪寺》卷十八，典客署的职责之一是："凡酋渠首领朝见者，则馆而以礼供之。"④ 唐德宗贞元四年（788年），咸安公主嫁回纥可汗，以回纥宰相为首的迎亲使团达千余人。"有诏其下七百，皆听入朝，舍鸿胪"。⑤ 鸿胪寺掌管的国家宾馆，像四方馆、礼宾院以及鸿胪寺本身，都可接纳客人居住。四方馆、礼宾院庭院宽大，建筑辉煌。宾馆戒备森严，据《唐会要·鸿胪寺》卷六六记载，唐玄宗开元十九年（731年）十二月十三日敕："鸿胪当司官吏以下，各施门籍出入。其译语、掌客出入客馆者，于长官下状牒馆门，然后与监门相兼出入。"⑥ 宾馆的警卫工作，前期由鸿胪寺左右威远营负责，但唐德宗建中元年（780年）七月，"左右威远营隶金吾"，即划归皇家警卫序列。

① 宋祁等：《新唐书》，第1181—1204页。
② 张九龄等：《唐六典全译》，甘肃人民出版社，1997，第163页。
③ 刘昫等：《旧唐书》，第3426页。
④ 张九龄等：《唐六典全译》，第510页。
⑤ 同上书，第510页。
⑥ 王溥等：《唐会要》，第六十六卷。

膳食

客人访问期间，膳食由唐政府供给。《唐六典·尚书礼部》卷四："蕃客在馆设食料五等。蕃客设食料，蕃客设会料，各有等差焉。"[①]食料为日常膳食用料，会料则是宴会用料。鸿胪寺官员"丞一人判厨事"。此外，客人日常所需其他物品，也在供应之列，《唐六典·鸿胪寺·典客署》卷十八："诸蕃使主、副五品已上给帐、毡、席，六品已下给幕"，"所乘私畜抽换客舍放牧，乃量给刍粟"[②]，冬天则供取暖炭薪。蕃客出境东渡大海、西越沙漠，路上所需"程粮"，也由唐政府供给。对入海者，还特供"祈羊豕"，即在海上遇到风浪时，作为祈祷活动的祭祀用品。

宴请

宴会饮酒盛况。《新唐书·列传第一百四十二上》卷二百十七上：贞观三年（629年），回纥来朝，太宗"帝坐秘殿，陈十部乐，殿前设高坫，置朱提瓶其上，潜泉浮酒，自左阁通坫趾注之瓶，转受百斛镣盎，回纥数千人饮毕，尚不能半"。[③]

《通典·礼九十一》卷一百三十一载，皇帝宴请蕃国主，礼仪隆重，其程序是：蕃主至宴锡堂门口，太乐署、鼓吹署乐队开始奏乐，入门后乐止。接着"典仪唱'就坐阶下'；赞者承传。蕃主以下皆就坐"。进酒时，"典仪唱'酒至，兴'；阶下赞者承传。蕃主以下皆俯伏兴立坐后"。之后是"行酒殿上""受觯殿上""进食"等。蕃主及其随行官员，随着这些唱、赞之声，而行礼如仪。

---

① 张九龄等：《唐六典全译》，第120页。
② 同上书，第510页。
③ 宋祁等：《新唐书》，第6111—6128页。

朝见

集体朝见，如贺正（正月初一朝贺），参礼人员按其等位，排列入班。《新唐书·礼乐志六》卷十六载，"蕃主入，鸿胪迎引诣朝堂，依北面立，所司奏闻"。[①] 除蕃主外，其他蕃客也参加朝会，"诸州使人及蕃客先集于北门外……谒者引诸州使人，鸿胪引蕃客"。[②] 至于朝见时，皇帝近旁礼宾事宜，不由鸿胪卿，而由门下省长官侍中负责。

单独朝见礼仪更为复杂。据《新唐书·礼乐志六》卷十六："蕃主及其属各立于阁外西厢，东面。侍中版奏'外办'。皇帝服通天冠、绛纱袍，乘舆以出。"[③] 所谓"版奏"，是指侍中举示的版牍，上写"外办"，即指示参礼人员在皇帝即将到达时，应作好相应准备。"舍人引蕃主入门，《舒和》之乐作。典仪曰：'再拜。'蕃主再拜稽首。侍中承制降，诣蕃主西北，东面曰：'有制（皇帝的诏令）。'蕃主再拜稽首，乃宣制，又再拜稽首。侍中还奏，承制降劳，敕升座。蕃主再拜稽首，升座。侍中承制劳问，蕃主俯伏避席，将下拜，侍中承制曰：'无下拜。'蕃主复位，拜而对。侍中还奏，承制劳还馆。蕃主降，复县南位，再拜稽首。其官属劳以舍人，与其主俱出。侍中奏'礼毕'。皇帝兴。"在整个仪式中，不是鸿胪卿，而是侍中（唐朝侍中与尚书仆射、中书令同居宰相），担当皇帝与蕃主的传礼人。

贡献

朝贡使到京以后，首先会呈递表疏和贡献（礼品），一般由中书侍郎（中书省副长官）代表皇帝接受。之后，根据物品的类别，分别交由有关部门保管或收藏。《新唐书·百官志三》卷四十八载，"献马，

---

① 宋祁等：《新唐书》，第381—394页。

② 同上。

③ 同上。

则殿中、太仆寺莅阅。良者入殿中，驽病入太仆。献药者，鸿胪寺验覆"。① 蕃国贡献，常见的主要是金玉、珍宝以及动物。不论是送给国家的，还是送给个人的，一般要上缴归公。还礼（赏赐）一般很厚重。

参观购物

客人参观游览以及购物，亦由鸿胪寺掌管。唐开元五年（717年），《册府元龟》载，"鸿胪寺奏，日本国使请谒孔子庙堂、礼拜寺观，从之"。②《全唐文》卷一百七十二载，张鷟："鸿胪寺中吐蕃使人素知物情，慕此处绫锦及弓箭等物，请市，未知可否? 判：听其市取，实可威于远夷；任以私收，不足损于中国。宜其顺性，勿阻蕃情"。③ 住在鸿胪寺的吐蕃使者，想购买丝绸锦缎和弓箭等物，鸿胪寺不敢做主，向上级报告请示。上级的批示是"听其市取""勿阻蕃情"。

① 宋祁等:《新唐书》，第1235—1278页。

② 王钦若等编《册府元龟》，中华书局，2003，第974卷。

③ 董诰等编《全唐文》（第一册），上海古籍出版社，第172卷。

外交赋诗:《诗经》的礼宾礼仪功能

金　龙*

　　《诗经》是中国重要的古典文献,在先秦时被称为《诗》或《诗三百》。古往今来研究《诗经》者众多,成果林林总总,但关注其礼宾礼仪功能者较少。在春秋时代的诸侯国外交中,赋诗作为一种表达立场、传递信息的特殊语言形态而广泛存在。本文基于《左传》《国语》等文献记载的外交赋诗的情况,试对《诗经》的礼宾礼仪功能作出归纳与分析。

一、《诗经》的礼学性质

　　关于《诗经》,最常见的定位是"我国古代第一部诗歌总集",突出其文学价值,却导致其礼学性质常常被忽视。从"不学诗,无以言""不学礼,无以立"这一尽人皆知的"孔门庭训"中可知,《诗经》与"礼"并称,绝非仅仅因其文学价值,更在于其与"礼乐文明"息息相关的道德伦理与社会秩序功能,这也正是古人赋予其"经书"地位、将其纳入"六经"之列的原因。对此,钱穆先生曾有清晰的论述:"我们要懂中国古代人对于世界、国家、社会、家庭种种方面的态度与观点,最好的资料,无过于此《诗经》三百篇。在这里我们见到文学与伦理之凝合一致,不仅为将来中国全部文学史的渊泉,即将来完成

---

　　*　金龙,中国国家图书馆研究馆员。

中国伦理教训最大系统的儒家思想，亦大体由此演生。"①

《诗经》的礼学性质体现在人伦、天道、政治、社会、文教、风俗等诸多方面，例如开篇首章《关雎》便以男女婚配、夫妇伦理映现"有天地然后有万物，有夫妻然后有父子人伦这样的文化逻辑"。②《礼记·祭统》云："礼有五经，莫重于祭。"《诗经》中有大量用于祭祀的诗，特别是《雅》《颂》中数量最多，《小雅》中的《楚茨》《信南山》《甫田》《大田》等都是祭祀乐歌，《商颂》中《那》《烈祖》《玄鸟》是春秋时宋君祭祀祖先的乐歌，《周颂》的绝大部分篇章用于宗庙祭祀。《周南·樛木》《周南·桃夭》《唐风·绸缪》《小雅·鸳鸯》等篇章为祝贺新婚的诗，《小雅·天保》《南山有台》等则为祝颂君主的诗。《小雅》中的《湛露》《郑笺》《頍弁》与《大雅·行苇》皆用于周天子与同宗诸侯宴饮之时；《小雅》中的《鹿鸣》《伐木》《鱼丽》《南有嘉鱼》《蓼萧》《菁菁者莪》《宾之初筵》《鱼藻》《瓠叶》等也是宴饮诗乐。在谈到《诗》的性质的时候，鲁迅曾讲："风者，闾巷之情诗；雅者，朝廷之乐歌；颂者，宗庙之乐歌也。"③刘操南则称其为"仪礼的诗"或"礼乐的诗"。④足见《诗》与"礼"密不可分。正是由于宏大的礼学意蕴，《诗经》中的许多名篇被视为千古绝唱。

除祭祀、颂祷、宴饮等方面的应用外，礼宾礼仪功能也是《诗经》礼学性质的重要组成部分，这可以从春秋时期风行的外交赋诗现象中窥见一斑。清人劳孝舆在《春秋诗话》中说："自朝会聘享到事物细微，皆引《诗》以证其得失焉。大而公卿大夫，以至舆台贱卒，所有论说，皆引《诗》以畅厥旨焉。"⑤特别是在外交场合中，各国诸侯及使臣的

---

① 钱穆:《中国文化史导论》，商务印书馆，1994，第67页。
② 李山:《诗经选》，商务印书馆，2017，第10页。
③ 鲁迅撰:《汉文学史纲要：外一种》，上海古籍出版社，2011，第8页。
④ 刘操南:《诗经探索》，浙江大学出版社，2003，第57页。
⑤ 劳孝舆撰:《春秋诗话》，中华书局，1985，第42页。

对话常常要借赋咏《诗经》中的词句来表达自己的态度、畅发自己的目的，能否熟知《诗经》并适当运用甚至关系到诸侯国之间的关系。[①]故此，可将赋诗作为春秋时期古人外交辞令的一种形式。

二、改善两国关系的赋诗

春秋时期，各诸侯国之间以及诸侯国与周王朝之间有很多朝聘互访活动。朝聘有一系列繁复且规范的礼节、仪式，并且需要以"赋诗言志"的方式互通款曲，实现改善国家关系的目的。

据《左传·襄公二十七年》记载：

> 郑伯享赵孟于垂陇，子展、伯有、子西、子产、子大叔、二子石从。赵孟曰："七子从君，以宠武也。请皆赋以卒君贶，武亦以观七子之志。"子展赋《草虫》，赵孟曰："善哉！民之主也。抑武也不足以当之。"伯有赋《鹑之贲贲》，赵孟曰："床第之言不逾阈，况在野乎？非使人之所得闻也。"子西赋《黍苗》之四章，赵孟曰："寡君在，武何能焉？"子产赋《隰桑》，赵孟曰："武请受其卒章。"子大叔赋《野有蔓草》，赵孟曰："吾子之惠也。"印段赋《蟋蟀》，赵孟曰："善哉！保家之主也，吾有望矣！"公孙段赋《桑扈》，赵孟曰："匪交匪敖，福将焉往？若保是言也，欲辞福禄，得乎？"卒享。文子告叔向曰："伯有将为戮矣！诗以言志，志诬其上，而公怨之，以为宾荣，其能久乎？幸而后亡。"

通过这段记载可以看出，郑简公在垂陇宴飨赵文子，子展、伯有、

---

① 金龙:《传统礼仪当代启示录》，商务印书馆，2021，第147页。

子西、子产、子太叔、两个子石一共七人跟从郑简公招待客人，几人分别赋《诗经》篇章赞颂赵文子。杜预注:《草虫》《隰桑》表达思慕君子之情，《黍苗》以召伯（历仕文武成康四世）之功比赵文子，《蟋蟀》赞美赵文子好乐无荒，《桑扈》颂扬君子能受天之福禄，《野有蔓草》则表示能够见到君子便心愿得偿。这些赋诗都得到了赵文子的积极回应，发挥了促进郑赵两国关系的作用。只有伯有所赋《鹑之贲贲》引起了不同看法，人们甚至担心伯有因言致祸。

三、调解矛盾冲突的赋诗

春秋时期列国争霸，诸侯国之间的关系错综复杂，为解决矛盾纷争往往需要第三方出面调解，赋诗在这种外交场合中起着重要作用。

（一）郑国请平于晋

> 冬，公如晋朝，且寻盟。卫侯会公于沓，请平于晋。公还，郑伯会公于棐，亦请平于晋。公皆成之。郑伯与公宴于棐，子家赋《鸿雁》。季文子曰:"寡君未免于此。"文子赋《四月》，子家赋《载驰》之四章。文子赋《采薇》之四章。郑伯拜。公答拜。(《左传·文公十三年》)

请平，即请和、求和。鲁文公十三年，郑国意欲与晋国修好，希望鲁文公到晋国去说情。郑国大夫子家赋《鸿雁》，取其中"爱及矜人，哀此鳏寡"之意，请鲁国可怜他。季文子代表鲁文公赋《四月》，其中"四月维夏，六月徂暑。先祖匪人？胡宁忍予"表示不愿受长途跋涉的劳累，想要拒绝郑国。子家赋《载驰》之四章，"控于大邦，谁因谁极"表示郑国是小国，有困难只能请鲁国这样的大国帮忙。季文子赋《采薇》，其中"岂敢定居，一月三捷"则是答应为郑国再奔波一趟。

（二）齐侯、郑伯营救卫侯

卫侯如晋，晋人执而囚之于士弱氏。秋七月，齐侯、郑伯为卫侯故如晋。晋侯兼享之。晋侯赋《嘉乐》，国景子相齐侯，赋《蓼萧》。子展相郑伯，赋《缁衣》。叔向命晋侯拜二君，曰："寡君敢拜齐君之安我先君之宗祧也，敢拜郑君之不贰也。"国子使晏平仲私于叔向曰："晋君宣其明德于诸侯，恤其患而补其阙，正其违而治其烦，所以为盟主也，今为臣执君，若之何？"叔向告赵文子，文子以告晋侯，晋侯言卫侯之罪，使叔向告二君。国子赋《辔之柔矣》，子展赋《将仲子兮》，晋侯乃许归卫侯。（《左传·襄公二十六年》）

卫侯到晋国时被晋人扣留，齐侯、郑伯携大臣前往晋国营救卫侯。晋侯赋《嘉乐》表达欢迎之意，齐景公傧相的国景子赋《蓼萧》，郑简公的傧相子展赋《缁衣》，以赞颂晋侯德行来试探释放卫侯的可能性。晋侯指出卫侯之罪，于是齐国卿大夫国子赋《辔之柔矣》，子展赋《将仲子兮》。杜预注释《辔之柔矣》："逸诗，见《周书》，义取宽政以安诸侯，若柔辔之御刚马。"又注："《将仲子》，《诗·郑风》，义取众言可畏，卫侯虽别有罪，而众人犹谓晋为臣执君。"于是，晋侯接受建议，卫侯得以回国。这是借助赋诗协调国家间关系的又一经典案例。

四、请求援助的赋诗

春秋时期诸侯争霸，兼并战争频繁，"大国凭凌、小国奔命之苦，凄然如见"。① 为了不使国家陷入危亡之境，诸侯国互相乞援、纵横捭

---

① 劳孝舆:《春秋诗话》，中华书局，1985，第2页。

阉以及小国依附大国等情况时有发生，赋诗在这样的外交场合中得到应用。

（一）申包胥如秦乞师

初，伍员与申包胥友。其亡也，谓申包胥曰："我必复楚国。"申包胥曰："勉之！子能复之，我必能兴之。"及昭王在随，申包胥如秦乞师，曰："吴为封豕、长蛇，以荐食上国，虐始于楚。寡君失守社稷，越在草莽，使下臣告急，曰：'夷德无厌，若邻于君，疆场之患也。逮吴之未定，君其取分焉。若楚之遂亡，君之土也。若以君灵抚之，世以事君。'"秦伯使辞焉，曰："寡人闻命矣。子姑就馆，将图而告。"对曰："寡君越在草莽，未获所伏，下臣何敢即安?"立，依于庭墙而哭，日夜不绝声，勺饮不入口七日。秦哀公为之赋《无衣》。九顿首而坐。秦师乃出。(《左传·定公四年》)

楚国受到吴国威胁的时候，楚昭王在随国避难，申包胥到秦国请求出兵援助，连续七天哭声日夜不停、不吃不喝。最终，秦哀公被感动，赋《无衣》，取"与子同仇""与子偕作""与子偕行"之意，表明愿意出兵相助。申包胥九顿首，以示感激。秦国于是出兵。

（二）秦穆公助重耳回国即位

他日，秦伯将享公子，公子使子犯从。子犯曰："吾不如衰之文也，请使衰从。"乃使子馀从。秦伯享公子如享国君之礼，子馀相如宾。卒事，秦伯谓其大夫曰："为礼而不终，耻也。中不胜貌，耻也。华而不实，耻也。不度而施，耻也。施而不济，耻也。耻门不闭，不可以封。非此，用师则无所矣。二三子敬乎！"明日宴，秦伯赋《采菽》，子馀使公子降拜。秦伯降辞。子馀曰："君以天子之命服命重耳，重耳敢有安志，敢不降拜？"成拜卒登，子馀使公子赋《黍苗》。子馀曰："重耳之仰君也，若黍苗之仰阴雨也。若君实庇荫膏泽之，使能成嘉谷，荐在宗庙，君之力也。君若昭先君之荣，东行济河，整师以复强周室，重耳之望也。重耳若获集德而归载，使主晋民，成封国，其何实不从。君若恣志以用重耳，四方诸侯，其谁不惕惕以从命！"秦伯叹曰："是子将有焉，岂专在寡人乎！"秦伯赋《鸠飞》，公子赋《沔水》。秦伯赋《六月》，子馀使公子降拜。秦伯降辞。子馀曰："君称所以佐天子匡王国者以命重耳，重耳敢有惰心，敢不从德。"（《国语·晋语四》）

公元前636年，流亡多年的公子重耳打算回国即位，经过秦国时秦穆公以国君之礼待之，并通过赋咏《诗经》中的篇章交换了关于重耳回国的意见。秦穆公先赋《采菽》表示对重耳的欢迎，《采菽》是记述周天子亲切接见诸侯盛况的诗篇，以采菽、采芹表达天子迎接诸侯来朝的殷勤之意。诗中"君子来朝，何锡予之？虽无予之？路车乘马。又何予之？玄衮及黼"，是对天子封赏诸侯的描述，秦穆公借以表达对重耳的盛情。重耳则赋《黍苗》，取"芃芃黍苗，阴雨膏之"之意，表示希望获得秦国的荫庇和支持。秦穆公此前深受晋惠公背信弃义之苦，因此没有作出明确的表示，只是以《小宛》中的"宛彼鸣鸠，翰飞戾天。我心忧伤，念昔先人"表达对晋国先君以及穆姬的怀念之情。重耳于是赋《沔水》，取首章"沔彼流水，朝宗于海"之意，表明一定不会忘记秦国的帮助。秦穆公得此保证，便赋《六月》，答应帮助重耳回国，以"王于出征，以佐天子"期许重耳为君，匡佐天子。

秦国护送重耳回国，重耳登上大位。公元前632年，晋军在城濮大败楚军，召集齐、宋等国在践土会盟，重耳成为春秋五霸中第二位霸主，开创了晋国长达百年的霸业。

五、赋诗不当引发的外交危机

以《诗经》中篇章作为外交辞令并非个案，而是春秋时期贵族阶层中普遍存在的社会风尚。倘若不学《诗经》，不精通《诗经》，便无法赋咏《诗经》篇章，不但在外交场合"无以言"，甚至可能致使国家陷入危亡的困境。

（一）高厚之诗不类

> 晋侯与诸侯宴于温，使诸大夫舞，曰："歌诗必类。"齐高厚之诗不类。荀偃怒，且曰："诸侯有异志矣。"使诸大夫盟高厚，高厚逃归。于是叔孙豹、晋荀偃、宋向戌、卫宁殖、郑公孙虿、小邾之大夫盟，曰："同讨不庭。"（《左传·襄公十六年》）

"类"，即符合赋诗的规范、符合所处的情境。齐国高厚在晋国宴会上因赋诗不当，被诸侯们认为"有异心"而遭到声讨。高厚见势不妙，赶紧逃回了齐国。于是各国诸侯的代表结盟，立誓说要共同讨伐不忠于盟主的诸侯。两年后，以晋国为首的诸侯联军围攻齐国，把齐国打得大败；第二年，晋国再次讨伐齐国，途中听说齐国国君去世，晋国统帅才撤军回国。两国交恶的原因是多方面的，但高厚赋诗不当是导致两国关系进一步恶化的重要因素之一。

（二）华定不知《诗经》

> 夏，宋华定来聘，通嗣君也。享之，为赋《蓼萧》，弗知，又不答赋。昭子曰："必亡。宴语之不怀，宠光之不

宣，令德之不知，同福之不受，将何以在？"（《左传·昭公十二年》）

宋国大夫华定到鲁国聘问，为新即位的宋君通好。鲁昭公宴飨华定，为他赋《蓼萧》这首诗。杜预注："《蓼萧》，《诗·小雅》。义取'燕笑语兮，是以有誉处兮'，乐与华定宴语也；又曰'既见君子，为龙为光'，欲以宠光宾也；又曰'宜兄宜弟，令德寿岂'，言宾有令德，可以寿乐也；又曰'和鸾雍雍，万福攸同'，言欲与宾同福禄也。"鲁昭公以如此华丽诗句礼颂宋国来宾，作为宾客的华定却完全不懂，无法赋诗作答应对，故此受到鲁昭公责骂。高厚的赋诗不当与华定的不作答赋都被时人视为一种严重的失礼行为。

（三）庆封聘鲁

齐庆封来聘，其车美。孟孙谓叔孙曰："庆季之车，不亦美乎？"叔孙曰："豹闻之：'服美不称，必以恶终。'美车何为？"叔孙与庆封食，不敬。为赋《相鼠》，亦不知也。（《左传·襄公二十七年》）

鲁国大夫叔孙宴请齐国大夫庆封，庆封表现出不敬，叔孙赋《相鼠》，责骂庆封无礼。《相鼠》诗云："人而无礼，胡不遄死。"《毛诗序》认为此篇意在讽刺无礼之人。但是庆封根本听不懂，因而成为笑柄。

六、结　论

在春秋时期"不学诗，无以言"并非夸张的说法，赋诗现象不但在祭祀、颂祷、朝聘等场合广泛出现，而且在诸侯国相互交往时作为外交辞令使用。在外交场合中，如果一方不熟知《诗经》，就无法明白对方赋咏《诗经》篇章之用意，也无法表达自己的想法和本国的立场。

孔子要求学习《诗经》的目的非常直接，即"诵《诗》三百，授之以政，不达；使于四方，不能专对；虽多，亦奚以为?"也就是说，如果不能"达"和"专对"，则学习《诗经》就没有意义。何为"达"与"专对"? 正是实现儒家倡导的"修身""齐家""治国""平天下"的人生价值，这符合春秋时期外交赋诗作为一种外交辞令服务政治、协调国家间关系的事实。《礼记·学记》言:"大学之教也，时教必有正业，退息必有居学。不学操缦，不能安弦；不学博依，不能安诗；不学杂服，不能安礼；不兴其外，不能乐学。"可见，《诗经》是当时学生的必修科目，教学目的在于提高学生以诗譬喻的能力，从而使学生掌握从事包括外交在内的政治活动的资源和手段。

孔子曰:"诗可以兴，可以观，可以群，可以怨。"其中的"兴"和"观"即"兴志""观志"，"兴"是从赋诗的主体出发畅抒情志，也就是以诗喻志、赋诗言志。"观"则是从观者的角度了解、体会、审视赋诗者的意志，既可以观个人之志，也可以观群体之志乃至国家之志。其中的"群"即朋友，杨树达言:"春秋时，朝聘宴享，动必赋诗，所谓可以群也。"在外交场合，通过对方的赋诗而观其志，可以判断对方是友邦还是敌国，而符合规范的、符合情境的赋诗和答赋有利于双方有效沟通和关系发展。可见，赋诗是春秋时期诸侯国外交的重要环节，是中国古代礼宾礼仪的一种独特话语形态。

礼宾：全貌及多方面探究*

[韩]崔钟贤**

许嘉慧　译

社会关系中，礼宾（protocol）总是与礼仪（etiquette）、礼貌（manners）的概念相互交织，密不可分。对于"礼仪"（etiquette）一词的来源，众说纷纭，但普遍认为借自法语词汇。16世纪，西班牙皇室用该词表示"行为准则"，并指代宫廷内应遵守的相关规矩。而作为当时欧洲最强大的国家，哈布斯堡王朝继承人卡洛斯一世统治下的西班牙（1516—1556年）热衷举办各类豪华高调的皇室典礼。"礼仪"一词也因此传回其最初发源地法国，当地人则用该词指代应遵守的皇室行为守则或规矩准则。法国正值波旁王朝的君主专制统治，时任君主路易十四于1682年将宫廷迁往凡尔赛宫，自此，与礼仪相关的历史帷幕逐渐拉开。随后的18世纪，"礼仪"一词及所表含义又传入英语国家，并以相同的意思开始被使用。无独有偶，随着资产阶级通过资产阶级革命取得了社会核心的统治地位，主要形成于欧洲皇室的礼仪与礼貌的概念也得到了进一步传播并逐渐深入人心。纵观欧美历史，资产阶级革命的重要里程碑包括：荷兰独立（1581年）、英国清教徒革命（1642年）、英国光荣革命（1688年）、美国革命（1776年）以及法国大革命（1789年）。

---

* 本篇文章原稿是作者用英文撰写的。

** 崔钟贤（Jonghyun Choe），曾任韩国外交官，前韩国驻阿曼大使（2010—2013年），韩国外交部前仪典局局长（Chief of Protocol）（2013—2014年），前韩国驻荷兰大使（2014—2017年）。

简单来说，礼仪是指社会各界认为可取或应当遵守的一系列规范。尽管并没有法律约束力，但人们往往被他人期待或期望他人遵守这些规范。除了"礼仪"，相关概念还有"礼貌"。礼仪和礼貌的区别在于，前者是此前已经建立起并存在着的抽象概念，而后者强调的则是达成或实施这些规范的行为。因此，人们不会说"他没有礼仪"，而会说"他不懂礼仪，所以很没有礼貌"或"他精通礼仪，所以很有礼貌。"

诺贝特·埃利亚斯（Norbert Elias）在《文明的进程》一书中详细描述了礼仪在欧洲扎根的过程。《文明的进程》于1939年在德国出版，并于1978年和1982年分两卷先后译成英文。埃利亚斯的研究始于一个疑问，即"被视作典型的西方文明行为模式"是如何被定义为文明行为的标准的？通过对礼仪书籍和涵盖餐桌礼仪、擤鼻涕、吐痰、行为举止、面部表情和身体机能控制[1] 等主题的相关文献的仔细研究，他认为在16世纪和17世纪，西方人在情感上经历了一个渐进但不平衡的转变过程。在此过程结束之后，原本在中世纪时期常见的行为被视作"粗野之举"，人们将文明与野蛮明确区分开来，昭示出人们在体贴、羞愧、文雅、厌恶等情感上发生的重大变化。[2]

谈及礼仪与礼貌在欧洲的形成与发展，便绕不开荷兰人文主义者伊拉斯谟（Erasmus）。他的专著《论儿童的教养》（1530年）广为流传，为相关概念在欧洲的后续发展奠定了基础，诺贝特·埃利亚斯也对此过程进行了详细的阐述。一方面，针对如厕问题，伊拉斯谟仍然采用的是后世难以接受的中世纪观念。但与此同时，伊拉斯谟也致力于灌输"现代"文明的理念：一个人的步态"既不可过缓，也不应急躁"，因为无论是哪个极端都会显露出粗鄙之态。伊拉斯谟及其著作所处的时代流露出一股抵制甚至厌恶中世纪时期原本寻常行为的趋势，

---

[1]　书中特指与如厕、排泄相关的身体机能。——译者注

[2]　"Norbert Elias and Etiquette," Etiquipedia, https://etiquipedia.blogspot.com/2014/06/norbert-elias-and-etiquette.html, accessed 10th Oct. 2021.

例如，乔瓦尼·德拉·卡萨①（Giovanni Della Casa）在《礼仪》（1558年）一书中竭力主张的，作为"谦虚、高尚"的人，不要"在他人面前解手②，也不要事后当面整理衣物"，"一些人会经常拿着有异味的东西让别人闻，甚至怂恿别人也这样做，把臭烘烘的东西举到他人鼻子下"，这同样是极不礼貌的。③

伊拉斯谟解释说明了礼仪所包含的一系列行为，并认为实施这些行为将有助于人们成为更好的自己。不仅如此，伊拉斯谟的《论儿童的教养》围绕儿童文明礼仪展开，再版超过百次，并从拉丁语翻译成德语、法语、捷克语和荷兰语等多种语言。拉丁语词汇"civilitate"（文明）很快便风靡欧洲。诺贝特·埃利亚斯着手探究"文明的进程"这一话题时，同样参考了伊拉斯谟的著作。根据埃利亚斯的说法，对于彼时正处在大变革时期的欧洲来说，伊拉斯谟的"文明"概念满足了明确行为准则的需要。④

在提到城市儿童的礼仪时，伊拉斯谟坦率直接地讨论了各类行为，例如擤鼻涕的正确方式，解释了如"菜品端上后不要第一个取食""用手指蘸取酱汁很不礼貌"等餐桌礼仪，以及其他有关良好行为习惯的规矩。⑤他的著作对欧洲礼仪与礼貌的发展产生了巨大的影响。

城市的发展是礼仪与礼貌在欧洲传播的另一个关键因素。1500年前后，城市扩张，人们的居住距离不断缩小，不得不更频繁地与他人

---

① 乔瓦尼·德拉·卡萨（1503—1556），文艺复兴时期意大利著名作家、外交家，曾是罗马教皇的教廷大使，用拉丁文和意大利文撰写了大量诗歌和散文，作品流传极广。——译者注

② 中世纪欧洲的排水和排污系统尚不完善，当着众人的面直接如厕的情况时有发生。——译者注

③ "Norbert Elias and Etiquette," Etiquipedia, https://etiquipedia.blogspot.com/2014/06/norbert-elias-and-etiquette.html, accessed 10th Oct. 2021.

④ Jacques Börger, Anne Jongstra, "Desiderius Erasmus: how to behave properly," https://www.erasmusmagazine.nl/en/2016/04/04/desiderius-erasmus-how-to-behave-properly/, accessed 4th Oct. 2021.

⑤ Ibid.

打交道。埃利亚斯在书中描述了一个社会裹挟着文明行为前进发展的历程，终点则是一个人人都必须举止文明的世界。在城市生活发展的这些方向之中，"顾及他人"扮演着基础性原则的作用。人们必须养成一种羞耻感：随心所欲、无拘无束的想法已不再合适。当知晓所处立场，注意所在环境，思他人所思，关心外界对自己的看法时，文明行为便会自觉地表现出来。得益于新确立的种种礼貌行为，各类"冲动"之举逐渐从公共生活中消失。[①]

欧洲国家于地理大发现之际进驻世界各地，与此同时，帝国主义时期的殖民统治初见端倪。这样的时代背景下，"礼仪"和"礼貌"的概念从欧洲输出至全世界。言及至此，我们还要谈一谈文化相对主义。文化相对主义认为，世界上各地区都有其独特的文化和习俗，并无高低贵贱一说，也没有哪种文化应被视为绝对的标准。这种观点的背后是对欧洲中心主义的反对和抵制。尽管在人们今天所指的"国际礼仪"中，欧洲可能确实发挥了引领作用，但众人理解下的国际礼仪绝非将某种特定的文化强加于他者之上，而是基于一套任何文化都可接受的规则建立起来的。或者说，国际礼仪是一组规则的集合，无论当事人文化背景如何，都能很容易地接受。因此，在我看来，仅从文化相对主义的角度来看待国际礼仪未免过于狭隘。这世界风云变幻，无一物可免于更迭，国际礼仪也不例外，时刻处于发展之中，任何文化都可能促进或影响国际礼仪的发展过程。

说到文化相对主义，东亚的礼仪与礼貌体系要追溯到更久远的年代，也更加错综复杂，这往往归因于东亚社会严格的等级关系。也正因此，社会的内部运作中同样包含一套支配人们行为的等级规则。这在中文里被称作"礼"，孔子曾劝告世人应"克己复礼"，即"克制自

① Jacques Börger, Anne Jongstra, "Desiderius Erasmus: How to Behave Properly," https://www.erasmusmagazine.nl/en/2016/04/04/desiderius-erasmus-how-to-behave-properly/, accessed 4th Oct. 2021.s.

己的私欲，使言行举止合乎礼节"。中国自汉代以来，在孔子的学说之上逐渐形成治理国家和社会的思想体系及哲学观念，这也自然而然地影响了包括韩国和日本在内的其他邻国。不过，随着自由平等观念的全球传播，这种以社会等级关系为前提的思维方式正受到挑战并开始转变。但在世界上的一些地区，例如东亚，等级制度仍然在不同程度上作为处理社会关系的主要方式而存在。与欧洲的礼仪体系相比，在这类关系中建立起来的礼仪与礼貌体系更为全面复杂。结合前文所讲，这也是个合乎逻辑的结果。

礼宾，即礼仪或礼貌在国际关系中的应用。礼宾的概念可以追溯到国家建立之初和随后国家间关系的形成时期。在西方，自古以来便有礼宾的说法，但现代礼宾形式是随着12世纪意大利北部城邦关系中现代外交的开展而塑造起来的，并在16—17世纪的君主专制时代得到了进一步发展。从前文件书籍往往以卷轴形式出现，而卷轴的第一页通常用来展示目录并勘误内容，"礼宾"一词的词源原意即为卷轴首页。自那时起，该词就被用来意指一套需要遵守的权威规则。

外交，即随着人类开始群居生活，一种从群体关系发展而来的人类行为体系。尽管有人可能最终会说，外交的中心目的就是赢得他方的好感，从而在我方面临困难之时受益于他方的支持与合作。但实际上，礼宾与礼仪及礼貌在社会关系中扮演着相同的角色。礼宾，作为国际关系的核心要素，自然在东西方世界都深深扎下根来。相应地，礼宾也成了外交艺术中的一个关键因素。

礼宾中的一个重要部分是对他人的关心体贴。人们往往会在意识到别人对自己想法和感受的关心后，认为对方是友好可亲的。礼宾的这一层面是所有国家都特别关注的焦点。对他人的关心则可以通过两种方式进行表现，其一是确保对方不会感到尴尬；其二则是尽可能地接受他人的习惯、提议或善意举措，即使其中可能会有让你感到不适，或者不情愿的成分。举个例子来说，一些国家的人们是不饮酒的，当这些国家的元首前来访问，设国宴接待时，提供一杯和白葡萄酒颜色相近的苹果汁便可满足在场人员一同举杯的需求。在国宴上祝酒是很常见的做法，但对于伊斯兰国家的国家元首来说，他们是不饮酒的，而与此同时，失去举杯这一环节则可能使整个宴会过程显得空洞和不完整。在这种情况下，苹果汁可以很好地替代葡萄酒，如此一来，元首们都可以参与祝酒，来访国元首也不会感到尴尬。诸如此类表达关心的方式，做起来其实很容易，只需花费少许时间去关注，东道国也不必作出额外的牺牲。有时，我们会需要或多或少做一些身不由己的事情，但这同样是一个能够体现我们顾及他人感受更为重要的方式。当国家元首进行外事访问时，即使是短暂停留，东道国也想将本国文化的方方面面都与来访国元首一同分享。因此，东道国会安排一个相对紧凑的日程以示热情好客。

如果来访国对此回应表示，希望尽可能少地安排行程，以免国家元首因为时差或其他事情太疲倦，这可能会让东道国感到很难过。如果这种不满情绪持续积累，将会影响访问时的气氛，为其带来负面的影响，甚至在一些最坏的情况下，破坏访问本身的价值，产生极其不利的后果。糟糕的记忆往往比美好的记忆停留的时间更长。国事访问中不愉快的记忆可能会一直留存在参与者的脑海中，甚至进而演变形成对某一国家的刻板印象。鉴于此，来访国有必要尽量接受东道国提出的建议或提议，即使这往往需要来访方付出一定的努力或妥协。

美国政治学家约瑟夫·奈（Joseph Nye）于1990年在其所著的《美国注定领导世界？——美国权力性质的变迁》一书中提出了"软实力"的概念。他认为，军事和经济实力是一个国家的"硬"实力，而政策、意识形态以及文化则是"软"实力的组成要素，因此，软实力也是一种多变的国家力量。无论是在社会关系还是国际关系中，打动他人的方式有三种：胁迫、回报以及奈教授所提出的软实力。他的论点认为，随着美国相对实力的下降，冷战步入尾声，美国在自由世界中的领导力预计将不如从前。但即使如此，得益于自身的软实力，美国仍将保全自己世界领袖的地位，继续扮演着与从前相同的角色。在我的分析中，尊重与吸引力是"软实力"定义中不可或缺的一部分。一方面，为了赢得国际社会的尊重，一国有必要以一定的方式作出有价值的贡献。在目前的国际形势下，开发援助和维和行动是各国发挥重要作用的关键途径——它们本质上就是牺牲精神，是一种自我奉献的体现。一个帮助他国并愿意为全球和平作出牺牲的国家必将赢得国际社会的尊重。另一方面，吸引力则是一个复合的概念。具体来说，吸引力的概念包括了以礼仪、礼貌与礼宾为内涵的国际礼仪。人们常在个体层面对国际礼仪进行解析。1998年7月，英国学者西蒙·安霍尔特（Simon Anholt）在当期的《品牌管理杂志》（*Journal of Brand Management*）中使用了"国家品牌"这一术语，并自2005年开始发布"国家品牌指数"（Nation Brands Index）。在安霍尔特看来，旅游、出口、国家治理、投资移民、文化与遗产及人民是构成国家形象的六大要素。换句话说，一国人民展现的形象影响着该国国家品牌的塑造。如果国民在国际社会中表现得彬彬有礼，也将有助于提高外界对该国的认知。礼宾的开展往往维持在政府层级，因此普通人其实并没有太多的机会触及礼宾事务。然而与过去相比，在公共外交时代，无论是在国内还是国际层面，人们都能更容易地接触到这些由政府引导的礼宾活动。如此看来，出色的礼宾实力将有助于国家品牌的塑造和国家软实力的培养。礼宾亦是软实力的一种强大表现形式。

在美国的号召下，首届"全球礼宾负责人会议"（The Global Chiefs of Protocol Conference）于2012年7月在美国召开。第二届会议于2014年7月在韩国首尔举办。会议旨在为各国介绍礼宾和典礼习俗提供平台，并邀请各方就礼宾活动开展过程中可能出现的挑战分享各自见解。一个国家所拥有的深厚传统是其礼宾习俗确立的基础。也正是因为礼宾的这种特点，为礼宾活动寻求一个类似《维也纳外交关系公约》的统一框架将十分困难，甚至并没有必要这样做。在礼宾领域，国家特征和传统远比其他方面更重要。事实上，对于礼宾来说，本就无须作任何的统一。仅仅是做到交换意见以进一步加强各国的礼宾质量，又能同时保持各自的独特性，就将大大超出我们的预期。

礼宾过程中也难免出现差错。1982 年，韩国总统对某国进行国事访问，东道国却在欢迎仪式上演奏了朝鲜国歌。尽管这显然不是韩国方面的问题，但也有人可能会说来访国应该向东道国的相关部门进行多次确认，以确保事先作出更完善周密的安排。礼宾的世界里再小心也不为过，而礼宾工作者也往往因此承受着巨大的压力。

实际上，对于礼宾工作者来说，事事都必须做到尽善尽美。20世纪80年代，日本丰田汽车公司在美国市场推出新品牌雷克萨斯时，提出了"矢志不渝，追求完美"的口号。部分人将这一事件视作礼宾领域指明灯般的存在。此外，礼宾领域常常被认为是一个进行差异化区分的世界。当制定日程表时，相关人员会把表上的行程精确到每一分钟甚至每一秒钟。而如前文所说，对他人的关心也是礼宾的另一重要元素。因此，礼宾从业人员需要培养一定的完美主义，拥有为他人着想的特质。我相信对于踏入外交领域的人们来说，他们可以从礼宾的实践经验中取得巨大的收获。礼宾是外交艺术的核心所在，礼宾工作者称得上"外交界的无名英雄"。

中国近代的外交与外交礼仪

王开玺*

19世纪60年代，清廷的外交人员在屈辱中走出了国门，与西方各国开始发生经常性的外交关系和外交活动，从此也就不可避免地开始了中外外交及其礼仪的对接过程。由于历史的局限，在这一对接过程中，也不可避免地会出现暂时的对接错位现象。

一、对西方国家外交惯例、外交礼仪的认知与认同

19世纪60年代以前，清廷官员对于西方国家间的外交及礼仪惯例虽有所了解，但有关这一方面信息的获得，多是通过来华的外国使领人员及其他外国人的介绍，因此不免略有相互隔膜之感，从而在一定程度上导致了清廷对西方国家间外交及其礼仪惯例认知、认同的滞后。然而，自60年代始，清廷官员相继出访西方各国，目睹了西方国家的外交礼仪，开始逐渐修正自己传统的外交礼仪观念及惯例。

1866年清廷派斌椿等人随赫德赴欧洲各国，仅属观光考察性质，因此还谈不到与外国发生外交礼仪纷争的问题。斌椿在其《乘槎笔记》中，虽未就外国的外交礼仪问题明确表示其看法态度（其原因大约有三：其一，斌椿本人已年至63岁，具有较深的中学根基和传统，被总理衙门看作是"老成可靠之人"，身负有"照料""指示"同文馆学生的重任，因而在礼仪问题上，反映或许较为迟慢；其二，斌椿本人并

---

* 王开玺，北京师范大学历史学院教授。本文原载于《史学月刊》2001年第2期。

非外交使臣，没有必要就此着重记述；其三，初出国门的他，当时似亦没有勇气记述这一较为敏感的礼仪问题），但有关外国外交礼仪的观感，确使斌椿耳目一新。他是这样记述拜见英国君主过程的："申刻，入宫门。内外仪仗将弁与昨夜同，惟多乐器朱衣四十人。宫官衣金绣者，导予至一所，坐候宣召。申正，内宫数人来导。入门数重，至内宫。君主向门立。予入门侧立称谢。君主问：'来此几日矣？'予答曰：'来已兼旬。'……予称谢，始出。"①

斌椿是以怎样的礼仪谒见英国女王的，他并未留下十分明确的记载，但有一点是十分明确的，即他决没有向女王行跪拜之礼。其后，他随赫德赴瑞典、比利时等国，也受到了类似的礼仪接待。斌椿就其参加英国君主宴会一事吟诗云："筵开方丈酒盈尊，卜夜还同卜昼论；百队仙姬齐站立，王妃亲自问寒暄。"②

年过花甲的斌椿对西方国家的外交礼仪问题反映较为迟缓，但是，被总理衙门视为"少不更事"，正在"弱冠之年"的同文馆学生，则因其传统背负较轻，因而对外国的新鲜事物反映较为快捷。与斌椿同时出访的同文馆学生张德彝在其《航海述奇》中明确地记述说："其君臣相见，无山呼跪拜礼，只垂手免冠而已。"而张德彝与斌椿等人"相见（英国君主）亦如是，只不脱帽"。③

如果说斌椿等人出国时，尚未真正触及外交礼仪问题的话，那么1868年志刚随蒲安臣出使西方各国时，西方国家的外交及其礼仪惯例给其印象之深，则是前所未有的。

美国是使团出访的第一站，蒲安臣使团在此采用了西方通行的握手或鞠躬礼。自此以后，其出使西方各国时，亦皆采用这种仪制。据志刚记载："十六日，蒲使等公同往谒伯理喜顿（即总统）。午刻，先

---

① 斌椿：《乘槎笔记》，载钟叔河编《走向世界丛书》，岳麓书社，1985，第117页。
② 斌椿：《海国胜游草》，载钟叔河编《走向世界丛书》，岳麓书社，1985，第167页。
③ 张德彝：《航海述奇》，载钟叔河编《走向世界丛书》，岳麓书社，1985，第546页。

至其外部公署，随同华大臣（即美国外交部长华尔特）至其所居之处，俗谓'白房'。……先至其中间圆屋以俟。……仍由华大臣导引。伯理喜顿朱文逊至圆屋中间，南向立。蒲使执所拟面陈之洋语述毕，华大臣即执伯理喜顿所拟之洋文向蒲使代述毕，即将国书递与伯理喜顿亲接展示，仍交华大臣卷起。旋由华大臣挨次指引谒见，伯理喜顿逐一执手问好（握手礼）。……礼毕各散，复拜其各执政大臣、各国使臣，循各国旧规也。"在此，志刚对美国国务院定期与各国驻美公使会晤的例会颇为称道："华大臣每隔数日，即做一会。届时而往，已有各国使臣及各大员咸集。……逐一执手相见。……因思此等聚会，虽系西国之俗，而实具深意。盖总理各国事务者（即外交部长），时与各国亲信大臣聚首言欢，融为一气。无论偶有抵牾，无不可尽言之，言无不可输之情。而连环交际，无非排解调处之人。是以各国之势，易于联属。此与人臣无外交之义，其用不同。"[1]

其后，志刚又随蒲安臣访问了英国、法国等国家，志刚对于会见法国拿破仑第三的礼仪记载颇详：中国使团至法国后，先行照会法外交部，与其议定呈递国书日期。旋接法国外交部复照："定于十二日某时来接，某时亲递。""是日，有陪伴官三员，乘官车御军至寓，接至其宫门下车，至其朝会之所，有司礼官俟，传知礼节。再进，为朝见各国使臣之所。届时传进。正面设两位，阶三级，旁列卫土，国君立于三级下。司礼官胪传带我见。使臣依次三进步，每步一鞠躬。协理恭赍国书，立于三使臣后。"其后，首先由蒲安臣致贺词，再由拿破仑致答词。双方致词后，（清使团）"协理将国书恭交使者传于蒲使，亲递于法君拿被仑第三亲接。礼毕，退三步，每步一鞠躬而出。复由司礼官带至君后处，进退如前。礼仪毕，由陪伴官乘原车送归寓馆"。[2] 使

---

① 志刚:《初使泰西记》，载钟叔河编《走向世界丛书》，岳麓书社，1985，第269页。
② 同上书，第308页。

团在其他各国呈递国书"其仪与别国同"。①

西方国家的这种外交礼仪，对于久居中国的清廷官员来说，无疑必会留下极其深刻的印象。蒲安臣使团的另一成员孙家谷有关出使西方各国外交礼仪的记述虽极其简约，但却又极其明确："秋后渡西洋，抵英吉利岛国，见其女君，礼节不过进退三鞠躬而已。彼此立谈，无跪拜之文。赞以美词，循旧典也。"②

19世纪70年代，清廷相继向欧美各主要资本主义国家派遣了常驻使臣，这些使臣出国后，大多入乡随俗，依照当时西方各国间的外交礼仪惯例进行外交活动，逐渐改变了过去清廷的外交观念与礼仪惯例，开始与外部世界接轨。当时的外交礼仪惯例大约包括以下几个环节。

（一）新任驻外使臣到达某驻扎国首都后，首先与其外交部联系，"送名片往拜"。

（二）驻在国外交大臣等进行礼节性兼工作性质的回访，"投刺回拜"。③ 在一般情况下，可于此时议定呈递国书的日期，并"彼此讲明递国书之礼"。④

（三）驻在国国家元首必须尽快接见外国使臣。郭嵩焘到英国后，颇为其国君主接见速度之快而大为惊异。他在日记中记述：英国女王定于明日一点钟从行宫回伦教，英国外交部通知说："明日二点半钟觐见君主。"使郭氏大赞"外国之礼，简而速如此"。⑤ 外国使臣未被驻在国元首接见及接受国书之前，不得进行外交活动。"洋例，凡驻扎公使

---

① 志刚：《初使泰西记》，载钟叔河编《走向世界丛书》，岳麓书社，1985，第352页。

② 同上书，381页。

③ 张德彝：《随使法国记》，载钟叔河编《走向世界丛书》，岳麓书社，1985，第436—437页。

④ 同上书，第528页。

⑤ 郭嵩焘：《伦敦与巴黎日记》，载钟叔河编《走向世界丛书》，岳麓书社，1984，第105页。

未见国君不得莅任视事，亦不得与其国官绅及他国公使往来"①，因此外国公使有要求驻在国元首尽快接见并接受国书的权力。

（四）呈递国书之日，由驻在国外交部派专车或其他交通工具接送外交使臣。据郭嵩焘记载，他于1877年觐见英国女王之时，乘坐的是英国官方提供的官车。这种官车，"系本国丞相、御前大臣、大学士、伦敦美尔、各部院总理尚书，及各头、二等公使觐见朝会所乘者。平顶，箱式如坐墩，中宽敞，彩帛铺垫，华美鲜明，四面玻璃"②。

（五）呈递国书之时，驻在国国家元首站立迎候，外国使臣对之行鞠躬礼或彼此行握手礼。国家元首需亲自接受国书。

（六）参与外交活动的外交官员，皆必须着官服，以示郑重。各国可根据不同的情况设置不同规模和形式的仪仗队。"各门有兵排立，皆举刀对鼻以为礼。……（使臣）登车时，鼓乐大作，兵举刀枪，对鼻行礼"③，或以"两手举鸟枪以为礼"。④

（七）呈递国书之时，双方只进行礼节性的问候寒暄和例行呈递仪式，不谈具体的外交事项，任何一方皆不向另一方提出任何外交要求。

（八）新任使臣呈递国书后，需依次拜访驻在国各部行政首脑。"第一日拟拜本国执政诸君"。

（九）新任使臣需依次拜访其他国家派驻这一国家的外交使臣，"通拜各国公使"。⑤

（十）进行外交拜会，一般可有"私拜"与"官拜"之分。外交使臣于未见该国君主之前的拜访，称为"私拜"，觐见君主之后的拜访，称为"官拜"。新任外交使臣于呈递国书后的三日之内，"须遍拜该国

① 刘锡鸿：《英轺私记》，载钟叔河编《走向世界丛书》，岳麓书社，1986，第74页。
② 张德彝：《随使英俄记》，载钟叔河编《走向世界丛书》，岳麓书社，1986，第319页。
③ 同上书，第553页。
④ 刘锡鸿：《英轺私记》，载钟叔河编《走向世界丛书》，岳麓书社，1986，第213页。
⑤ 郭嵩焘：《伦敦与巴黎日记》，载钟叔河编《走向世界丛书》，岳麓书社，1984，第395—396页。

大臣及列国公使，但投刺而不会面。俟他日事暇再往，然后拜会"。①

（十一）外交使臣拜会所驻国各大臣或各国公使时，公使的夫人亦应同时拜会有关各外国官员的夫人"公使未与夫人偕，则亲兼拜之"。②据张德彝记载，1877年时，驻英各国公使有30个（另有代署公使7个），其中"携眷者十九国"。③郭嵩焘使英时，即携带夫人梁氏，"每拜官之有官眷者，皆持'郭太太'三字名刺并递"。④

（十二）各国使馆之间，凡遇有重大事件皆互相通问致意。"每值彼此喜庆之事，皆挂国旗以伸贺之，若值彼此吊亡之期，则挂旗于杆之半，以示两存之意"。⑤

西方国家的上述外交及其礼仪惯例，基本上是正确的，其中有些惯例现今仍为各国所遵循。就当时情况而言，其中有些惯例，如第七款有关呈递国书之时，双方只进行礼节性的问候寒暄和例行呈递仪式，不谈具体的外交事项，任何一方皆不向另一方提出任何外交要求的惯例，基本解除了清廷担心清帝接见外国公使时，外国公使将向其提出各种逾礼要求的隐忧顾虑。有些惯例则逐渐为清廷所接受采纳，如各国君主应尽快接见外国新任公使、亲自接受国书等。毫无疑问，清廷各级外交人员出国后，认同、接受了西方国家的外交及其礼仪惯例，并开始了逐渐与其接轨的近代化进程。

二、传统观念与外交礼仪对接错位

清廷外交官员出国后，在外交礼仪方面逐渐与西方各国接轨。但

---

① 刘锡鸿：《英轺私记》，载钟叔河编《走向世界丛书》，岳麓书社，1986，第84页。
② 同上书，第94页。
③ 张德彝：《随使英俄记》，载钟叔河编《走向世界丛书》，岳麓书社，1986，第310页。
④ 同上书，第337页。
⑤ 同上书，第478页。

是，中国数千年文明的传统根基很深，因此，在外交礼仪的对接过程中，也难免会出现一些令今人看来似极可笑或不可思议的怪事，出现礼仪对接中的错位现象。这种错位现象，在清廷外交官员刚刚跨出国门之际，表现得尤为突出。我们从清廷第一任驻英公使郭嵩焘的经历中，即可略见这一错位之一斑。

错位之一———国书问题。

郭嵩焘到达英国后，在外交礼仪或外交惯例等方面遇到的第一个错位即是有关国书的内容问题。1877年2月7日，郭嵩焘拜见了英国女王，呈送了国书。英国外交大臣知照郭嵩焘，按照西洋公法，"遣派公使驻扎各国，皆以国书为凭"，而郭嵩焘所携清廷国书，专为"惋惜滇案，并无充当公使文据，亦未列副使（刘锡鸿）名"。为此，郭嵩焘要求清廷或命其只为"惋惜滇案，无庸驻扎"，或"补颁国书，充当公使，驻扎三年"[①]，并补颁副使之名等。

同年4月，总理衙门奉旨议复此事时，因尚不甚了解当时西方各国国书的内容与格式要求，对英国的异议似乎有些不理解。他们说：以往泰西各国遣使来华，"有专因要事特派者（特使），有循章派员互驻办理交涉各件者（常驻公使）"。其中来华常驻者，其国书内大约只写有"所派之员，素所信任，乞中国与之和平办理交涉事件。此外亦无有文据"。（其实，如此文字即为任其充任驻扎公使的文据）而中国大臣与各国换约之时，"各国使臣往往索看全权文凭"，并无其他要求。此前，中国所派蒲安臣、志刚、孙家谷使团和崇厚使团，"所至各国除赍送国书外，亦未据各国索看另项文据"。总理衙门认为，既然"现在英国交涉事件，亟资经理"，英国政府又提出了这一问题，故应依照国际惯例，"补颁国书，俾充驻扎英国办理交涉事件大臣"，并奏准"此后

---

① 王彦威、王亮：《清季外交史料·卷九》，北京外交史料编撰处，1933，第22—23页。

奉使有约各国，应即照此办理"。① 自此，清廷有关国书的内容与格式皆开始与西方国家趋同画一。

错位之二——致礼方式问题。

郭嵩焘等人使英期间，凡与外国官员相交见面之时，皆采用西方通行的鞠躬礼或握手礼。但是，中国的传统礼制却强使他还必须一身而两任。1877年11月14日，适逢慈禧太后生日。是日，郭嵩焘带同使馆所有人员，在远隔数万里之外的英国，衣着清廷官服，遥向北方"行三跪九叩礼"②，恭祝太后万寿圣节。

如果仅是出使人员于皇帝、皇太后寿诞之日，在驻外使馆内象征性地磕个头之类，尚不会突现出中外礼仪的不和谐乃至尖锐矛盾。但是，往往会发生使人意想不到的麻烦。1878年，崇厚为收回伊犁之事出使俄国，途经法国时，作为兼任驻法公使的郭嵩焘自然需前往法国巴黎迎送。为了恭请圣安，郭嵩焘本已在公馆内"恭设香案候之"。12月20日，崇厚刚至巴黎，即责怪郭嵩焘没有至车厂迎接，是为对圣上的不敬。郭嵩焘认为：在国外，中国使臣所辖之地，仅一公馆，"以中国礼节行之外洋，求自尽礼而已"，清廷官员们只能在公馆内，依清廷跪拜的旧制恭请圣安。而"车厂往来丛杂，人如蚁聚"，系为公共场所，清外交官员既"无喝止行人之权"，又"无望阙叩头之地"，实在无法在大庭广众之下行叩头礼。为此，郭嵩焘与崇厚一时关系很不好。事后郭嵩焘在日记中说："细求其义，鄙人实无错处，错处皆在彼（崇厚）也。"③

郭嵩焘出使仅两年的时间，其副使刘锡鸿即给其罗列了十大罪状。其中有关外交或日常礼仪的罪状即有：披洋人衣服、崇效洋人张遮阳

---

① 王彦威、王亮：《清季外交史料·卷九》，北京外交史料编撰处，1933，第26—27页。

② 张德彝：《随使英俄记》，载钟叔河编《走向世界丛书》，岳麓书社，1986，第497页。

③ 郭嵩焘：《伦敦与巴黎日记》，载钟叔河编《走向世界丛书》，岳麓书社，1984，第836页。

伞而不用扇子、效洋人尚右而不遵国制、使令妇女迎合洋人、学习外语、听戏等。其中更为可笑的是，郭嵩焘"到处酬应款曲，握手为礼"①，竟亦成为其罪状之一。

错位之三——夫人外交问题。

如前所述，当时公使出国携带家眷，已成为欧美国家的一种极正常，甚至是必要的外交习俗。但是，中国的封建传统根深蒂固，公使出洋携带家眷亦往往为中国的士大夫所不容。郭嵩焘使英之时，因其携夫人梁氏同行，多次被人参劾。曾纪泽接任驻英公使后，亦携家眷而来，同样亦遭到张佩纶的批评，"力请撤回"。②对此，郭嵩焘先是沉默忍耐，最后当其离任之时，已是忍无可忍，怀抱一种极其强烈的逆反心理，决计不顾这些流言，带领梁氏觐见英国女王。其光绪四年十二月二十二日的日记中记载说："以梁氏随行万里，一被参于刘锡鸿，再被参于张佩纶，不能为荣而只为辱。乃决计令其一见（英国）君主，归为子姓言之，足证数万里之行，得与其君主相见。"③

1878年5月29日，郭嵩焘与随团翻译张德彝的一段对话，更明显地反映出当时中外礼仪对接过程中的错位程度及其原因。按照西方国家的礼俗，外交公使举行茶会、舞会等，皆由公使夫人出面邀请有关人员。郭嵩焘因将于6月19日举行茶会，命人印制由夫人梁氏出名的请帖。对此，张德彝于当日记载说："彝云：'按西俗，凡请茶会、跳舞会，固皆女主出名，然此次中国钦差请茶会，可以稍为变通，不必拘定。'星使云：'我自作主，何必参议！且英人皆知我携眷驻此，未为不可。'彝云：'愚见所及，不敢不谏。'曰：'试言之。'彝云：'在西国，若如夫人出名，自然体制无伤。苟此信传至中华，恐人啧有烦言，不

---

① 郭嵩焘：《伦敦与巴黎日记》，载钟叔河编《走向世界丛书》，岳麓书社，1984，第810—811页。

② 同上书，第841页。

③ 同上书，第868页。

免生议。'言毕，星使仰思良久，转嗔为喜而韪之。"①

上述外交礼仪中的种种错位现象，固然是中国外交礼仪转型时期难以避免的，但更表现出新旧两种外交理念、外交礼仪的转换是何等的艰难。

三、国书、国旗与国歌

说到清廷在外交及其礼仪方面与世界各国的对接，就不能不谈到清廷使臣所携带的国书，不能不谈到清廷初定的中国国旗与国歌。

19世纪以前，清廷自认为自己是世界上唯一的天朝上国，其他各国均是应向其称臣纳贡的蛮夷小邦。清廷与其他国家发生国家关系时，大多是向其颁发敕谕，只有与沙俄交涉是采用国书的形式。但是，清廷给予出使俄国使臣的国书，系为清帝钦命办理某一特殊外交事项而颁发，并非常驻性质，故其格式、内容皆与近代西方国家的国书不同。19世纪60年代以后，西方各国遣使驻京，清廷在翻译其国书时，自然对其国书的内容、格式都有了直接的感知。70年代，清廷开始陆续遣使出洋，这样，确定与世界各国国书形式相似的国书问题，就被提到日程上来。据黎庶昌记载，曾纪泽出使法国时所持国书，"盛以黄绫封套，如请帖样式，而加增长大……内用黄纸折叠数开，每开分四行书写，界以朱丝"。② 国书内凡涉及国家或君主之处，皆予以抬写，以示尊敬。1896年李鸿章出访俄、德、法、英、美五国时，所用的国书也是封贮于"金龙黄缎大御封"之内。后来，国书的式样发生了一些变化。中国第一历史档案馆所藏1905年清廷国书，纸仍用黄色，折叠数开如奏折状，每开书写六行，纸之上下皆绘有戏珠行龙。国书外套如

① 张德彝：《随使英俄记》，载钟叔河编《走向世界丛书》，岳麓书社，1986，第560页。
② 黎庶昌：《西洋杂志》，载钟叔河编《走向世界丛书》，岳麓书社，1985，第394页。

古线装书之四合套，其封面正中白框内以满汉两种文字书写"大清国国书"字样。

1875年清廷任命陈兰彬为驻美国、秘鲁、西班牙公使，其国书内容如下："大清国大皇布问大秘鲁大伯理玺天德好。贵国与中国换约以来，睦谊攸关，夙敦和好。兹特简赏戴花翎二品顶戴太常寺卿陈兰彬，出使为驻扎贵国都城钦差大臣。以二品顶戴道员容闳副之，并准随时往来。（笔者注，陈与容皆为驻美公使而兼秘鲁、西班牙使事）朕稔知陈兰彬等忠诚笃实，沈毅有为，办理交涉事件，必能悉臻妥协。朕恭膺天命，寅绍丕基，中外一家，罔有歧视。嗣后，愿与贵国益笃友睦，长享升平，朕有厚望焉。"[1]虽然这一国书的文字仍略带亚细亚式的东方色彩，但从格式到内容，已基本与西方各国的国书相同了。

19世纪60年代以前，中国与世界各国并没有建立起近代意义上的国家关系，因此清廷也没有确定其国旗、国歌的必要。但后来清廷官员相继以各种不同的名义代表国家出洋，与各国间的交往日渐增多，因而确定清国的国旗、国歌也就成为自然而必须的事了，相继出现了代表中国和中华民族的国旗和国歌。

早在1871年，随同崇厚出使法国的张德彝就清楚地认识到国旗在外交领域的重要作用。他说：各国驻外使馆，"每值彼此喜庆之事，皆挂国旗以伸贺之。若值彼此吊亡之期，则挂旗于杆之半，以示两存之意。"[2]

1862年8月，英国人李泰国、阿思本组建所谓欧洲—中国舰队之时，曾擅自设计绿色底，中画黄龙式样旗帜，作为该舰队旗帜，并要求英国政府予以承认并公布，英国政府称，此旗未得到中国致府批准为该船队国旗之前，不便公布承认。同年10月17日（同治元年闰八月

---

① 中国第一历史档案馆：机处录附奏折，1419号。

② 张德彝：《随使法国记》，载钟叔河编《走向世界丛书》，岳麓书社，1985，第478页。

二十四日），经总理衙门准奏，"所有师船，均悬三角黄色龙旗，以为中国官船旗号。"[①] 1866年（同治五年），清总理衙门初步确定，中国的旗帜形式为"斜幅"，旗面为黄色，"中画飞龙"。这种旗帜当时仅为"雇船捕盗而用，并未奏明定为万年国旗"。[②] 据《小方壶斋舆地丛钞》记载，1868年蒲安臣使团出访欧美各国时，该使团曾高张"大黄旗一面，蓝镶边，中绘龙一，长三尺，宽二尺。"此时的旗帜，虽主要是"以为前驱"起引导作用，并非国旗，但自此外国人多视此类旗帜为清国的象征，这对日后清国国旗样式的初定颇具影响，清廷亦很快萌发了国旗意识。

1879年冬，清廷向英国定购超勇、扬威等新式快船。按向例皆由赫德等人雇觅英弁兵包送来华，沿途挂用英旗。直隶总督李鸿章认为，此等办法，"实非国体所宜"，故而于舰成之日，奏请清廷派丁妆昌等人赴英国，"俟船成验收，升换中国龙旗，自行驾驶回华"。1881年8月3日，中园驻英法大臣曾纪泽，提督丁汝昌等，在英国港口举行了隆重的升换中国龙旗仪式，"曾纪泽亲引龙旗悬挂，升炮如仪。英官贺客三十余人，均各称贺"。[③]

1888年清廷编成北洋海军，同年9月30日奏准的北洋海军章程第十三章，就北洋海军舰船的国旗作了明确的规定，"西洋各国，有国旗、兵船旗、商船旗之别，而国旗又有兵商之别"。现在中国兵船、商船皆日见增多，"时与各国交接，自应重定旗式，以崇体制"。按西国通例，旗帜以长方形式为贵，斜长次之。因此，中国的"兵船国旗"及"各口陆营国旗"，亦应改以往的斜幅旗帜为长方形旗帜。唯"照旧黄色，中画青色飞龙"。[④] 翌年3月11日，张之洞札善后局照绘国旗图式时认

① 姜鸣：《中国海军史事日志》，生活·读书·新知三联书店，1994，第8页。

② 王彦威、王亮：《清季外交史料·卷九》，北京外交史料编纂处，1933，第9页。

③ 李鸿章：《李鸿章全集·第三册》，海南出版社，1997，第1295页。

④ 张侠等主编《清末海军史料》，海洋出版社，1982，第504页。

为，中国所定国旗，系为与各国交接而设，因此旗幅必须较为宽大，"方壮观瞻"，但又不是越大越好，"其宽长尺寸又须与升挂之处合宜"。经其妥细考校，拟定了四种大小不同规格的国旗。"头号横长一丈五尺六寸，直宽一丈六寸五分；二号横长一丈三尺九寸，直宽九尺五寸；三号横长一丈一尺五寸，直宽七尺六寸；四号横长九尺六寸，直宽六尺三寸。旗式一律照长方，照旧用正黄色羽纱制造。旗中青色飞龙，仍用羽纱照旧制镶嵌，龙头向上，五爪"。[①]

清廷驻美公使张荫桓得知北洋海军确定国旗后，极表赞成。他于1889年5月致电总理衙门说："西俗国旗最为郑重。"然而中国使臣在国外遇有庆典所张国旗，与中国的商船、华侨所用旗帜，均为"斜幅龙旗"，"南北美洲，每以中国旗式官商一致为诧"。现在北洋"海军国旗"既已将其旗帜改为长方形，"臣在海外敬悬国旗，亦拟用长方式，绘画仍旧"，而华侨、商船等仍用斜式旗帜。如若清廷谕允，即请通知清廷驻各国公使及领事等"一体知照奉行"。[②] 自此，清国的国旗形式、颜色、规制等基本确定下来，并应用于各种外交活动之中。据蔡尔康所译《李鸿章历聘欧美记》载，李鸿章每到一国，各处皆悬挂中国龙旗，以示欢迎。"及抵法境……遥见巴黎车站外，早已悬挂彩旗，并高揭中国龙旗"。李鸿章到英国后，在其下榻的寓馆，"门内旗杆改悬中国旗帜，黄龙飞舞，益壮观瞻"。

清廷公使驻扎外国首都，经常参加各种外事活动或庆典。在这些活动中，自然少不了诸如升国旗、奏国歌之类的礼仪形式，清廷出使英法俄大臣曾纪泽天资聪颖，多才多艺，不仅是中国近代不可多得的外交人才，而且于音律颇有研究，此为其日后创作清国国歌的基础。在其出使英法俄国日记中，多次记载"太常乐卿久列司本聂狄克来，

---

① 张侠等主编《清末海军史料》，海洋出版社，1982，第505—506页。

② 王彦威、王亮：《清季外交史料·卷九》，北京外交史料编纂处，1933，第29页。

谈乐极久"。①

1884年夏，中国参加在英国召开的各国养生会，为适应这一国际活动需要，曾纪泽曾"作乐章一首，兼排宫调，以为国调"②，取名为《华祝歌》。《华祝歌》虽已在外交活动中被当作清国国歌，但"曾纪泽所拟国乐，亦未经奏定颁行"③，尚不是正式的国歌。

1887年，英国外交部向中国驻英公使刘瑞芬"询取中国国乐乐谱（即代表中国的国歌），以备兵丁（即军乐队）谱奏之用"。刘瑞芬认为，中国的乐章，适合于欧洲乐器演奏者，只有曾纪泽所作的《普天乐》一曲，于是"将乐谱一册，备文照送"。④由此，有了代表中国的国歌。曾纪泽在其光绪五年四月初一日记中"夜饭后，写乐章数篇以示英人，谈音乐律吕之学"⑤的记载，可以印证此事。笔者曾搜求于曾氏遗著，然未能求得其曲乐谱，其此时的国歌，似乎只有曲调而无歌词，准确地讲，应该称为国乐。

1888年9月奏定的北洋海军章程第九章中，对北洋海军的"国乐"提出了初步的设想。该款称，中国舰船"有时应奏行军国乐"，演奏国乐之时，"须用中国乐器"，至于国乐乐章，尚未拟定，可"由海军衙门撰拟，通行遵办"。⑥

1911年1月，礼部官员曹广权上奏，请整饬礼乐，礼部议复奏，请饬清廷出使各国大臣，考求各国乐谱，咨送礼部，以确定清国的国

---

① 曾纪泽：《出使英法俄国日记》，载钟叔河编《走向世界丛书》，岳麓书社，1985，第220、224页。

② 同上书，第669页。

③ 中国大事记，东方杂志第八卷第六号，商务印书馆，1911，第13页。

④ 薛福成：《出使英法义比四国日记》，载钟叔河编《走向世界丛书》，岳麓书社，1985，第151页。

⑤ 曾纪泽：《出使英法俄国日记》，载钟叔河编《走向世界丛书》，岳麓书社，1985，第211页。

⑥ 张侠等主编《清末海军史料》，海洋出版社，1982，第497页。

乐、军乐。

数月后，清廷驻欧美及日本使臣将各国乐谱陆续咨送礼部。礼部认为："各国国乐，定义制音，类皆别具本源，自未可舍己从人。"故清国"所有应定国乐，拟……参酌古今中外乐制，详慎审订，编制专章"①。其意思非常明确，即清国国歌从歌词到曲调，皆本传统乐章，不仿西洋。

其后，由傅侗谱曲，严复填词，写成国歌《巩金瓯》，其歌词为："巩金瓯，承天帱，民物欣凫藻。喜同袍，清时兴遭，真熙皞，帝国苍穹保。天高高，海滔滔。"清廷认为该国乐"声词尚属壮美，节奏颇为叶和"，于10月4日，即武昌起义前数日颁谕，"著即定为国乐，一体遵行"②。此时，清廷虽正式确定了国歌，但清王朝却很快为辛亥革命的洪流所淹没。

四、余　论

19世纪40年代，林则徐编辑的《四洲志》及魏源编辑的《海国图志》，标志着先进的中国人开始真正睁眼看世界，使中国人从天朝大国的睡梦中醒来，但那时人们所接触到的外界知识，大多通过来华的外国人间接介绍而来，未免使人略感疏远隔膜，正所谓"纸上得来终觉浅"。到了19世纪60年代、70年代，清廷的各种外交人员亲历西方各国，对于西方各国政治、经济、文化、思想、外交等的感知，完全是直接的感悟，从某种意义上说，此时清廷外交人员对世界各国外交及其礼仪的认识和理解，远比林、魏时要广博得多，深刻得多。无怪乎斌椿到达英国后慨叹"此次奉命游历，始知海外有此胜境"，"中华官

---

① 中国大事记，东方杂志第八卷第六号，商务印书馆，1911，第13页。
② 宣统政纪：卷六十，台湾华文局，1968，第29—30页。

从无远出重洋者……使臣非亲到，不知有此胜境"。^①又正所谓"绝知此事要躬行"。

19世纪60年代至20世纪初，清廷外交人员出使各国后，给中国近代化的外交理念带来了巨大而深刻的变化。

---

① 斌椿：《乘槎笔记》，载钟叔河编《走向世界丛书》，岳麓书社，1985，第117页、128页。

浅析日本皇室礼仪中的中华礼学元素

王静云[*]

王静云[*]

在数千年的历史发展进程中，中华礼学文化对传统东亚秩序产生了深远的影响。当东亚绝大多数民族还过着野蛮部落生活时，中国已是礼乐繁华，文物制度粲然大备的国家，并且与周边国家逐渐形成了"中华礼治逻辑"的文明传承圈。[①] 15世纪到19世纪，这种圈层状态在一定程度上维护了东亚地域的和平与发展。

日本在一千多年历史中形成了糅合唐宋遗风、欧美文化以及本土特色，独具一格的文化样态。对于日本民族而言，皇室是日本民族传统和文化的核心，具有特殊的文化和精神含义，在聚集日本国民精神上发挥着无可比拟的作用。"忠诚、信誉、礼仪"体现了日本皇室文化的核心精神。通常来说，那些保留皇室制度的国家的皇室礼仪是一国礼仪的最高典范，是最能直接展现其民族特色的"活化石"。本文将从日本皇室礼仪制度入手，探究其中的中华礼学元素，从而对于中华礼制在日本文化中的演化画出脉络，也为当代东亚文化圈层的文明对话，提供一些历史逻辑。

一、日本礼仪的中国渊源

日本礼仪一向拥有令人称道的独特魅力。一千多年来，日本社会

---

* 王静云，亚洲礼学文化研究中心主任，中国国家创新与发展战略研究会高级研究员。
① 陈康令:《礼和天下：传统东亚秩序的长稳定》，复旦大学出版社，2018，第15页。

自中华礼学传入之始，从上至下遵循礼仪传统，其间虽有变迁，却一直传承未断。与日本人交往，大都会对他们的彬彬有礼留下深刻的印象，似乎礼仪规则已经渗透进他们的骨髓。法国东亚学者金斯基（M.Kinsky）曾说："日本礼仪思想在没有中国礼学文化存在的基础上是不能成立的。"① 追根溯源，日本接受中国礼学思想并进行本土化实践经历了从中央到地方，由宫廷到贵族、官僚，再到武士集团，直到社会各个阶层的过程。

公元516年，日本开始系统学习中国的礼学经典。平安时代开始的官僚选拔的课程设置中就有三礼：《周礼》《仪礼》《礼记》的课程。圣德太子时期制定的体现儒家礼制思想的官位十二阶与宪法十七条，奠定了日本国家统治的基础，使得日本顺利完成了从奴隶社会向封建社会的转变。德川幕府广泛传播《礼记》为代表的儒家礼学经典，并在此基础上推行庶民教化的政策。明朝初期，日使嗉哩嘛哈来朝，其诗句"国比中原国，人同上古人。衣冠唐制度，礼乐汉君臣"②，这便是中华礼学在日本扎根、成长的最好证明。此外，自公元701年日本宫廷开始举行祭祀孔子的"释奠"仪式，之后陆续在日本各地建立多座孔庙，并延续到12世纪。明治维新之前的二百多年间，朱子理学在日本一直处于官学的统治地位。可以说，儒家朱子理学对于形成日本人的文化心理结构和文化性格产生了深远影响，他们主静的生活姿态、修身养性之道、家庭伦理观念等都是在此基础上铸就。

日本礼仪的发展变迁，按照主要礼仪行为主体的标准可大致分为：天皇政权下的宫廷贵族礼仪，武士集团政权下的礼仪，资本主义体制下的一般社会大众礼仪。而武家传统礼仪有三大流派，伊势流（室内礼仪）、小笠原流（军阵礼仪）、今川流（朝堂礼仪）。到江户时代，伊

① M.Kinsky（金斯基），礼は飲食に始まる 一近世日本の作法書をめぐって一，京都大学人文科学研究所出版，No.2002，（第86号），第105—106页。

② 朱彝尊选编《明诗综》第八册卷九十五下，中华书局，2007，第4480页。

势流和今川流逐渐衰落，小笠原流吸取其他两派特点，服务于德川幕府，因此明治维新之后只有小笠原流的礼仪被传承下来。[①] 经过改革，政府通过学校课程向社会普及、全国推广。到了近代，日本推行脱亚入欧的国际发展战略，西方的骑士礼仪文化也开始影响皇族及百姓的日常行为和生活方式，于是形成现在我们看到的日本社会普遍遵守的复合多样的礼仪文化生态。

一直以来，日本学者研究中国传统礼仪文化对日本礼仪形成影响的相关书籍、论文数量颇多，成果丰厚。池田温的《大唐开元礼解说》，坂本太郎的《仪式与唐礼》，渡边信一郎的《元会的构造——中国古代国家》，古濑奈津子的《遣唐使眼里的中国》，金子修一的《唐代长安的朝贺之礼》，西本昌宏"关于日本国家宫廷礼仪中的中国礼仪文化情况的探讨"，王海燕研究"日本古代都城空间礼仪中的中国因素影响"，近藤启吾考察"日本武家政权时代中国婚丧礼仪的吸收情况"等都蕴含着高质量的研究成果。总之，中华礼学核心精神对日本多个层面都产生了重大的影响，是日本文化精神发展的源泉之一。

二、日本皇室及其礼仪体系介绍

日本皇族是世界上存续最久远的皇族之一，据说已有2600多年，经历了126代。第二次世界大战后，美国考虑到因日本天皇在民众中的威望，为了美国的相关政策能够顺利实施，遂保留了天皇制度。自古以来，日本皇族生活都十分神秘，天皇的神性通过各种神圣威严的仪式来表达，一般民众无从知晓这些皇族礼仪。现今，作为世界上为数不多的仍保留有皇室的国家，日本皇族在礼仪方面的表现受到世人的瞩目，其皇室生活更是平民百姓津津乐道的话题。皇室礼仪作为日本

---

① 杨柳：《日本传统礼仪的中国渊源》，《日本问题研究》2013年第1期，第57页。

最高的礼仪典范，在日本与世界对话中扮演着重要的角色。

近30年来因网络信息的发达，以及明仁天皇的亲民政策，大众才有了可以一窥真实皇室生活的机会。从日本的《皇室典范》《皇族招待手册》也可以获取其皇室生活的规范、礼仪规则。手册分为"前导、解说、迎送"篇和"视察所、餐厅、休息室"篇，以图表的方式详细说明了接待皇族的注意事项。另一个关于规范皇室重大活动的《皇室仪式》，[①] 其中涉及即位礼、立太子礼、婚礼、诞生礼、成人礼、丧礼、称谓礼以及皇族的各种管理都有详细的规定。

日本天皇的登基（即位）和退位是最重要的皇室仪式，完成天皇候选人从"人"到"神"的过程。从一定程度上来说，日本皇室的神性是各种神秘的仪式来维系的。从2019年3月12日，明仁天皇在皇居宫中三殿举行退位仪式开始，一直到当年11月。这距上次德仁天皇的登基仪式已有30年，难得一见的重大仪式造成了极大的轰动。天皇退位和皇太子登基的一系列"剑玺继承之仪""即位后朝见之仪""即位正殿之仪""祝贺御列之仪""飨宴之仪"等共11项仪式正式启动。[②] 这一系列的仪式都向世界展示了东方独特的文化魅力，使得人们对日本皇室礼仪文化有了更直观的了解，也产生了进一步研究其内涵的渴望。

皇室仪式在明治时期重新修订，在修订过程中有意识地拂拭掉了传统仪式中的中国特征，并且将其改造成看似历史悠久的传统仪式。对此，日本历史学界持批判抵制态度。[③] 尽管如此，我们仍然可以在日本皇室现行仪式的细枝末节追本溯源，探究中日礼学渊源，并能一窥中华礼学精神及中华礼仪的风范。

---

① 《皇室の儀式》，フリー百科事典『ウィキペディア（Wikipedia），皇室の儀式（こうしつのぎしき）では天皇及び宮家に関するさまざまな儀式について記す。

② 《皇室典范》，昭和二十二年法律第三号的版本，https://elaws.e-gov.go.jp/document?lawid=322AC0000000003, accessed Dec.5. 2021。

③ 《日本大尝祭的不和谐音，历史学界为何抵制新天皇即位礼》，澎湃新闻网，2019年11月16日，https://baijiahao.baidu.com/s?id=1650322724195124261&wfr=spider&for=pc。

三、皇室礼仪中的中华礼学文化元素剖析

古代天皇被奉为天神之孙，掌管祭祀，其目的是建立和维护安定社会秩序，也是祈祷不死、再生的象征性的形式。皇室祭奠中用的道具以及祭祀者的姿态被艺术化在生活中，丰富了日本文化的内容。传统仪式中的有些职能在现今已不受国民重视，但作为日本国民象征的皇族，仍然通过礼仪化祭祀活动来彰显国民团结精神，具有一定的政治色彩。现在的《皇室典范》是二战后重新修订的，现今皇室各种仪式活动都遵循其规定。下面从日本皇室的礼仪文字资料、皇室重大仪式及生活仪式方面浅析其仍保有的中华礼学文化元素。

即位礼

从江户时代至明治维新前，天皇的即位礼仪式，都是戴冕冠、穿冕服，武官高呼万岁，[①] 即位礼整体内容和程序一直没有脱离中国古代朝廷的仪式风格。浓厚的古代中国风格即位礼仪式被明治维新时期的大臣们否定，进行了大幅度的修改，遂成现在的状态。日本政府于2018年将"剑玺继承之仪""即位后朝见之仪""即位礼正殿之仪""飨宴之仪""祝贺御列之仪"五项定为天皇即位礼。即位礼中"剑玺继承之仪"是天皇登基中最重要的一项。这一仪式标志天皇的家族传承，也是权力的交接，更是宗教意义上"神性"的继承。这项仪式的核心是新任天皇接受"三神器"，意义类似欧洲君主制的"加冕"。"正殿之仪"则是初次以天皇身份临朝的仪式。

在即位礼中天皇所持笏板，是日本神道教的祭祀神职人员举行各

---

① 《令和时代的天皇继位礼：向世界展示日本文化的传承》，腾讯网，2019年10月22日，https://new.qq.com/omn/20191022/20191022A0BCDW00.html。

种仪式时常用的宗教器物。日本天皇在世俗上是日本的最高君主，在宗教上则是日本神道教的最高大神官和大祭司。因此，日本天皇在重要仪式上要拿着神道教的器物"笏板"，以此显其神道教最高领袖的身份。《礼记》中曰："笏，天子以球玉，诸侯以象，大夫以鱼须文竹，士竹本象可也。"[1] 笏板本是中国古代臣子上朝使用的工具，用来携带讲稿提纲。由于唐朝道教盛行，追尊道教太上老君为"太上玄元皇帝"，笏板也因此成了道教常用的宗教器物之一。日本天皇的即位礼虽历经改革，而有浓厚中国道教文化元素的笏板作为道具仍幸存了下来。

还有值得一提的是，明治维新之前"正殿之仪"，天皇初次临朝仪式只有"高御座"（天皇御座），没有"御帐台"（皇后御座），皇后是不参加此仪式的。但明治维新后，受到西方皇室的影响，增加了"御帐台"，皇后也要参加即位仪式，并且遵照西方的礼仪传统，皇后"御帐台"位于天皇的高御座的左侧，在礼仪上体现夫妻的位置关系。

大尝祭

"大尝祭"分为两种：一种是每位天皇继位后只举行一次的"践祚大尝祭"仪式；另一种是每年举行一次的"大尝祭"仪式。"践祚大尝祭"是新天皇接受"神灵附体成神"的仪式，只服务于天皇，也是天皇拥有"神格"最重要的仪式。持统天皇（686—697年）即位时首次将此仪式纳入即位仪式中，是代表天皇作为神之子孙施德于庶民的仪式。根据日本古典典籍《大宝令》等有关"大尝祭"的相关条文规定，"践祚大尝祭"主要由"天羽衣神浴""神共食""真床覆衾"三部分构成。

在仪式时间的选定上，如果天皇是七月以前继位的，天皇即位后只举行一次的"践祚大尝祭"，安排在当年的十一月；如果是七月以后

---

① ［汉］郑玄注，［唐］孔颖达正义，吕友仁整理：《礼记正义》中册，上海古籍出版社，2008，第1215页。

继位的，则安排在第二年的十一月。而每年一次的"大尝祭"，一般安排在十一月的下卯日举行。因为这个时间的稻米可以获得阳气充足的太阳照射，颗粒饱满丰润，足可为祭祀所用。以此可以看出，中国古代的阴阳观念在这些仪式时间规定中，起着根本的原则性作用。

"践祚大尝祭"中的"天羽衣神浴"仪式，是天皇着女装"天羽衣"进行神浴。清华大学刘晓峰教授认为，此仪式一方面源于日本神话辉夜姬的故事，另一方面应该源于中国古代的太阳神与汤谷传说共同融合的文化成果。① 2019年11月中旬，德仁天皇在仪式中就有四次更衣，四次沐浴。仪式结束后，殿外大臣八拍手庆祝天皇神化，成为人间之神。

"神共食"是"践祚大尝祭"仪式中重要的三个环节之一。神浴仪式后，天皇要与神共食。共食所用食物是稻米。仪式所用稻米除了是具有充足的阳气，稻米的产地也要通过占卜才能确定。稻米在日本文化中是神圣之物，非人间所有。《古事记》记载，大宜都比卖神② 死后"于头生蚕，于二目生稻种，于二耳生粟，于鼻生小豆，于阴生麦，于尻生大豆"。此神话故事很显然是受中国盘古开天辟地传说的影响而编撰的。

"真床覆衾"是"践祚大尝祭"中最核心的环节，是完成"授灵继体"的过程。日本学者白川静通过对《周书·顾命》论证研究，认为其出自"兹既受命，还出缀衣于庭"这一细节。③ 周成王去世，王灵承继在庭中，其灵存于衣中。"真床覆衾"的衾是死去天皇的旧物，其上寄宿着皇灵。通过仪式，先皇和新皇同盖一个衾而完成皇灵授受。可

---

① 刘晓峰:《天皇践祚大尝祭的仪式结构与文化解读》,《日本学刊》2019年第5期，第82—83页。

② 大宜都比卖神，日语的写法是大宜都比壳神。

③ 刘晓峰:《天皇践祚大尝祭的仪式结构与文化解读》,《日本学刊》2019年第5期，第92页。

见，此与西周时期的王位继承理念是一脉相承的。①

历史上，随着天皇皇权的起起落落，大尝祭也多次中断，直到圣德太子时期才完全恢复了这个传统，据说是受到其老师、东渡日本的移民大儒朱舜水的影响。当时，唐朝文化深刻影响日本中央集权制国家形成，在传统祭祀中加入中国的皇帝即位礼做法，具有加强皇权和平衡文化心理的双重作用。

举止进退

不同的文化孕育了人类种族不同的气质风格，这种气韵风格最直接体现在行为肢体的动作之中。日本的经典礼仪书《三仪一统》中对宗教、政治、军事、衣冠之法、进退之规、三纲五常进行规范，规定"礼仪之始在于正颜色，培养起居进退之度，言辞选择之慎"，要求礼仪起始于表情、动作、言辞等规范。《礼记·冠义》中曰："礼仪之始，在于容体，齐颜色，顺辞令。"② 可见其礼仪精神深受儒家礼学思想的影响，形体风范儒雅轻柔，强调脱俗淡雅的风格。日本皇室成员在各种场合的露面都极为注重展现出优雅高贵的皇室礼仪典范，在举手投足中体现皇室不俗的教养，为国民作出表率。皇室若选在和室举行隆重活动，着和服时要求足底不离开地面，而这种步法在《礼记·曲礼》中有描述。"行不举足，车轮曳踵"③，要求不抬脚，像车轮滚地一样行进。此步法需控制身体起伏，使得身体姿势呈现稳定、优美的状态。

中华礼仪强调在不同的场合，见不同的人物，在肢体动作、举止进退上表达有所不同。或缓慢，或急促，或轻柔来表达身份及尊敬程

---

① 白川静「中国古代の即位儀礼と大嘗会」,「東アジアの古代文化」第66号，1991，第2—14頁。

② ［汉］郑玄注，［唐］孔颖达正义，吕友仁整理:《礼记正义》中册，上海古籍出版社，2008，第2269页。

③ 同上书，第133页。

度的不同。《礼记·曲礼》中曰："天子穆穆，诸侯皇皇，大夫济济，士跄跄，庶人僬僬。"[①] 从天子到庶人，身份不同，步伐不同。在2019年天皇明仁退位，新天皇德仁即位的一系列重大仪式中可以略有体会。比如在天皇明仁进行退位正殿之仪中，皇室工作人员在将"三神器"奉上案台时，案台有三层台阶，奉器人员脚步较正常步速缓慢，在上台阶时是并步前进，即右脚先上台阶，之后左脚再与右脚合并，之后再右脚上一层台阶，左脚再并步。退下的方式相同，极富庄重的仪式感。现今，我们在中国传统的祭孔典礼上仍然可以看到这样行进的步法，以体现重大场合的隆重威严及仪式感。

《礼记·曲礼》中有"凡执主器，执轻如不克"的描述，[②] 意思是说给天子拿物品，再轻的物品也要像拿重物一样。物品呈递过程要表达对物品和所呈对象的敬意。《三仪一统》中"轻物若重，重物若轻"，手持物品高度不同，表达的敬意不同。日本的传统礼仪中，根据对方的身份地位不同，双手举过身体部位的高度，比如眼睛、肩膀、胸部、腰带的位置不同，所表示的恭敬致意都是不同的。给天皇呈递的场合，或呈递的是祭祀器具等非常重要的物品，都要举过眼睛，以示郑重。在天皇德仁的"剑玺继承之仪"中可以看到，皇室工作人员神情严肃地双手持"三神器"，行走时双手持物高过腰间，到达案台前再将神器举过眼睛，缓慢地置于案台之上，十分郑重肃穆。

衣冠服饰

素以礼仪之邦著称的古代中国，以精丽华美的服饰赢得了"衣冠上国"的殊荣。《尚书·武成》云："华夏蛮貊，罔不率俾，恭天成

---

① ［汉］郑玄注，［唐］孔颖达正义，吕友仁整理：《礼记正义》中册，上海古籍出版社，2008，第194页。

② 同上书，第133页。

命。"^① 在中国人的心目中，衣冠服饰除了蔽体御寒、美化装饰的普遍意义外，更是建立社会秩序、别贵贱、表赏罚的重要尺度，是中国宫廷文明的标志性表达。《周易·系辞》中说："黄帝、尧、舜垂衣裳而天下治，盖取诸乾、坤。"以帽冠、衣着服饰表德劝善来塑造人们的理想化社会人格，是中国传统服饰文化表达的思想。

从《三国志·魏书》中可以看到，魏晋时代，日本还是以文身来区别尊卑，无所谓衣冠制度。日本天皇从平安时代模仿唐朝皇帝穿着黄袍，着衮服登基。黄栌染颜色被赋予象征"真昼太阳"，代表了天子就是太阳的意思。《大日本史》卷二十三《嵯峨纪》有云："（弘仁）九年二月二十三日丙午，诏朝会之礼，常服之制，拜跪之等，不论男女，一准唐仪。"那时的日本天皇，在中国式的即位仪式中，穿着中华样式的衮冕，衣裳织着十二章（日、月、星辰、山、龙、华虫、火、宗彝，此八章在衣；藻、粉米、黼、黻，此四章在裳），可谓唐朝皇帝服饰的翻版。现存的历史上日本天皇登基用服饰的图片资料可以很清晰地看出这一点。明治维新之后，日本脱亚入欧，去中国化，正式废除登基大典身穿冕服的规定，以"黄栌染御袍"为最高礼服，在登基大典上使用。

在2019年登基大典上，天皇德仁身穿"黄栌染御袍"，其系来自唐宋的襕袍本土化演变而成。《读通鉴论》就曾记载隋唐时期以黄袍为尊，"开皇元年，隋主服黄，定黄为上服之尊，建为永制"。^② 而黄栌染御袍是奈良时代仿效唐代制度《养老律令·衣服令》设的服制，是规定天皇上朝，以及宫中三殿祭祀祖先穿着的最为隆重和高贵的服饰。黄栌染色是隋唐时期皇帝专属服色，袍面装饰桐竹、麒麟、凤凰暗纹

① ［汉］孔安国传，［唐］孔颖达正义，黄怀信整理：《尚书正义》，上海古籍出版社，2008，第434页。
② 《从日本天皇登基大典，看日本皇室成员传统服饰的历史传承》，百度网，2019年10月22日，https://baijiahao.baidu.com/s?id=1648089038865443644&wfr=spider&for=pc。

却为日本制度。同时据此制度，日本朝廷也依照颜色来区分官员阶级和身份地位，除天皇的黄栌染，皇太子专用黄丹色，所着礼服称黄丹袍。此次登基大典皇位第一继承人、天皇德仁的弟弟身穿的袍服便是黄丹袍。

款式上，唐宋襕袍是一种不开衩的圆领袍，下摆拼接有横向的"襕"。日本将其称为"缝腋袍"，演变后除了圆领大襟右衽、下摆接横襕、不开衩等特征仍保留外，裁剪和形制同襕袍都作了很大改变。

天皇戴的"立缨冠"是大唐男性使用的"幞头"流传至日本经过自身发展后的变体。日本人将幞头脚（角）的"缨"经演化只保留了一枚，直立向上，好似冲天冠。礼服的束腰之带称为"石带"，来自唐宋的单挞尾革带。石带经过不断的变革，其基本形状和系束方式均有改变。同时，搭配黄栌染御袍的鞋履，其样式花纹已与唐宋时期帝王所穿的六合靴也有很大不同，具有浓厚的日本风格。

日本皇后的礼服是由御五衣、御唐衣、御裳组成的"十二单"朝服。"十二单"衣是从平安时代（794—1185年）传承下来的贵族女子的服装，是目前日本皇室女性成员最高等级的服饰，只有在登基大典或者结婚等重大仪式上才能穿着。日本贵族女性以往服饰用"单"来计算件数，两件就是"二单"，而"十二单"就是12件衣服。"十二单"的等级以花纹区别，每件颜色花纹都不同，层层相叠，从领口、袖口、裙边最能看出这种极富古典色彩美的变化。"十二单"最初的样式源于唐朝的女官服，从奈良时代引进，一直到江户时期逐渐演变成现在日本皇室最高级的礼服，到最后只有皇室成员及贵族女子才能穿着。[1]礼服上的图案都有其文化含义，松代表四季常青，竹是易弯而不易折的君子，而梅则在寒冷的季节盛开，寓意不畏严寒、傲骨绽放。寓意长

---

[1] 《从日本天皇登基大典，看日本皇室成员传统服饰的历史传承》，百度网，2019年10月22日，https://baijiahao.baidu.com/s?id=1648089038865443644&wfr=spider&for=pc。

寿的龟和鹤也很受喜爱，这些图案都寄托皇室丰富的愿望。而这些被采用在服饰上的图案的寓意很多都来自中国传统文化的表达。

中国服饰文化延伸至日本，经过一千多年的融合，使得其传统服饰直接或间接地表现出中国文化的气韵，我们可以在华美的"和服"中追寻到大唐华衣的风范，从"十二单"衣中读出高贵风雅的精神内涵。从目前日本皇室的服饰规制中，无论是天皇、皇后，还是其他皇族，在其服饰的样式、图案、花色等都可探究到中华礼学文化的意味。

三神器

从日本神话时期的第一位天皇神武天皇算起，到如今的德仁天皇已经是126代，同时传下来的还有作为日本皇权象征的"三神器"。古代日本在国家形成的过程中，吸收中国帝王"传国玉玺"的观念，把镜、剑、玉作为天皇的玉玺，在即位时传授，以表示其正统的地位及权利的象征。"三神器"对天皇家族而言是世传的秘宝，有着宗教、政治和家族血缘三重意义。日本古代学者认为镜代表智，玉代表仁，剑代表勇，当国者应以智、仁、勇为"为君之道"。[①]

作为天皇皇权象征的"三神器"在古代天皇制诞生之时，便与日本神话传说结合在一起。他们只能被历代天皇所保管。每当新天皇登基之时，"三神器"就会被请出来。不过"三神器"都是被严密包裹，常人无法得见。据说近代以来，也只有明治天皇一人曾经看过"三神器"的真实样子。之后，"三神器"就被严密封存，直至后世的天皇也未能一窥真容。

这三大神器，"天丛云剑"（后改名为草薙剑），其铸造工艺源于中国传入日本的铜剑制作技术。"琼勾玉"，与天照大帝有关，并且在日本神话书中多次提及。它吸收了中国古代对玉石的信仰，同时也融合

---

① 王秀文：《天皇继位仪式和内涵》，《外国问题研究》1990年第4期，第25页。

了日本本土的宗教习惯。"八咫镜","八"和"咫"在日语中都表示大的意思，合在一起喻其巨大。宗教观念视镜为神圣，大的镜子更被认为是不可抵抗的神力和灵气。有学者根据，"八咫镜"的生产工艺和外形分析，基本可以确定是起源于中国的铜镜。中国的铜镜大约是在汉朝时期传入了日本，因工艺精湛，深受日本贵族阶层喜爱。

称谓礼仪

日本《皇室典范》中有专门对皇室成员的称谓规定，比如第四章二十三条规定：天皇、皇后、太皇太后以及皇太后的敬称是"陛下"，除他们之外的皇族的敬称是"殿下"。所谓"陛下"，本义是台阶，特指皇宫的台阶。例如《荆轲刺秦王》，"秦舞阳奉地图匣，以次进至陛下"。[①]古时帝王的卫士就在陛下两侧进行护卫，后演变为臣子对帝王的尊称。日本皇室储君称为皇太子，皇太子的嫡长男称为皇太孙，其他嫡出的皇子称为亲王，其妻子称为亲王妃。这一系列的称呼制度仍是沿用千数年来的隋唐礼制。

关于日本天皇的称呼，日本在7世纪以前都称大王，"天皇"的叫法来自中国。日本最早史籍成书差不多到8世纪，因中国文化的普及，开始仿用中国尊号，唐高宗生前尊号为"天皇大帝"[②]，故日本仿此以"天皇"为号，以"神武"为谥。也有很多日本学者认为，日本使用天皇的称号是想体现针对中国唐朝的平等性，之后便一直沿用下来。

其他

日本皇室成员的婚礼纷繁复杂，由中式风、和风、西洋风几经演

---

① 缪文远、缪伟、罗永莲译注:《战国策》下册，中华书局，2012，第1016页。

② 《旧唐书·本纪第五·高宗下》：群臣上谥曰天皇大帝，庙号高宗。文明元年八月庚寅，葬于乾陵。天宝十三载，改谥曰天皇大弘孝皇帝，https://guoxue.httpcn.com/html/book/CQPWAZCQ/KOUYXVILAZ.shtml。

变混合而成，独具特色。中国传统婚姻仪式要经过纳采、问名、纳吉、纳征、请期、亲迎这六礼才能被社会认可，即"明媒正娶"。在日本的皇室仪式中也有明确的皇室成员婚礼的仪式规范，与中国传统仪式有着紧密对应。"纳采之仪"即下聘礼，相当于"纳征"，有"过大礼"的意思，表示两人的婚约正式成立。"告期之仪"相当于"请期"，天皇遣使者联系女方，商量结婚的日期。"入第之仪"相当于"亲迎"，结婚当日去接女方的使者队伍。可以看出，日本皇室婚礼的仪式规则仍有浓厚的中华文化内涵，并体现传统中式婚礼的精神。

日本皇室成员在本土接见、会面的致意礼仪是日本国通用的鞠躬礼。众所周知鞠躬礼来自中华礼仪，不过被日本本土化后，有了些许区别。中华的鞠躬礼是腰部弯折，双手在腹前交叠。而传统的日本鞠躬礼是腰部弯折后，双手手指并拢，垂下在两腿外侧，或者双手微按大腿前侧，肢体表达很是谦恭、优美。不过，现代西方礼仪逐渐融入日本后，日本商业、服务行业在接待客人是为了表达尊敬程度的不同，鞠躬礼会有15度、30度、45度，甚至还有90度姿势的表达，手部的位置也有了变化。

日本皇室成员会在18岁举行成人礼仪式。成人仪式后，正式场合穿着服装的款式会有所改变。源自中华成人礼的日本皇室成人礼在一些仪式的解释以及运用时，意义虽相同，流程和形式已经发生了根本的改变。事实上，日本成人礼仪是源自中国"冠礼"。"冠礼"指男子成年时举行的加冠礼仪。加冠后，冠者便被社会承认已经成年，可以出仕做官，承担家庭和社会的责任，是儒家教育非常重要的内容。当时的日本仿中华礼制，始行加冠制度在天武天皇十一年（683年）。按中国古代阴阳学说，冠日多选甲子、丙寅吉日，特别以正月为大吉。日本政府规定从1948年每年的1月15日，民间男女20岁举行成人礼仪式，成为日本国民的一大节日。

四、结 论

日本皇室礼仪是世界上现存皇室礼仪中古老、全面和完整的礼仪系统。其从天皇即位、祭祀、日常生活、服饰穿戴、出行安排均有章可循，且严格执行。皇室礼仪是日本历史文化传承的活化石，更是见证了中日文化的交融，十分可贵，值得深入研究。

日本皇室礼仪虽经过漫长的演化，仍清晰可见中华礼仪文化元素的存在，有着深深的中华文化的印记。中国古代神话、阴阳的观念、祭祀传统等融入日本皇室礼仪文化之中。仪式的设计理念、道具、文化的寓意等都体现儒家的文化观、宇宙观。皇室礼服的款式色彩、人员的举止进退的行为方式显然是传承中华美学理念，有着丰富且可追溯的文化渊源。此外，通过皇室人员称谓，仍可窥见其与中华礼仪一脉相承之处。皇室婚礼内容虽已日本化，却也基本保留了中华婚礼的主要流程环节，以示合两性之好的美好寓意以及对婚姻的郑重态度。

皇室礼仪中也有着丰富的道家文化元素。中国道家思想在公元5世纪便已传入日本，逐渐塑造了日本人神道教的审美文化及茶道精神。盛唐文化风靡日本，其贵族以学习唐文化作为自身身份的象征。而唐代又以道教作为国教，其对日本文化形成的影响可见一斑。圣德太子制定《宪法十七条》中有相关的条文与中国道家思想有着密切的关联，比如其中的"明辨诉讼"和"我必非圣，彼必非愚"等与庄子的《齐物论》明显有着密切的关联。《冠位十二阶》以通过规定不同的颜色来代表不同的官阶，紫色只有高官才能穿着，这与道家对紫色推崇相符合。同时，象征皇权的"三神器"中镜子和剑都是中国道家举行仪式中最重要的道具。

总之，中华文化绵延流长，美誉四方。历经千数年，在日本落地生根，成长出别样绚丽的花朵，向世人展示着日本独特的文化魅力。

其中，中华礼学文化在日本当今皇室礼仪制度中仍散发着夺目的光彩，它与日本本土风俗、西方骑士文化共同绘制了一幅美丽的礼仪画卷，让文化的芬芳随时代的发展源远流长。至今，我们仍能从他们的社会形态及文化生态中找到痕迹，且这种以中华礼学为根基，融合本土文化形成自己独特民族特色的文化制度，在当今的日本社会生活中仍发挥较大效用，具有一定借鉴意义。

实践篇

SHI JIAN PIAN

从事外交工作不可或缺的一课——礼宾

鲁培新[*]

　　党的十八大以来，以习近平同志为核心的党中央面对纷繁复杂的
国际形势，深刻把握新时代中国和世界发展的大势，不断推动新时代
中国特色大国外交事业取得新突破。外交是具有高度政治性和高度政
策性的工作，其中礼宾工作尤为明显地体现了这一性质，因此，礼宾
工作既是外交工作不可或缺的一部分，也是国家外交政策重要体现。
黄华同志谈及礼宾工作时曾指出："中国是礼仪之邦，礼宾工作是外交
工作的先头部队和重要方面，有很强的政治性。"[①] 从新中国成立起，
中央领导同志即强调礼宾工作代表一国的文明素质，尤其是外交部干
部的言行要不卑不亢，端庄得体，衣着要大方适度。礼宾工作的每个
环节都要周全细致。

一、外交礼宾具有高度的政治性和政策性

　　外交礼宾服务于政治，是为国家外交政策和外交利益服务的，也
是直接体现我国外交政策的重要方面，因此，外交礼宾工作具有高度
政治性和政策性，外交礼宾服务于国家总体外交。在当代，外交礼宾
工作即为新时代中国特色大国外交服务，下面就通过三个案例说明礼
宾具有的政治与政策特性。

---

　　[*]　鲁培新，外交部礼宾司前代司长、中国驻斯洛文尼亚共和国首任大使。
　　[①]　黄华:《亲历与见闻——黄华回忆录》，世界知识出版社，2007，第213页。

（一）周恩来接待尼克松时的礼宾安排

握手礼是国际交往中最为普遍和常用的礼节，但是在中美和中苏（俄）关系发展的关键时期都尖锐微妙地折射出国家关系的冷暖亲疏，是国家间关系的"温度计"。

1972年美国总统尼克松访华成为中美关系的"破冰之旅"，也是改变世界格局的一个重大事件。周恩来当时确定了接待尼克松的十六字方针："不冷不热，不卑不亢，待之以礼，不强加人"[①]。

1972年2月21日上午，尼克松的专机"空军一号"降落在北京机场，周恩来等到机场迎接，在尼克松走下飞机时，为了重点突出周恩来总理与尼克松夫妇三人同框，使照片拍出最好的效果，尤其是需要为周恩来和尼克松的握手预留足够的空间，美方的其他随行人员没有在第一时间跟随尼克松下机，而是等尼克松与周恩来握手完毕之后，再走下舷梯。而中方迎接的礼节则是，在尼克松走出机舱时，周恩来只是向他招手，等到尼克松往下走到舷梯一半的位置时，周恩来才开始鼓掌，尼克松也用鼓掌回应。需要注意的是，周恩来不是在尼克松一出舱门就鼓掌，也不是不鼓掌，而是有意识地在尼克松往下走到舷梯一半位置时才鼓掌，鼓掌的力度也刚刚好，神态自然，周恩来对于礼宾工作中礼的尺度和分寸掌握得恰到好处，既向来客展示了好客的礼节，又展现出包含中庸之道的东方智慧。

机场欢迎仪式中，按照通常做法迎接既是国家元首又是政府首脑的尼克松一般需要悬挂两国国旗、奏两国国歌以及检阅仪仗队等。而中方的接待也完全合乎礼仪。但是仍然有十分重要的一点同当时中国接待其他国家贵宾不同，即没有群众欢迎的场面。所以西方媒体在报

---

① 中共中央文献研究室编《周恩来年谱（1949—1976）》，下卷，人民出版社，1989，第511页。

道中对我们迎接工作的评价是"合乎礼仪而不热烈"（correct，but not warm）。在欢迎宴会上，周恩来也是对各个环节进行了周密精心的安排，中国人民解放军军乐团演奏美国传统民歌《美丽的亚美利加》（尼克松就职仪式时选用的曲子）和《牧场上的家》（尼克松家乡的歌曲），使尼克松夫妇在宴会中倍感亲切和高兴。宴会结束时，尼克松在周恩来陪同下亲自向军乐队敬酒以示感谢。

因此，在尼克松访华这一事件中，从美方的礼仪来看，尼克松走下舷梯主动伸手绝不仅仅是想和周恩来握手那么简单，而是美方通过主动"伸手"的姿态更清楚地折射出美国在两极格局的颓势中竭力谋求改善对华关系的外交政策。从中方的接待礼仪来看，礼宾服务于政治的特性便更为明显，一方面，接待尼克松的礼节安排周到，符合通常惯例，展现出中国的好客之道，对美方谋求改善对华关系的善意给予回应，体现对等的原则。另一方面，中方接待尺度把握得十分巧妙，不卑不亢，不冷不热，始终留有回旋的余地，从而在中美关系中掌握战略主动，清楚地表明了中美关系的正常化绝不是中国偏向美国，而是中国奉行独立自主的外交政策实现了中美关系的正常化，是国家间平等外交关系的体现。

（二）邓小平会见戈尔巴乔夫"只握手，不拥抱"

1989年5月，苏联最高苏维埃主席团主席、苏共中央总书记戈尔巴乔夫访问中国。鉴于当时的国际形势和中苏关系状况，在外交礼宾方面如何把握恰当的分寸，都是一个极其重要且敏感的政治问题。中方经过周全考虑和缜密安排，双方领导人见面时"只握手，不拥抱"。

为了认真贯彻中央领导的重要指示，钱其琛外长亲自对礼宾司下达指令，要求礼宾工作务必办理妥当，既要有策略，又要注意方法。最终，外交部礼宾司决定同先期来华进行先遣工作的苏联外交部礼宾司司长对两国领导人会见厅的布置、座位等具体安排进行细致的讨论，中方恰当自然地向对方提出，中国的礼仪习惯与苏联不同，中方提出建议，两位领导人见面时，只握手、不拥抱，按照中国的礼仪来安排，希望苏方理解。

"只握手，不拥抱"——这一简单直白但意义深蕴的六个字，不仅是礼仪问题，更蕴含了深刻的政治含义和长远的战略考虑，它准确通俗地概括出了当时中苏关系的性质，既为这种关系作了准确定位，又为两国关系的长远发展确定了方向。因此，从戈尔巴乔夫访华的这一事件可以深刻体现出，即使是握手这一简单的礼仪形式，同样具有高度的政治内容，绝不可大而化之，是一定要谨慎处理的。

（三）香港回归前中英较量到最后一秒

香港回归问题是事关中华民族的核心利益的重要事务，也是世界关注的大事。中英香港政权交接仪式能否顺利按时进行不仅是一个程序问题，更是一个关乎中国人民和中华民族的主权和尊严的问题。

1996年年底，中方负责交接仪式的筹备小组进入香港以开展前期工作。但是，这种涉及政权交接的仪式问题还找不到任何可供参考的先例，一切只能由中方自己进行设计和规划。在交接仪式的安排工作中，最为重要的一个任务就是：一定确保五星红旗必须在7月1日的零时零分零秒准时升起，让香港的主权准时回归祖国。

这个看似简单的任务实则困难重重，由于香港正式回归之前仍由英国实际管辖，因此所有的交接准备工作必须得到英方的协作才能确保一切顺利。然而，狡猾的英方代表却设置了重重障碍，致使谈判在艰难中进行。

英方认为，英中香港回归的协议上，只明确了香港主权于1997年7月1日回归中国，并没有明确规定到几分几秒的具体时间。而中方则据理力争，指出7月1日就是从零时零分零秒开始正式计算的。因此，中方明确向英方提出，英国国旗必须于1997年6月30日23时59分58

秒降下，而英方最后却只同意在59秒时降下英国国旗，给中方只留下一秒升旗时间。

在这种严峻的情况下，中方不能再允许英方各种兜圈子胡搅蛮缠，中方代表对英方直言："香港已经被你们占领了150多年！而现在我们要得只是2秒钟，你们却是这样无理相拒。我方认为英方这种态度不仅中国人不能容忍，世人也是不能容忍的。"在中方据理力争，态度坚决的情况下，英方最终被迫同意在1997年6月30日23时59分58秒降下英旗，甚至还可以提前。

香港回归升旗时间的问题表明，回归仪式看起来是一个礼宾安排问题，但是其中包含的是十分重要的政治内容，因为能否按时升起五星红旗本身象征着中国的主权是不是能按期回归，中国人民和中华民族的尊严是不是得到了有效的保障。因此，在涉及主权和尊严的原则性问题上，必须坚决维护，绝不可退让一分。

二、一名合格礼宾官的必备素质

外交礼宾为政治服务，那么礼宾如何为政治服务，一名合格的礼宾官如何更好地履行职责？这就需要礼宾人员首先具备相应的礼宾素质，要站稳立场，掌握政策，熟悉业务，严守纪律；其次要眼界开阔，能够具备相当的应对突发状况时的临场反应能力和灵活行事的机敏能力，特别是状况出现时，对相应问题的处置要十分恰当并掌握精确的尺度；最后要心思缜密，特别是对细节的处理对礼宾官来说是搞好礼宾工作的关键所在，也就是"细节决定成败"。

（一）礼宾是一种综合的外交艺术

礼仪是人类文明的重要组成部分，也是人类社会进步和发展的重要标志。它不仅是人与人交往的必需品，也是国家之间交往必不可少的重要元素。它既是个人内在素质的体现，也是一个国家一个民族文明程度的一面镜子。而外交礼宾工作则是直接影响国家外交工作开展的重要因素，在一定程度上反映一个国家外交工作的水平。礼宾工作既有政治、政策，又有方式、方法；既有分工合作，又有组织协调；既有敏捷果断，又有严谨细致，要求礼宾人员具备应对复杂状况的能力。因此，它不仅是一项重要的"工作"，还是一门综合的、高超的"艺术"。而对于有志于从事外交事业的当代青年来说，外交工作先始于礼宾，在礼宾工作中熟悉各种业务并提高能力，会为之后的从事其他各种工作筑牢坚实的基础。

（二）国家交往中，留下好的第一印象十分重要

在国家开展的外交交往中，礼宾展现的第一印象在很大程度上代表着国家的形象甚至外交政策的内容，因此好的第一印象往往可以使对方如沐春风，降低紧张关系，为双方的交谈和其他后续活动的开展创设良好的环境。

1992年12月，俄罗斯总统叶利钦对中国进行首次访问，在当天的欢迎宴会上，考虑到叶利钦的个人喜好，为叶利钦上了茅台酒作为餐宴用酒，叶利钦在欢喜的气氛中足足喝了半斤多茅台，可见其情绪之高。

最终，叶利钦此次访华行程取得了丰硕的成果，中俄双方签署了多个重要的双边文件，而中方适当得体的外交礼仪所展现的"第一印象"对于此次访问的圆满成功起到了不可忽视的作用。

2006年11月"中非合作论坛北京峰会"在北京举行，我被外交部委任为礼仪大使接待各国来访元首和首脑。我们的使命是：当国宾抵达北京之后，我们需要登机欢迎并陪同客人下机。我被分配迎接莱索托的首相，迎到莱索托首相之后，在去往贵宾室的路上我向莱索托首相询问"欢迎"用莱索托语如何表达，为的是在贵宾室休息时与其他

成员问候中可以用到，以增添友好亲切的氛围。待客人就座后，我站起来自我介绍，最后结语使用了刚刚学会的莱索托语Amolhela（即"欢迎"）对大家的到来表示欢迎，这一句莱索托语获得了大家的热烈掌声。良好的第一印象通过一句莱索托语建立起来了，会前创设的这种友好亲切的氛围既是中非亲密友谊的体现，也为峰会的成功举办做了铺垫。

（三）坚持大小国家一律平等，反对大国沙文主义

尊重自己、尊重他人是人与人交往的准则，同样也是国与国交往的准则。坚持平等、互相尊重是礼仪的核心和基础，更是礼仪的灵魂。没有尊重就没有礼仪，尊人换来自尊，辱人只会辱己。周恩来总理不仅仅是政治伟人，同样也是礼仪的典范，他有一句格言："要得到人家的尊重，首先要尊重人家。"

坚持国家不分大小、贫富、强弱应当一律平等是我国政府开展对外交往一贯的主张，也是主权平等原则的自然延伸。这要求任何国家都应当反对大国沙文主义和种族歧视，这是国际关系进步的趋势，也是当代外交关系发展的应有之义。坚持平等作为一个敏感的问题在礼宾工作中应当尤为注意。

20世纪60年代末，周恩来会见即将离任的马耳他驻华大使。当时，我国需要从国际市场购买小麦，但是对国际市场中小麦的品种和行情知之甚少。当周恩来得知这位大使对此有所研究之后，决定亲自会见大使并向其求教，为了尽可能多地了解相关情况并为决策时提供参考，周总理与大使的会谈持续了一个半小时，对于总理提出的问题大使也都一一回答。在辞行时，周总理一直将大使送到车前，并说："你今天给我们上了一堂十分有益的课，对我们有很大帮助，非常感谢。"周总理谦逊平等的态度使即将离任的马耳他大使十分震撼。次日，外交部礼宾司在为大使送行时，他说周总理是位大国的总理，还这样

谦虚、平易近人地同我讨论问题，他受到世界人民的尊敬是当之无愧的。周总理用平等谦和的态度既赢得了大使的尊敬，也展现出中国坚持平等的大国形象和大国风范。

在礼宾工作中，文化问题也必须谨慎处理，认真对待，及时化解文化差异导致的误解，否则可能造成种族歧视等纷争，甚至引发外交工作的严重损失。

1991年秋，马达加斯加驻华大使代表所有非洲国家驻华使馆约见我。来到外交部会客室之后，马驻华大使情绪很低，气氛明显不对。接着他从公文包里取出了一支"黑人"牙膏和一支"黑妹"牙膏。他严肃地阐明："黑人""黑妹"这样称呼的牙膏在市场上销售，是对有色人种的歧视和侮辱，所有非洲国家大使对此非常不满，请外交部作出解释。我当时只对他作出原则表态，强调中非友好的重要性，一定将大使的意见进行反馈并允诺调查之后给予答复。当时北京140多个使馆中有40多个非洲国家的使馆，因此中方对大使提出的问题十分重视，由国务院外办领导同志将有关单位的负责人召集到一起，研究这个问题。经过调查，"黑人"牙膏当时主要从新加坡和香港进口，质高价优，在各大宾馆、机场、友谊商店都有出售。而"黑妹"牙膏厂的厂长表示，"黑妹"在南方是对妙龄少女的爱称，而非大使们认为的种族歧视标志。中方及时就调查结果向马达加斯加大使作出解释，打消了非洲国家大使们的误解和疑虑，中方对文化差异导致的外交事件进行了及时有效的处置，最终牙膏事件得以平息。

（四）礼宾工作没有大小事之分，须时刻保持严肃、严谨

礼宾工作在国家层面上是关乎国家间关系，关乎国家利益的大事，而从具体实践层面上，它又是由琐碎的小事构成的。礼宾工作很"大"，"大"在国家涉外庆典、国家领导人的出访和外国领导人来访的接待等，同时礼宾工作又很"小"，"小"到住房、乘车、吃饭、座位等

琐碎的安排。因此，礼宾工作中看似琐碎的小事绝不可看成单纯技术性或事务性的工作就掉以轻心。小事没办好，会酿成大事，甚至造成无可挽回的巨大损失。相反，小事办好了，可能会产生意想不到的好结果。礼宾工作就是这样一个"大事"中蕴含"小事"，"小事"中蕴含"大事"的矛盾统一体，更加体现出礼宾工作的特殊性。所以，礼宾工作中的小事也是大事，合格的礼宾官应当时刻保持"事无大小须时刻重视"的敏锐意识，绝不可掉以轻心。

20世纪60年代，中国已与许多非洲国家建立外交关系，特别是周恩来总理非洲之行后，中国在非洲的影响力不断扩大，中非友好深入人心，这也引起台湾当局所谓"断交"的恐慌，台湾当局千方百计开展"金钱外交"，而个别国家经不住金钱诱惑同中国断交之后，发现台当局开出的只不过是空头支票，遂产生了与中国复交的想法。有的通过第三国向我们提出，也有的通过某种不易察觉的方式同我方进行试探性接触，从而明晰中方的立场和想法。

中国国家领导人同外国领导人之间都有每年互送新年贺卡的惯例。某年的12月，某个非洲国家的领导人通过国际邮政渠道向我国领导人寄来一张贺年卡。礼宾司负责此项工作的一位年轻同志在打开信封后发现此国已经与我国断交，在这个节点上寄来贺年卡的做法是否带有重要的政治深意？于是这名同志立刻报告给司领导，司领导请示主管部领导，决定立即以相对应的领导人名义回赠了贺卡。过了一段时间，这个国家通过第三方向我国表达了愿意进行恢复外交关系谈判的意愿。因此，这张不起眼的小贺卡成为两个国家之间复交谈判前的试探。礼宾既是细致入微的工作，又是具备高度政治性的工作，必须时刻保持对政治的高度敏感性和洞察力，绝不能因为是"小事"就不以为意。

礼宾工作无大小，还体现在对外交疏忽的妥善处置上。合格的礼宾官同样应当做到事前准备充分、事中安排妥当、事后总结经验。最为重要的是要能做到应对各种可能由小事引发的外交疏忽，要有针对性地进行充分的预判和模拟，提前做好充分的准备，安排妥当，弄清形势再开展后续工作，避免造成工作失误。

1990年，我国领导人出访某国。按照惯例在领导人出访前需要外交部派遣相应外交人员前往出访国进行对接和准备工作，包括考察领导人的出行地点、了解用餐事项以及穿着要求等。在中方有关人员与出访国讨论有关安排时，对方提出，欢迎宴会十分隆重，男士需着"black tie"[①]。而中方人员则是将"black tie"误以为是深色西服配深色领带，便同意了对方的安排。晚宴时，我国领导人及陪同人员皆身着深色西服出席，而对方男士都是身着黑色晚礼服出席，宴会瞬间充满尴尬气氛。在这种情况下，东道国领导人临时决定为了使男士服装一致，请所有本国人员暂时退场更换服装为深色西服配深色领带，这一外交尴尬才得以化解。

（五）随机应变，沉着冷静，通过礼宾安排巧妙化解外交难题

在外交交往中，双方往往会产生许多分歧甚至难题，催生外交僵局。针对这种情况，双方应当本着相互协商、互谅互让的精神，进行真诚有效的沟通，找出问题的解决方法，通过对问题的灵活处理巧妙化解外交难题。

1965年5月，阿尔巴尼亚劳动党中央政治局委员、部长会议第一副主席斯皮罗·科列加率领代表团访华，阿方此次代表团的成员既包含政治高官，也包含贸易、工农等部门部长，此行的目的就是要与中国讨论对阿经济援助的有关事宜。

5月20日，周恩来总理与阿方代表团在钓鱼台国宾馆举行会谈，阿方向中方列出了一个数目庞大的援助项目清单，要求中国政府按清

---

① 一种着装规范术语，是出席社交场合的正式服装，正式度仅仅次于白领结礼服（White Tie）。需穿无尾礼服，欧美国家人士常穿着塔士多礼服（tuxedo），其他国家人士穿着民族服装亦可。

单提供巨额援助。面对这些巨额援助要求，周总理十分委婉地表示无法完全满足阿方要求，但是阿方听到答复之后认为中国作为一个大国，这点援助不算什么，双方的会谈陷入僵局。在这种情况下，周总理建议暂时休会，先请阿方人员参观，再行谈论援助的事。

随后，周总理在钓鱼台国宾馆召开紧急会议，讨论次日对阿方人员参观接待工作的有关事宜。会上，周总理说："明天我陪他们（指阿方人员）去山西大寨参观，让他们受受教育，我们取得的成就是用艰苦奋斗换来的。"安排礼宾司同志当天乘直升机赴大寨，并指示说："告诉当地的接待部门不要用山珍海味来招待客人，要让他们尝尝中国农民日常吃的粗粮，如窝头、老玉米、小米粥等，荤菜只上一两个就够了，让他们看到我们的生活其实也很清苦。"①

5月21日上午，周总理等领导人陪同阿尔巴尼亚客人乘坐直升机来到大寨。站在山坡上，周总理向客人讲道："这些梯田里的土都是大寨人一担一担从远处挑来的，很不容易，是用汗水换来的，可以说是'千里万担一亩田'！"在随后的用餐上，用餐安排按照周总理的指示布置，在陪同阿方客人就餐时，周总理看着简朴的饭菜对阿尔巴尼亚客人说："今天大寨人为了招待你们增加了一两个菜，他们平时吃的比这简单多了。我们国家虽然比你们的大，但也存在很多困难，我们取得的点滴成绩也是像大寨这样艰苦奋斗换来的。我们的农民生活很贫困，恐怕还比不上你们。我们给你们的援助是勒紧自己的裤带挤出来的。"②

大寨之行特别是周总理的话让阿方客人感触很深。22日，当周总理与阿方人员回到北京继续会谈时，阿方随即表示理解周总理婉拒援助要求的原因，并且表示不再坚持先前过分的援助要求。

---

① 刘宝莱主编《共和国外交往事》，人民日报出版社，2012，第319—320页。
② 同上书，第320页。

这件事表明，双方出现分歧和僵局是很常见的，但是双方需要抱着解决问题的真诚态度采取必要的方法，相互理解，互谅互让，才能使会谈取得成功。周总理在与阿方的僵局中没有选择继续对峙甚至争论，而是巧妙安排、灵活处理、随机应变，通过合理有效的礼宾安排打破外交僵局，展现出高超的外交艺术。

1992年10月，日本明仁天皇访华，这是中日关系的重大事件。天皇作为日本民族的象征，其一言一行势必受到日本各界，特别是媒体的高度关注，许多日本媒体派出大批记者报道天皇来华的有关事宜，甚至有别有用心的记者想刻意寻找天皇的失礼表现。为了避免这种情况，日方先遣组同中方进行接洽，商谈有关礼宾事宜，除日本政府外务省典礼局长外，还有日本皇室的宫内厅典礼长，他们分别同我方谈天皇礼宾安排的细节。由于日本宫内厅权力极大，掌管一切皇室成员，包括天皇和皇后的礼宾安排，要求必须万无一失，并且向中方特别指出中方的礼宾人员要将礼宾安排的每个重要环节都提前与日方沟通，他们再将礼宾的有关安排向天皇报告以提前作好准备，绝不能让日本媒体捕捉到天皇任何的言行有失。在上海，前来中国打前站的日方皇室礼宾人员发现，在欢迎宴会上将有一道菜是大闸蟹，日方随即提出建议取消这道菜，原因是：日本媒体如果拍下天皇拿起螃蟹咀嚼的镜头会对天皇的形象产生损害。中方的有关人员立刻向日方作出解释：在菜品的安排方面肯定会处理得当，会提前将蟹肉剔出，盖上蟹壳，天皇用餐时只需掀开蟹壳就可以直接享用，而无须动手剔除蟹肉。日方随即将这个细节上报给天皇。

宴会当天，许多日本记者将镜头对准天皇，就等拍下天皇拿起螃蟹咀嚼的镜头，结果由于中方妥善合理的安排，天皇从容轻松地打开蟹壳吃了螃蟹，一些记者最终没有拍到天皇失态的镜头，失望而去。事后，日方的礼宾司长连连向中方说：天皇对你们的安排非常满意，称赞中国朋友真有办法。最终，由于中方的妥善安排，天皇此次访华行程取得了圆满成功。

（六）入乡随俗，尊重当地的风俗习惯

在涉外交往中，入乡随俗、客随主便同样也是一项重要的礼宾素质和交往原则。中国的历届领导人都十分重视和践行这条原则，一直受到各国领导人和人民的赞誉和肯定。入乡随俗、尊重当地的风俗习惯不仅可以拉近主客距离，创造友好氛围，而且可以成为政治家乃至外交人员结交朋友、广结善缘、建立个人友谊的可靠方式。

1972年2月，邓小平访问美国，当他来到得克萨斯州骑术表演场地时，全场气氛高涨，所有人起立鼓掌热烈欢迎邓小平来访。根据当地习俗，当地一名女骑士骑着马来到邓小平面前并将一项白色牛仔帽献给邓小平，以示对尊贵客人的欢迎，邓小平微笑着接受了这一礼物并将其戴在头上，同大家一起鼓掌，他的这一举动迅速点燃了现场的气氛，引起观众的阵阵高呼，随后邓小平挥动牛仔帽向人群致意，将现场的气氛带入高潮。邓小平入乡随俗的举止使美国领导人和美国人民看到，中国共产党领导人并不是他们原先想象的那样刻板，而是非常和蔼，很有人情味的，打破了美国人对于共产党领导人的刻板印象，为此次的访美行程创造了十分友好的舆论氛围和群众基础。

因此，外交工作的特殊性决定了外交人员需要在主客环境发生变化时能够具备相应的共情能力，在立场和政策允许的范围内作到入乡随俗，客随主便，尊重当地的风俗习惯，熟知当地的文化禁忌，严守礼仪规范。

（七）合格礼宾人员的几项素养

做一名合格的礼宾人员需要具备一些基本的素养。

1. 摆正自己的位置

应始终对自己有清晰的定位，对自己的职责十分明确清楚，严守

周恩来总理对外交人员的十六字方针要求，同时又要对自己的礼宾职责十分明确清楚。

2. 注意自己的形象

作为一个礼宾人员，任何时候都应当注意自己的个人形象，它不仅仅代表着礼宾人员个人，同样在一定程度上也是国家和民族风貌的反映。它既包括外在形象，比如恰当得体的衣着、仪容风度适度、言谈举止文雅，等等。同样也包括内在形象，比如通过长期专门礼宾业务能力的学习和培训磨炼出的内在气质、意志品质、知识修养，等等。

3. 努力扩大知识面，既当"杂家"又当"通才"

礼宾工作的特殊性要求礼宾人员熟悉和掌握丰富的业务知识和相关技能，努力扩大知识面，除了掌握基本的业务理论知识，应当尽可能掌握广博的政治、经济、文化、法律、军事、宗教等各个方面的知识，尽可能熟练地掌握和应用外语，同时也要有一定的调研能力和一定的文学修养，能够写出有价值的报告等外交文件，在知识面方面，既要当"杂家"又要当"通才"。

4. 既要"眼观六路，耳听八方"，又要"胆大心细、遇事不慌"

作为合格的礼宾人员同样要有对事物具有高度敏锐的洞察力，要心思缜密，处处留心。既要看得见"大事"，又要时刻留意各种"小事"。在紧急情况下需要决断时，要能当机立断，不能犹豫不决，作出恰当准确的决定和判断。在遇到突发情况时要能稳住阵脚，顶住压力，时刻保持头脑冷静，遇事不慌。

5. 拥有四个"位"即为品位、定位、到位、勿越位

首先，"品位"即是要严格站稳政治立场，严守政治纪律，也是礼宾人员首要和最基本的政治素质。其次，"定位"即为了解国家间的基本国情，对本国针对不同国家和地区以及国际组织的基本外交政策和立场原则都能够充分掌握。再次，"到位"指的是礼宾工作务必细致到位，规划、方案、通知以及其他一些对工作的安排必须处处落到实处，

不可大而化之，模棱两可，而必须事必躬亲，脚踏实地。最后，"勿越位"要求礼宾工作必须适度有分寸，既不能过于热情，又不能过于冷淡，而是要时刻掌握分寸，冷热张弛有度，保持心中有一把尺。

6. 养成良好的礼宾工作习惯

礼宾工作需要前辈的传、帮、带，礼宾司前司长韩叙曾经总结出作好礼宾工作的几个小窍门，即三个"随身带"和三个"随时做"。

三个"随身带"即为"小笔记本""小铅笔头""小块橡皮"，三样工具要随身携带，使礼宾人员可以及时记录问题，以备遗忘，在事后能够立刻将问题向上级反馈和请示汇报。在当代，礼宾人员更需要熟练运用各种便于携带且安全可靠的记录设备，记录问题以便及时请示汇报。

三个"随时做"即为"吃饭""休息""去卫生间"。就是"随时吃饭""随时休息""随时去卫生间"，一方面这三个"随时"反映出礼宾人员需要时时刻刻注意和把握时间的分配，充分利用可用的每分每秒解决基本需求，最大化地节省时间，时刻保持最佳状态全身心地投入礼宾工作中。

（八）礼宾工作作风的十个要素

礼宾官在外交活动中就像导演，特别是在出访中，即便是高级别的领导人也会基本遵照礼宾人员的安排。正因为安排国家领导人的外事活动需要周密地规划和细致地编排，以及对现场的应急措施进行模拟和测试，不容半点马虎，虽然礼宾官在外事活动中起到"总导演"的角色，但是礼宾官的工作容不得半点差错，也不可能跟电影或戏剧一样"不好再重来"，礼宾工作的特殊性要求必须一次成功。尤其是细节决定成败，工作讲求落实，不然可能出现无可挽回的损失和后果。礼宾工作作风要求很高，根据我20多年的礼宾工作实践，总结起来有如下十个要素。

1. 认真

要求礼宾工作不分大小，必须时时刻刻保持认真地态度，必要时甚至要"较真"，对工作一丝不苟，做好充分的工作，深思熟虑，避免出现不必要的纰漏，造成不必要的损失。

2. 严谨

礼宾工作要条理清楚，思路清晰，时刻保持对礼宾工作中诸多事务的关注，态度要严肃谨慎，考虑问题周全完善，做事准备充分，处事稳定从容，不能"差不多"，更不能模棱两可。

3. 细致

礼宾工作无小事，细节决定成败。从事礼宾工作对待小事要认真细心，心思缜密，看似平常的事物更要保持一定的洞察力，不能想当然，要多设想可能出现的情况，作到事前有所预警、有所准备。

4. 准确

在对待具体的工作安排时要务求精确，调查调研必须落到实处，掌握科学准确的一手资料，时刻保持科学和理性的态度，对事物的判断须精准到位，对各种选择能够优中选优、去伪存真。

5. 及时

从事礼宾工作不能拖拖拉拉，当天的工作一定当天完成，要有较强的时间观念，既能够事前及时打前站，做好充分的准备，避免出现失误；又要在事后及时总结经验或教训，及时将信息汇总上报。

6. 落实

礼宾工作要求办事一定彻底，任何具体安排都要落到实处，礼宾人员对职责范围内的工作必须亲力亲为、身体力行。同时又要分工明确，注重效率，对各种计划、方案、安排要及时检查，避免失误。

7. 踏实

礼宾人员要始终保持沉着冷静，办事认真，谨言慎行，言出必行，脚踏实地，勤勤恳恳，时刻保持心态平稳，不心浮气躁，不好高骛远，又要具备泰山崩于前而色不变的精神气质。

8. 果断

需要礼宾人员在遇事时要时刻保持冷静理智的头脑，既要处事果断、当机立断，又要能作出恰当准确的判断和决定，应当避免该断不断、遇事不决、犹豫再三而错失良机。

9. 应变

礼宾工作往往需要处置各种不可预见的突发状况，一方面需要礼宾人员要能够对各种可能的情况进行模拟和预测，准备好各种突发情况的应对方案；另一方面在面对突发状况时要时刻保持清醒的认知，对形势具有敏锐洞察力，对形势进行判断，同时又要具备随机应变、灵活处理、便宜行事的机敏能力。

10. 补救

当礼宾工作因为疏忽或不可预见的因素而出现事故时，要坚决顶住压力，稳住阵脚，冷静分析，不能表现慌张，时刻保持镇静理性，根据形势的需要制定最优补救方案，力求将损失降到最低限度。

三、结　语

外交礼宾工作是国之大事，在新时代中国的对外交往中，礼宾的重要性更加凸显，随着中国特色社会主义进入新时代，中国的外交事业不断取得新成就、获得新发展、展现新风范。而礼宾工作恰恰是新时代中国外交塑造独特风范，展现大国气派，彰显大国担当的重要渠道。在新时代，外交人员更需要掌握基本的礼宾素质，在礼宾工作中更加自信从容地向世界发出中国声音，展现中国风范，通过"礼"向世界展示更加负责任、更有古老文明底蕴、更有担当的大国形象。

礼宾工作需备预案

樊　剑[*]

　　在我国的外交礼宾工作中，许多大大小小的外交活动都有事先制定的方案，在安排上也有一套规范的做法，如接待外国政要来华访问，中方在机场迎送、欢迎仪式、会谈会见、欢迎宴会、签字仪式等活动上，对场地的布置有基本的要求，站位或座位的安排有规范的排法，活动的程序有标准的步骤等。

　　2019年9月初我在与来华集训的加纳礼宾官进行交流时，对方希望了解中方按规范和标准安排的礼仪活动有没有被突发的情况打乱过？这个问题确实是礼宾工作中会遇到的问题。遇到突发情况不能沉着稳妥地应对，会给礼宾工作带来负面的影响。如何应对礼宾工作中的突发情况，是礼宾工作特别需要关注的问题。下面结合一些外交工作中的案例，从中找到一些应对的办法。

一、审时度势地改动原方案，实现大目标

　　1963年年底至1964年2月，周恩来总理出访非洲十国。其间，正当周总理一行准备从阿尔巴尼亚出发前往加纳访问的时候，加纳发生了突发事件，对是否继续访问加纳带来了影响。1964年1月2日，加纳发生了谋刺恩克鲁玛总统的事件。总统遇刺受轻伤，致使加纳局势骤然紧张起来。我驻加纳使馆了解到行刺的是一名被外国情报机关收

---

　　* 樊剑，外交部礼宾司前参赞，中国驻爱尔兰大使馆前参赞。

买的总统府卫兵，是个孤立的事件，而非加纳国内因素（如经济困难、政治纷争、民族矛盾等）引起的系统性危机。所以我驻加纳大使黄华给代表团的报告里表示访问可以继续进行。周总理根据对情况的了解，综合各方面的意见和建议，经过认真考虑，从我国外交布局着眼，决定继续前往加纳访问。周总理明确表示：我们不能因为人家遇到了暂时的困难就取消访问，这是对人家的不尊重、不支持。发生这样的事情我们还是要去，才表现出我们的真诚，患难见真诚！① 访问拟按原计划进行。随即派代表团成员黄镇副外长先行去加纳。黄镇抵达加纳首都阿克拉后，即刻与黄华大使一起去见恩克鲁玛总统，黄镇转达了周总理和陈毅副总理对恩克鲁玛的慰问，并转述了周总理对访问安排改动的建议：访问免去一切礼节，请总统不要到机场迎接，也不要在总统现住的城堡外面举行会议和宴会。这些安排照顾了恩克鲁玛的困难处境，他听了周总理的这些建议非常高兴，表示完全同意。加纳的执政党和政府高层得知后无不感动。事实证明周总理坚持对加纳进行访问，效果非常好，影响非常大，大大增加了中国在非洲的光辉形象。

国家间的高层访问是礼宾工作非常重要的部分。礼宾人员在准备出访过程中，必须有大局意识、不能只顾安排日程、住房、用车等事务，也要时刻关注往访国及过境经停国的情况变化。2011年秋，国务院一位领导出访拉丁美洲等国。因为要飞越太平洋，路途很遥远，中途要经停美国夏威夷州。就在要出发前，礼宾人员从外交部美洲和大洋洲司了解到，我代表团经停夏威夷时，美国总统将宣布向中国台湾地区售卖武器的计划。众所周知中方一直反对美国对台军售，如美宣布了对台军售，必然给中美关系带来负面影响，在此情况下我政府高层人员就不适合经停夏威夷。根据上级的指示，礼宾人员立刻行动起

① 《周恩来总理与非洲国家领导人的深厚感情》，新华网，2014年4月27日，xinhuanet.com/world/2014-04/27/c_126438733_2.htm。

来，先与有关的航空公司联系。选择新的路线。实际上从中国去拉美向东飞过太平洋要22个小时；向西飞过欧亚大陆、大西洋也要22个小时。最后决定向西飞，经停西班牙位于地中海的马略卡岛。随即礼宾人员联系了我驻西班牙使馆，同时请欧洲司联系西班牙驻华大使馆，请使馆给予协助。我驻西使馆在接到任务时面临诸多困难，马略卡岛上没有我使领馆人员，又逢周末，赴岛机票难订，岛上政府接待的人员也不好联系。但使馆有关人员在大使的带领下双管齐下，既联系马德里的中央政府的外交部，也联系马略卡的地方政府，克服了许多困难，在短短的一天时间里作好了代表团经停的准备工作。代表团访问拉美的日程没有受到影响。

二、具有"提前量"的第二方案

20世纪80年代初，一位非洲某国的外长来华访问要与中方商谈石油合作事宜。当时负责中国石油业务的部门建议安排参观我方某勘探局。礼宾司负责的接待人员了解到该勘探局还未接待过外长级别的外宾。为此，礼宾司人员提前驱车远赴该勘探局，向勘探局的有关领导和接待人员介绍了国外的企业是如何接待到访的外国官方代表团的经验，并向他们讲授了外事接待工作中相关的外事礼仪，而后又同勘探局的有关领导和接待人员讨论了接待的安排。勘探局方面经过消化礼宾司人员提供的信息，进行了认真的准备。一个月后，勘探局首次成功地接待了这位外长一行，为日后双方的合作奠定了基础。

现在国际上的多边外交活动很多。我国也举办过一些重要的国际会议、国际赛事或国际展会。许多大型活动前期的筹划几近完美，但要保证重要的大型会议及其各场活动顺利进行，事前的演练是必不可少的。演练是检验大型活动方案是否可行的重要手段，演练可以发现设想中的方案在实际运作后的问题。例如在新中国成立50周年庆祝活动的演练中，礼宾人员发现进入天安门东侧观礼台的外宾在通过安检时花费时间过长。活动开始时，观礼台上还有许多外宾没有就座。演练后对安检这个环节进行了原因分析，发现主要是金属探测门太少造成的。后来增加了设备和人手就解决了这个问题。

现在强调大型活动的演练要全方位、全要素、全流程地进行。只有这样才能很好地发现一些细节的不足之处，将问题解决在源头。

三、为礼仪活动中把握性小的环节备预案

1997年6月30日晚，中英双方在香港会展中心新翼举行中国政府对香港恢复行使主权交接仪式。这是举世瞩目的大事件。对于筹备仪式的中方礼宾人员来说，如何确保7月1日零时零分零秒奏响中国国歌、升起五星红旗是重中之重，因为这是全中国人民的企盼。为此，在筹备过程中，在交接仪式的程序和双方司仪的说词确定后，就组织中英双方的仪仗队、军乐团、司仪等有关人员进行演练。在多次的演练中实际测出每个程序的时长，并且精确到秒。最后根据实测的平均数，加上每个程序的机动秒数，中方首先拿出了每个程序开始的时间表，作为双方进一步磋商的基础，后来经过协商，中英双方同意按此程序时间表安排交接仪式。为确保仪式按设想的方案进行，中方礼宾人员又反复研究7月1日零时零分零秒前的诸项程序中把握性不大的环节。分析下来集中到程序中的英国查尔斯王子的讲话，这个环节可能会出现比预计的时间要长的情况。事前英方曾请英国广播公司（BBC）的播音员按查尔斯王子在一些公开场合发表讲话的速度念过讲稿，向中方通报讲话时长按5分钟记。为此，在程序时间表中将查尔斯王子讲话的开始时间设定为23时49分30秒，时长5分19秒。

为防止讲话时间延长的情况发生，在王子讲话以后的程序上设定了应变的方案。根据双方商定的仪式程序时间表，王子讲话结束后，

23时55分39秒英方、中方司仪先后宣布:"降升旗仪式现在开始,请全体起立";紧接着双方礼号手吹号,双方国旗护旗手分别从两侧台口入场,走上主席台,上台后中方护旗手向主席台人员展示五星红旗,而后行至中方国旗旗杆前,系上五星红旗。其后双方地区旗护旗手入场,走上主席台,代表香港特别行政区的护旗手展示特区旗,再行至中方特区旗杆前系上特区旗。两批护旗手入场的整个过程设定为3分6秒。这个时间段是应变的方案可以根据现场突发情况加以灵活应用的。

在当天的交接仪式现场,查尔斯王子讲话的时长超出程序时间表的时间约有半分钟。事后有文章说当天查尔斯王子有些感冒,故讲话速度慢了;也有文章说是他当时心情不佳所致。为确保零时准时升起中国国旗,现场中方礼宾人员根据原来的预案在国旗护旗手一上主席台后,不等中方护旗手展示国旗,系好国旗,即通知香港地区旗护旗手从两侧台口入场,从而把失去的时间抢了回来。双方护旗手在旗杆就位后,英方军乐团即开始演奏英国国歌,降下英国国旗和港英旗,并于23时59分49秒演奏完毕。中方军乐团于7月1日零时零分零秒奏响中国国歌的第一个音符,五星红旗和香港特区旗开始升起,全场肃穆,迎来了香港的回归。

后来在1999年12月19日晚中国政府恢复行使澳门主权交接仪式上,也遇到葡萄牙方面上主席台人员晚到,致使交接仪式开始略晚的情况,中方礼宾人员也是在双方两批护旗手入场上进行了调节,确保零点准时奏响中国国歌,升起五星红旗和澳门特区旗。

四、应变能力建设是应万变的最后招数

双边或多边的外交、外事活动的现场有时也会出现无法预料的情况。这就要求现场的礼宾、礼仪工作人员要有处理突发情况的心理准备和应变能力。

　　面对礼宾、礼仪工作中出现的意外情况，全面掌握相关信息是作出准确判断和决定的基础，是作出快速反应的条件；要抓外事礼仪普及工作，使涉外单位和人员知晓如何与外宾打交道，避免一些因不知外事礼仪而产生的意外情况；通过研究和分析、演练等提前发现活动方案的问题，进行修改或备好预备方案；通过工作实践锻炼礼宾、礼仪队伍，提高应对工作中突发情况的能力；保证礼宾、礼仪工作的顺利进行。

递交国书的发展与演变

张国斌*

递交国书虽然只是一项外交礼宾的形式，但国际上的惯例，都把它视为高规格的、庄重的外交礼仪活动，仅次于迎送国宾的仪式。因为它标志着一国元首派出的常驻代表——大使为驻在国的元首和政府所正式接受。同时，似乎也是为了显示一个特命全权大使的不同寻常，所以，有的国家虽在程序上逐步有所简化，但至今仍然保持着这一礼仪。

一、新中国之初的国书

根据CCTV-4《国家记忆》栏目中的介绍①，新中国的第一份国书由中华人民共和国中央人民政府主席毛泽东签署、外交部长周恩来副署，这是新中国唯一一份由毛主席、周总理既签名又盖名章的国书。这份国书的签署主要是由于当时苏联驻华大使到任，中国驻苏大使王稼祥也要立即赴苏联，但时间太紧来不及办理护照。王稼祥也因此成为新中国外交史上唯一一位没有护照即走马上任的特命全权大使。国书原件现存于俄罗斯外交部档案馆。

新中国成立后，作为第一个承认新中国的国家，苏联取得向毛泽东主席呈递国书的优先地位。罗申被苏联任命为首任驻新中国大使。

---

* 张国斌，察哈尔学会副理事长，中国驻斯特拉斯堡总领馆前总领事。

① 《国家记忆：一九四九中苏建交 递交国书》，CCTV-4中文国际频道，2021年3月25日，https://tv.cctv.com/2021/03/25/VIDE96ZjbbGsDX3RGX9eY2kf210325.shtml。

1949年10月3日，获准中方同意后，罗申第二天即动身来华。按照国际惯例，大使到达，一般由外交部礼宾司司长代表到机场或车站出面迎接即可，但作为总理兼外交部长的周恩来却亲自到车站迎接。

10月10日下午4时18分，在中国人民解放军军乐队欢快的乐曲声中，罗申一行的专列缓缓驶进北京前门东站第一站台。前来迎接的还有北京市市长、中国人民解放军代总参谋长聂荣臻，即将上任的中国驻苏联首任大使王稼祥，外交部办公厅主任王炳南、副主任兼交际处处长阎宝航，以及董必武、沈钧儒、郭沫若、章伯钧、张治中、史良、邵力子、廖承志等人，首都工人、学生、妇女等各界群众3000余人在车站列队欢迎。中国政府给予苏联大使的特殊礼遇是现代外交关系史上十分罕见的。

10月13日下午，罗申大使拜会周恩来总理兼外交部长，将由最高苏维埃主席团主席什维尔尼克签署的国书和颂词副本郑重地交给周恩来。双方随即就递交国书的具体程序进行了商谈，决定将递交国书的具体时间确定为10月16日下午5时整。

当罗申大使、齐赫文斯基参赞等来到中南海勤政殿前走下汽车时，外交部办公厅主任王炳南首先迎向罗申，排列两旁的军乐队演奏起欢迎曲。随后，在王炳南的引导下，罗申大使及其随行人员来到勤政殿外的会客室门前，同早已等候在那里的周恩来总理兼外交部长亲切握手。接着，在周总理陪同下，罗申大使等迈进典礼厅。罗申大使走到距毛泽东主席四步远时停住，抬头正视了一眼后，向毛主席深深鞠了一躬，将最高苏维埃主席团主席签署的国书双手举起，恭敬地呈递给毛主席。毛主席颔首答礼，双手接过国书，转交给身边的周恩来总理兼外交部长。这是新中国接受的第一份国书，白色的封面上凸印着苏联国徽，里面内容是用俄文写的任命罗申为"驻贵国特命全权大使"的事宜。随后，罗申后退四步，向毛主席致颂词。翻译官把罗申所致颂词俄文翻译成中文，毛主席细细听后颔首微笑。接着，毛主席致答词。

作为新中国接受的第一份国书，具有不同寻常的意义。因此，此次接受国书仪式特别隆重，超出了国际惯例。周恩来总理在祝词中指出："从此，中苏两国邦交进入了一个崭新的历史时代。"[①] 而随着中苏建交，保加利亚、罗马尼亚、匈牙利、朝鲜民主主义人民共和国、捷克斯洛伐克、波兰、蒙古国、民主德国、阿尔巴尼亚、越南等社会主义国家相继和新中国建立了正式外交关系，新中国迎来了第一次建交高潮。

二、递交国书的仪式和发展

递交国书是每一位大使到任时的第一件大事。递交国书按国际惯例是一项相当隆重的外交仪式，礼宾规定比较严格，递交国书的程序和时间安排都有明文规定，不得随意更改。所以，新任大使到任后，首先要做的事是了解驻在国递交国书的习惯做法，与所驻在国的外交部联系递交国书的时间和程序。

一般情况下，大使抵达驻在国后，驻在国应在短期内安排递交国书，但有的国家习惯在某一时期内集中接受几个大使的国书，有的伊斯兰国家在斋月期间不安排大使递交国书，有的因国家元首休假或不在首都而不能及时安排。因此，有的国家规定大使向外交部递交国书副本后，即可开始进行活动，中国目前采取此种办法。

递交国书仪式一般隆重而庄严，具体仪式如下：（1）使节夫人通常不参加仪式；（2）双方参礼人员应着礼服或民族服装；（3）礼车一般由接受国提供，车上悬挂接受国国旗或两国国旗；（4）举行仪式的场所门

[①]《罗申：外使第一人 周恩来亲自到车站迎接》，人民网，2011年1月29日，https://news.ifeng.com/c/7fZJdEKJ4XR。

前一般有武装士兵或仪仗队向大使致敬或接受大使检阅；（5）大使抵达离开时奏乐曲或国歌；（6）使节向接受国元首递交国书后应邀进入客厅，双方共叙两国间的友好关系；（7）仪式后，通常由使节设酒会感谢接受国有关官员。在中国，大使递交国书的仪式在人民大会堂进行，程序与上述做法大致相同，但不安排乐队和仪仗队，而设礼兵。①

当然，具体到每个国家和地区，国书的递交仪式在满足基本程序的基础上，也会根据驻在国要求作出适当的补充和调整。

1998年12月28日，中国新任驻埃及大使向埃及外长穆萨递交国书副本，但埃及总统穆巴拉克通常是一年春秋两季各安排一次接受新任大使国书，于是定于1999年3月15日上午向埃及总统递交国书。埃及的仪式非常紧凑：大使单人前往，不带助手；递交国书前致词一两分钟；总统不致答词，接过国书后握手告别，仪式结束。中国大使原拟用英语致词，但埃及总统希望中国大使学习阿语，用阿语致词，中国大使在反复模仿反复朗读阿语后，终于背熟了致词，穆巴拉克总统非常高兴，对中国人的印象也更加好了。②

1984年12月，中国新任驻印度大使向印度总统递交国书。首先，印度外交部礼宾司长亲自到中国使馆，接大使前往总统府，并邀请大使夫人和使馆高级外交官前往观礼。

呈递国书当日，总统府身着礼服、手执长矛的马队，已整齐地排列在总统府大门两侧。当中国大使坐车抵达时，马队队员分成前后两队，护卫大使坐车徐徐进入总统府院内大楼前停下。大使下车后，在此等候的总统侍从长官迎上前和大使握手表示欢迎，并和礼宾司长一起引导大使进入总统府大楼内院。此时总统府仪仗队已在院内排列就绪，等候中国大使检阅。提前到达的大使夫人和使馆二秘以上外交官

---

① 李斌：《递交国书仪式》，《世界知识》1998年第9期，第29页。
② 吴德广：《礼宾轶事》，五洲传播出版社，2017，第230—231页。

也在院内一侧就座等待观礼。在总统侍从长官的引导下，大使先走上院内中央的检阅台，仪仗队指挥官正步走到台前行军礼，请大使检阅。在军乐声中，中国大使缓步走下检阅台，在指挥官的陪同下，从排列整齐的队员前方缓慢走过，检阅了仪仗队。

检阅完毕，四名总统府侍从官引导中国大使，步入二楼贵宾厅稍事等待，同时大使夫人和使馆高级外交官也被引进二楼呈递国书大厅，在厅内一侧入座。几分钟后，印度总统由四名侍从官护卫进入大厅，在正中就座。紧接着中国大使在总统侍从长官和礼宾司长引导下步入大厅，并在使馆政务参赞和武官的陪同下，一直走到总统面前。这时总统起立，中国大使向总统行礼后，双手将国书递交给总统，总统接受国书后和大使握手。整个大厅气氛严肃庄重。

国书呈递后，印度总统请中国大使夫妇到大厅旁的客厅叙谈，使馆官员也跟随进入客厅。入座前，使馆高级外交官已按官衔依次排列在一侧，中国大使一一向总统介绍，总统和他们亲切握手。然后，总统请大使夫妇在厅内中间沙发上入座，进行简短的交谈并设茶点招待。这时，使馆高级官员和总统侍从长官、礼宾司长等印方官员，也分别在厅内周围沙发上入座。中国大使夫妇和总统在友好的气氛中交谈片刻，然后握手告别，使馆官员也跟随大使离开了总统府。至此，呈递国书的仪式和总统府的活动就告结束，国书递交后大使就可以正式上任了。

在一些君主制国家，递交国书仍保留传统风格。英国是一个保留着古老传统的国家。外国驻英大使抵英履任，向英女王伊丽莎白二世呈递国书就是按古老的传统仪式进行的。

1985年4月，中国驻英大使偕夫人抵英履任，不久英外交和联邦事务部就安排中国大使递交国书。在递交国书那一天上午，英皇家典礼官一名中将身穿军礼服，腰系金色缎带，乘坐一辆由两匹骏马拉着的皇家马车来使馆迎接大使。这辆马车装扮得色彩缤纷，由一名穿着红色礼服的马车夫驾驭，车背后还站着一名随从仆人，他的任务是照顾中国大使和典礼官上下马车。中国使馆的政务参赞、国防武官等六位高级外交官随大使出席仪式，他们每三人分乘另外两辆马车。而中国大使夫人按惯例不乘坐皇家马车，而是乘坐使馆的汽车，由一位女礼宾官陪同，跟着马车随行到白金汉宫。

车队进入白金汉宫大门后，中国大使偕夫人及其他六位高级外交官一起进入等候厅。然后由典礼官陪同中国大使进入接见厅。中国大使进入接见厅后面向伊丽莎白二世女王一鞠躬，向前几步双手向女王呈递国书，女王接受国书后和中国大使寒暄了几句。接着随同的外交官按外交级别高低，一个一个分别进入接见厅，进门后也是先向女王深深一鞠躬，由中国大使向英女王逐一介绍每位外交官的姓名、职务，外交官告退时，要低头向后退几步，再一鞠躬转身出门。

最后才轮到中国大使夫人进入接见厅，大使和夫人与女王进行片刻的友好交谈。然后大使夫妇双双告退。递交国书仪式完毕，大使一行仍分别乘坐马车返馆，大使夫人则乘坐使馆汽车返馆。

君主制国家的国书递交仪式整体比较传统，同时也会根据实际需求作出适当调整。如在西班牙，接送大使的礼车为豪华的古式马车，车队由身着古装的宫廷骑士护卫。大使抵离王宫时，乐队奏国歌，手执长矛的武士向大使敬礼。国王身着礼服接受大使的国书，外交大臣及国王办公厅文武官员参礼。

而在2020年6月17日，中国、意大利、葡萄牙、越南、纳米比亚和埃塞俄比亚六国新任大使在马德里萨苏埃拉皇宫向西班牙国王费利佩六世递交国书时，由于受到新冠疫情的影响，此次履新大使递交国书的仪式不仅被推迟，内容也与以往有所不同：由外交部搭乘马车前往皇宫的传统仪式被取消；西班牙国王、所有外交代表和外交大臣阿兰查·冈萨雷斯·拉亚以常服取代盛大庆典礼服，都佩戴口罩并保持社交距离。

在传统的履新仪式中，外交官们需在工作人员的带领下，穿着古典盛装，搭乘由六匹栗色宝马牵引的古典马车（La carroza）穿越马德里，先后抵达圣克鲁斯宫、外交部总部和马德里皇宫。在皇宫中，外交官们接受赞美诗欢迎。而在此次仪式的几天前，王室特别通知取消于马德里市区的既定活动，改在郊外国王现居的萨苏埃拉皇宫进行。其后在国王和王室成员目前居住的宫殿，新任大使们递交了国书，与国王互致双方元首的亲切问候并对共同抗疫进行了沟通与交流。

共和制国家递交国书仪式较简单。如在美国，大使由国务院一位礼宾官员陪同乘白宫礼车前往白宫，车上悬挂两国国旗，车队由摩托车护卫，大使在白宫外入口处下车时，排列在旁边的三军仪仗队向大使致敬，礼宾司长和主管副国务卿迎接。大使在礼宾司长陪同下进入内阁厅签名，随后前往总统椭圆形办公室，总统与大使握手寒暄并照相，大使向总统递交前任大使召回国书和新任大使任命国书。仪式毕，礼宾司长送大使至外交入口处，并仍由礼宾官员陪同返官邸。

随着社会的发展与工作、生活节奏的加快，现代的国际外交礼仪也在不断改革，总的趋势是由繁到简。其中，在递交国书的程序和具体安排上，也在向着务实和简化的方向发展。

1985年，中国大使在南部城市马拉喀什向摩洛哥哈桑国王递交国书，在摩洛哥指定的饭店集合后，由摩洛哥外交部礼宾司司长陪同，乘车去马拉喀什王宫，在王宫门前下车，由身穿白袍的王宫礼宾官迎接并引导到一客厅等候，宫内各道门口均有身着红色民族军服的王宫卫队站岗。王宫礼宾官依照礼宾次序带领大使们逐一去国王接见厅。中国大使走到接见厅门口，一位礼宾官高声通报：中华人民共和国大使到。中国大使进门后，哈桑国王站了起来，大使走上前向哈桑国王递交国书，摩洛哥方面规定大使不当场宣读颂词，颂词文稿作为文件随国书一起递交。大使当场仅简短讲几句例行的客套话，哈桑国王接过国书后请中国大使就座，待新大使全部就座后，哈桑国王对每位大使讲几句友好、欢迎之类的话，大使还可简单作答。仪式结束后，大使们依次与国王告别。

三、小 结

国书作为一国派遣或召回大使、公使时，由国家元首署名的递交给所驻国元首的文书，其在古今中外的国际交往中占据独特地位。随着社会进步与时代发展，递交国书的仪式也不断被赋予更加丰富的内涵，无论是递交程序还是呈递礼仪，每个国家都在国际惯例的框架下，通过部分内容的差异展示着其民族特性和国际形象。研究递交国书的发展与演变，并在实际工作中进行借鉴与应用，不仅可以进一步加强国际交流与合作，同时也有助于我们在百年未有之大变局下，更好地践行中国特色大国外交，服务民族复兴，促进人类进步，推动建设新型国际关系，推动构建人类命运共同体。

英文礼节性尊称

[美] 罗伯特·希基[*]

林禹彤 译

"礼节性尊称"是基于互相尊重的习俗对被称呼人的称谓，由他人使用，人们不会用尊称来自称。

博士（Dr.）、大使（ambassador）、先生/小姐/夫人/女士/不清楚性别的那位（Mr./Miss/Mrs./Ms./Mx.）、法官（judge）、将军（general）或海军上将（admiral）等都是对他人的敬称，能够在等级、性别或婚姻关系中定义人们的身份和地位。

相比之下，"礼节性尊称"则更倾向于描述这个人。"陛下"（Your Majesty）可直接用于称呼国王或女王（王后），以描述王室成员的威严，却没有定义他或她是国王、女王（王后）还是其他的最高统治者。当选的官员被称为"阁下"（the honorable），却没有界定他或她是某个城市的市长还是国民议会的代表。宗教人士被称为"教士"（reverend），却无法表明他或她属于哪个教派。

以下是使用尊称的例子：[①]

1. 高校教职员工在对话中都可以被尊称为某某教授，无论他或她的职位是教授，副教授还是助理教授等。

---

* 罗伯特·希基（Robert Hickey），华盛顿礼宾学校（The Protocol School of Washington）副主任，著有《尊敬与尊重：官方名称、头衔及称谓语指南》一书。本章是作者2021年版权文章。

① Robert Hickey, *Honor & Respect: The Official Guide to Names, Titles, and Forms of Address*, the Protocol School of Washington, 2nd ed., 2013.

2. 特命全权大使被尊称为"阁下"（His or Her Excellency）。

3. 许多基督教教派称呼他们的神职人员为"牧师"（the Reverend）。其他等级森严的教派也使用这一称号，如："最尊敬的大主教大人"（the Most Reverend）、"尊敬的主教"（the Right Reverend）、"可敬的主教"（the Very Reverend）和"尊者"（the Venerable）。

4. 公爵的妻子被尊称为"公爵夫人"（duchess），尽管她本身并不拥有这个头衔。

5. 来自一个已经不存在的，或贵族制已被废除的国家的贵族头衔继承人可能会被朋友们在社交中用该贵族头衔来称呼，以作敬称。

6. 在英国传统中，当公爵和侯爵的法定继承人还没有自己的头衔时，他或她将继承他们父母的全部头衔。他们渴望这种地位上的提升，因此法定继承人被用较低一级的头衔来称呼——该头衔由他们的父母持有但不使用。由于法定继承人还不是该头衔的所有人，因此使用该头衔并没有法律意义，这种对尊称的使用仅是礼节性的。

7. 英国伯爵、子爵和男爵除长子外的儿子（及其妻子）和女儿不继承贵族头衔，但他们在书面和口头上都被尊称为"名字＋爵士"（Lord＋name）或"名字＋女士"（Lady＋name）。他们自己是这个家族分支礼节性尊称的终结，其子女是没有任何特殊称谓的普通人，仅被称为"先生"（Mr.）或"小姐"（Miss）。

一、贵族和神职人员的尊称

人们大多熟悉英国贵族阶层的地位高低，如国王/女王（王后）高于公爵/女公爵（公爵夫人）、伯爵/女伯爵（伯爵夫人）高于男爵/女男爵（男爵夫人）等。但贵族头衔的优先顺序排列就不太为人们所熟知了。

在外交上，国家元首是按照国家的首字母在字母表中的顺序排列的，比如在英语中，阿尔巴尼亚排在津巴布韦之前。然而，在社交场合比如皇家婚礼中，贵族的席位排序则要另行考虑。国家贵族元首的礼节性头衔如下：

1. 国王/女王陛下（His/Her Majesty）：王国的国王或部分伊斯兰国家的君主

2. 皇室殿下（His/Her Royal Highness）：公爵或女公爵（公爵夫人）

3. 尊贵殿下（His/Her Serene Highness）：公国的亲王（王子）/女亲王（公主）（王妃）

4. 殿下（His/Her Highness）：酋长国的统治者

欧洲基督教教派的不同席位都有一个特定的尊称。神职人员的礼节性尊称包括：

教皇陛下（His All Holiness）、圣座（His Holiness）、至福圣座下（His Beatitude）、主教阁下（His Eminence）、最尊敬的大主教大人（The Most Reverend）、尊敬的主教（The Right Reverend）、可敬的主教（The Very Reverend）、尊崇者/尊者（The Venerable）、牧师（The Reverend）。

请注意，在英国国教（圣公会）、基督教东正教、（美国）圣公会和罗马天主教等有着严格等级结构的教派中，牧师（the Reverend）是各类尊称中级别最低的。牧师也被广泛应用于等级不太分明的教派中，它最常被用来称呼个别会众的牧师。

二、阁下（Excellency）

阁下（Excellency）是对包括国家元首、政府首脑、内阁部长和特命全权大使等高级政府官员的直接尊称。

"Excellency"一词源于拉丁语的"excellentem"或"excellentia"。几个世纪以来，它一直被用来尊称外交官。但在1814—1815年，维也纳会议规定了外交官的优先权次序，并在此后延伸至国家层面，也创造了能反映这些排序的不同称呼。

让·查尔斯·塞雷斯在他的《外交礼仪：原则、程序和实践》一书中总结了法国的外交惯例。[①]

须按照级别称呼各国的外交官们（代表团成员）为：大使先生（Monsieur l'Ambassador）、大使夫人（Madame l'Ambassador）、公使先生（Monsieur le Ministre）、公使夫人（Madame le Ministre）。大使们在他们所派驻的国家都会出于礼仪而被授予荣誉称号——"阁下"（Excellency），即使这个称谓在当地的礼仪中并不存在。

作为使团团长的部长也在礼仪上享有同样的头衔。同时，相同的头衔也被授予外国高级政要，即使有些国家的官方头衔中没有"阁下"，我们也这样称呼他们。

在称呼高级官员时，依然采用这种按照职位来使用尊称的标准：

1. 按职务而非姓名来称呼代表团团长。

2. 用"全名＋阁下"（Excellency＋full name）来称呼代表团团长。

3. 按照称呼高级外交官的格式称呼来访政要。

---

① Jean Charles Serres, John, R. Wood, *Diplomatic Ceremonial and Protocol: Principles, Procedures & Practices*, Columbia University Press, 1970, p.122.

在信封上写下外国大使的全名前需先添加"阁下"（His/Her Excellency）。在谈话中可以称呼大使为大使、大使先生/女士（夫人）或"阁下"（Your Excellency），而非称呼他或她的名字。

美国公民称呼美国大使为"全名+阁下"（the Honorable+full name），外国公民称呼美国大使则以称呼外国使团团长的格式来称呼，即"全名+阁下"（His/Her Excellency+full name）。

"阁下"（Excellency）在介绍如下人员时使用。

出国访问的内阁级以上（含内阁级）的外国政要：

国家元首，例如总统或副总统；政府首脑，如总理；内阁部长、内阁大臣；内阁其他高级官员。

高级外交官和国际组织代表：

他国大使；他国外长；联合国秘书长；美洲国家组织秘书长；国际组织代表，如美洲国家组织、非洲联盟或阿拉伯联盟等。

总督：

英联邦总督；总督的配偶；澳大利亚的州长。

在部分国家，由国家元首或政府首脑所任命担任公职的人常被称为"阁下"（Excellency）：包括首席执行官、执行董事、总经理、主席、总经理，以及机场、公用事业或贸易中心等公私合营企业的董事会成员。

公职人员在如下情况下不使用"阁下"（Excellency）这一称谓。例如，在邀请时：

正确说法：日本大使谨请……（The Ambassador of Japan requests the pleasure of ...）

错误说法：日本大使阁下谨请……（His Excellency the Ambassador of Japan requests the pleasure of ...）

当把自己介绍给他人时：

正确说法：我是约翰·史密斯，某共和国的大使……（I am John Smith, the Ambassador of the Republic of...）

错误说法：我是约翰·史密斯阁下，某共和国的大使……（I am His Excellency John Smith, the Ambassador of the Republic of...）

以下是使用"阁下（Excellency）"称呼大使的情况：

官方信封：

个人尊称（如有）+全名+阁下（His/Her Excellency+ personal honorific if presented+full name），适当的职位名称

（国家全称）大使

地址

信函称呼：

阁下（Your Excellency）：

大使：

-或-

尊敬的大使先生/女士（夫人）

信封（社交）：

（国家全称）大使

地址

座席卡：

（国家全称）大使

介绍：

个人尊称（如有）+全名+阁下（His/Her Excellency+ personal honorific if presented+full name），（国家全称）大使

-或-

（国家全称）大使，姓+大使（Ambassador+surname）

介绍（为第三人介绍）：

阁下（Your Excellency），请允许我介绍……

请允许我介绍姓＋大使（Ambassador+surname）

对话：

阁下（Your Excellency）

大使

- 或 -

大使先生/女士（夫人）

对话（不那么正式的）：

姓＋大使（Ambassador+surname）

三、阁下（the Honourable）（英式拼写）

"阁下"（the Honourable）来自拉丁语"honourabilis"，是值得尊敬的人的意思。

如今的英国只有高等法院大法官庭、家事庭和女王庭的法官等少数政府官员被用"阁下"（the Honourable）来尊称。在英国，枢密院成员常常被授予"尊敬的阁下"（the Right Honourable）这一尊称，该称谓终身享有。

在加拿大，加拿大女王枢密院的成员拥有终身的"阁下"（the Honourable）称谓。拥有此称谓的官员包括：

内阁部长；参议员；下议院议长；最高法院助理法官；联邦法院法官；首席法官或税务法庭法官；高等法院法官；首席法官或省或地区法院的法官；副省长、前副省长；某省的省长；委员；政府领导人；省或地区部长；省或地区议会议长。

澳大利亚享有"阁下"（the Honourable）称谓的官员包括：

总理；副总理；内阁部长、总检察长或财政部长；部长助理、总检察长或财政部长；政务次长；参议院议长；众议院议长；高等法院首席法官；联邦法院或家庭法院首席法官；联邦法院或家庭法院法官。

国家总理；国家副总理；国务部长；首席大法官或州最高法院大法官；立法委员会主席及议员；立法议会或众议院议长。

大多数学者将欧洲使用"阁下"（the Honourable）这一称谓的历史追溯到中世纪（6世纪至16世纪）。在此期间，礼仪更侧重于指导礼貌的行为，如怎样进行礼貌的谈话和需要避免什么话题。在纸质印刷书籍问世之前，对"阁下"（the Honourable）这一称谓的使用一直不太统一。早期，威廉·杜格代尔于1675年出版了关于英国贵族的专著。其后约翰·德布雷特① 在17世纪70年代开始更新和再版现有关于贵族的作品。1781年，他开始自己作为作者记录并定期出版英国社会纪实。其他出版商创造了字典和早期的百科全书，如亚当和查尔斯·布莱克② 于1807年创立了布莱克出版公司。当时比较流行有关如何在一封信或一次谈话中称呼君主和各等级贵族的书。

因此，到19世纪末，对贵族的称呼方式已经基本被编纂成指南。指南指出公爵和女公爵（公爵夫人）需被称为"公爵大人/公爵夫人"（His/Her/Your Grace）；侯爵和女侯爵（侯爵夫人）需被称为"最尊贵的阁下"（the Most Honourable）；伯爵和女伯爵（伯爵夫人）、子爵和女子爵（子爵夫人）、男爵和女男爵（男爵夫人）则需被称为"尊敬的阁下"（the Right Honourable）。

其中一个被记录下来的传统是称呼伯爵、子爵和男爵除长子外的子女为"阁下（the Honourable）"。英国贵族实行长子继承制，即长

---

① Debrett's, "Our Story," https://debretts.com/about-us/, accessed 25th Oct.2021.

② "A&C Black Publishers Ltd. Archive," https://collections.reading.ac.uk/special-collections/collections/a-c-black-publishers-ltd-archive/, accessed 19th Oct.2021.

子继承全部财产，而非分给每一个孩子。因此，财产和头衔的所有权归长子所有，其他孩子什么也得不到。这种继承上的差异也体现在尊称的使用上。继承人即长子获得一种形式的尊称，除长子外的儿子、女儿以及儿媳只能得到另一种形式的尊称。

传统意义上，公爵、侯爵及伯爵的长子被冠以父亲第二重要的头衔。高阶贵族往往有数个头衔，例如威廉王子也是剑桥公爵，斯特拉赫恩伯爵和卡里克弗格斯男爵。因此，此公爵也可能是伯爵，从礼仪角度考虑，他的长子可被尊称为伯爵，尽管他的长子还没有任何头衔。

贵族除长子外的儿子、女儿及儿媳终身拥有"阁下"（the Honourable）这一称谓，该称谓须放在名字之前使用。在口头交流中，人们并不使用"阁下"（the Honourable），仅简单地称呼他们为某先生、某太太或某小姐。

以下是对贵族的长子、除长子外儿子（及其妻子）的不同称呼方法：

伯爵的长子

伯爵的长子可获得他父亲第二重要的头衔，例如某某男爵，在他父亲在世时，他始终被称为男爵。

伯爵除长子外的儿子

信封：

姓名＋阁下（The Honourable＋first and surname）

信函称呼：

亲爱的（姓＋）先生（Dear Mr.＋surname）

座席卡：

姓＋阁下（The Hon.＋surname）

介绍：

姓名＋阁下（The Honourable＋first and surname）

对话：

姓+先生（Mr.+surname）

伯爵除大儿媳外的其他儿媳

信封：

丈夫的姓名+夫人阁下（The Honourable Mrs.+husband's first name and surname）

信函称呼：

亲爱的（丈夫的姓+）夫人（Dear Mrs.+surname）

座席卡：

丈夫的姓+夫人阁下（The Hon. Mrs.+surname）

介绍：

丈夫的姓名+夫人阁下（The Honourable Mrs.+husband's first name and surname）

对话：

丈夫的姓+夫人（Mrs.+surname）

贵族除长子外，儿子（及其妻子）可以获得这种尊称以提升身份，但女婿则不会获得该尊称。

贵族除长子外，儿子的子嗣不会获得任何头衔，他们仅为普通人。

我认为这种贵族除长子外儿子（及其妻子）使用的尊称模式对美国"阁下"（the Honourable）的使用历史产生了影响。

四、阁下（the honorable）（美式拼写）

美式拼写的"阁下"（the honorable）在美国无处不在，被广泛应用于联邦政府及各级地方政府之中。随着19世纪初韦氏词典和其他词典的出版，美式拼写及其使用变得更加标准化。

许多历史学家认为创造一个具有独特文化的国家的一部分体现为

语言文字的变化。① 比如美国早期的文法指南就改变了英式缩略语和标点符号的写法。美国的作家、记者和编纂词典的人都希望单词以发音的形式拼写：比如把 "theatre" 和 "centre" 改为 "theater" 和 "center"。与本文讨论相关的拼写方式改变是 "honour" 向 "honor" 的转变。在英式英语中，"荣誉"（Honor/honour）归属于以 "-our" 结尾的词语（colour, flavour, behaviour, harbour, humour, labour, neighbour, rumour 和 splendour 等），美式英语则将它们的拼写修改为 "color, flavor, behavior, harbor, humor, labor, neighbor, rumor 和 splendor"。

我认为美国对 "阁下"（the honorable）的使用源于对伯爵、子爵以及男爵除长子外儿子（及其妻子）的称呼。下面我将解释提出该设想的原因。

历史学家阿瑟·施莱辛格② 认为，殖民者并不相信人人生来平等，他们认为等级社会是理应存在的，他们也并不打算在新大陆放弃这种他们唯一熟知的社会模式。然而，在美洲殖民地除极少数贵族外几乎没有任何封建时代的遗留，当时的英国贵族来到殖民地大多只是为了增加家族财产，或者获得殖民地的高薪职位（如皇家总督）。

当时生活在殖民地的英国贵族如果没有返乡计划是相当罕见的，一个例外是第六任卡梅伦勋爵（1693 年 10 月 22 日至 1781 年 12 月 9 日）托马斯·费尔法克斯③，一位男爵头衔的持有者。他是美国殖民地时期

---

① Ellen Holmes, "Why did American colonists spell so poorly?" in Ask a historian, The Standardization of American English. Teaching History: National History Education Clearing House. https://teachinghistory.org/history-content/ask-a-historian/25489, accessed 2th Oct.2021.

② Arthur M. Schlesinger, The Aristocracy in Colonial America, *Proceedings of the Massachusetts Historical Society*, vol. 74 (1962): 3–21.

③ Warren R Hofstra, "Thomas Fairfax, sixth baron Fairfax of Cameron (1693–1781)," *Dictionary of Virginia Biography*, Library of Virginia, 2016, https://www.lva.virginia.gov/public/dvb/bio.php?b=Fairfax_Thomas_baron_Fairfax_of_Cameron, accessed 15th Sep. 2021.

后期唯一留下的英国贵族。于1747年来到弗吉尼亚州。他当时54岁，并在弗吉尼亚州的谢南多厄山谷度过了生命中的最后34年。他很有可能在英国欠下了巨额债务，并将其抛于身后。在弗吉尼亚州，他生活在从他母亲凯瑟琳·卡尔佩珀——托马斯·卡尔佩珀（卡尔佩珀和索思韦的男爵）的继承人那里继承来的土地上。托马斯·卡尔佩珀曾是弗吉尼亚的皇家总督（1677—1683年），拥有弗吉尼亚波托马克河和拉普汉诺克河之间的所有土地及其西北方大片土地的所有权，并为之命名为北内克。这些土地有500多万英亩，比美国的康涅狄格州大，但比新泽西州小，其面积是加拿大爱德华王子岛的四倍。

然而，许多贵族的子嗣也出现在殖民时期的美国——他们是拥有头衔者除长子外的儿子而非头衔的持有者。作为贵族阶级的一员，除长子外的儿子得自己创造生活，他们需要找到养活自己的方法，如进入军队或成为神职人员。

当时的另一个选择是到一块殖民地上去，并在家庭私有土地上生活。这种新地主不完全是贵族，也不是真正的平民，他们属于上层中产阶级的一员，其贵族关系在其进入社会的过程中起到了阻碍的作用。如前一节所述，这些贵族除长子外的儿子按传统终身被尊称为"全名+阁下"（the Honourable+full name），他们的孩子是没有特殊称谓的平民。他们大多数是保皇派，或者说保守党，他们仍然效忠于英国王室。但是到了1776年，他们中的一些人站在了支持独立的一边，成为爱国者，或者说辉格党。

以下是现在对在美国享有"阁下"（the Honourable）称谓的人的称呼方式。同对贵族除长子外儿子的称呼方式一样，尊称总是要放在全名之前的。"阁下"（the Honourable）不用于口头称呼，在口头交谈中，讲话者可使用其他相关的敬语。我认为，是熟悉这种模式的殖民者决定将"阁下"（the Honourable）的终身称谓授予那些当选公职的人。他们的孩子不会继承这一称谓，因为这只是为共和国服务的个人的荣誉。

"阁下"（the Honourable）称谓在美国的使用方法

当代基本敬语是"先生"（Mr.）或"女士"（Ms.），然而，敬语的使用需取决于那个人通常使用的敬语，如"参议员"（senator）、"众议员"（representative）、"法官"（judge）、"博士"（Dr.）等。

官方信封：

全名+阁下（The Honourable+full name）

（职位全称）

地址

信函称呼：

亲爱的（姓+）先生/女士（Mr./Ms.+surname）

信封（社交）：

全名+阁下（The Honourable+full name）

地址

座席卡：

姓+先生/女士（Mr./Ms.+surname）

介绍：

全名+阁下（The Honourable+full name），职位全称

-或-

"The"+职位全称，姓+先生/女士（Mr./Ms.+surname）

介绍（为第三人介绍）人：

姓+先生/女士（Mr./Ms.+surname）

对话：

姓+先生/女士（Mr./Ms.+surname）

美国公民有获得"阁下"（the Honourable）称谓的传统方式。就像终身制的贵族头衔一样，它为持有者提供了一种终身的高级称呼，

但不包含他们的配偶和子女。这一称呼的持有者包括现任、前任、退休和当选但尚未就职的高级官员和法官。

在美国，有两类人终身享有"阁下"（the Honourable）称谓，即经参议院提议并同意后由州长任命的人和在大选中当选公职的人，这里的大选适用于各级政府官员（联邦、州和市）的选举，几乎各州的联邦官员都遵循同一传统，使用"全名+阁下"（The Honourable+full name）这一格式。大城市用"阁下"（the Honourable）来称呼其当选的官员，但是许多小城市和城镇不使用这种尊称，且对当选的低于市长或警长级别的官员不使用礼节性头衔。

在信封上或信件抬头上，以及向其他人介绍该官员时，需使用"阁下"（the Honourable）称谓，但不用于问候称呼语或聊天。"阁下"（the Honourable）称谓需放在全名之前，作为一个尊称，用以形容这个人是值得尊敬的，因此，它从来不直接放在职位名称之前使用。

正确的：

詹姆斯·史密斯阁下，奥尔巴尼市长（The Honourable James Smith, Mayor of Albany）

错误的：

奥尔巴尼市长阁下（The Honourable Mayor of Albany）

另一个传统是一旦拥有"阁下"（the Honourable）称号，就将终身拥有该称号，除非该官员被免职或暗淡离场。一名优秀的前市长卸任后将不再被在正式场合内尊称为"姓+市长"（Mayor+surname）。但他或她仍被将被称为"全名+阁下"（The Honourable+full name）。

前市长

官方信封：

全名+阁下（The Honourable+full name）

地址

信函称呼：

亲爱的（姓+）先生/女士（Mr./Ms.+surname）

介绍：

全名+阁下（The Honourable+full name），2000—2008
年某市市长

介绍（为第三人介绍）：

姓+先生/女士（Mr./Ms.+surname）

（一）美国拥有"阁下"（the Honourable）称谓的联邦官员

目前没有官方公布使用"阁下"（the Honourable）称谓的官员名
单。以下是一份得到大多数人认可的使用"阁下"（the Honourable）
称号的官职名单：

行政部门：

总统；副总统；美国总统办公厅主任；美国总统助理或
顾问；美国总统个人或特别代表。

内阁和高级官员：

行政部门国务卿；常务副国务卿、助理国务卿和副助理
国务卿；副国务卿、副部长帮办和副部长帮办助理；代理国
务卿、临时国务卿和候任国务卿；总检察长；常务副总检察
长、副总检察长；代理、临时和候任检察长；武装部队、国
民警卫队及太空部队的部长；国防部副部长、助理和副部长
助理；总审计长、副检察长、邮政部长、卫生局局长；行政
部门监察长；公共印刷总长、国会图书馆馆长；理事会、委
员会、代理机构、理事会和权力机构的主席、行政官、专员、
主任、负责人、贸易代表或成员。

众议院：

众议员（有投票权）；代表（无投票权）；当选众议员及
当选代表；众议院秘书；侍从长。

参议院：

参议院临时议长；参议员；当选参议员；侍从长。

司法机构：

美国最高法院退休法官；美国联邦下级法院首席法官；美国联邦下级法院法官；美国联邦下级法院审判长；法官；美国法警；联邦检察官。

外交官：

美国大使；大使级个人；高级外交专员；部长级别外交官。

（二）美国拥有"阁下"（the Honorable）称谓的州及地方政府官员

任何在大选中当选的美国官员都有权被冠以"阁下"（the Honorable）称谓。然而，在州和地方（市、镇、县等），使用"阁下"（the Honorable）的情况各不相同。如前所述，在一些城市，市长、治安官、当选的市议会成员，乃至当选的学校董事会成员都可被称为"阁下"（the Honorable）。而在其他地方，只有市长和治安官可被称为"阁下"（the Honorable）。礼宾官必须确认当地的传统情况。

州及地方政府官员：

州长、代理州长、当选州长；副州长、代理副州长、当选副州长；总检察长；州务卿；州长任命的州务卿组合；州长任命的主要委员会、理事会、委员会、机构、理事会和权力机构的主席、行政官、专员、主任、负责人；州长幕僚长；州议会的主席或议长；州参议员、众议员或州议会代表；当选的州议会或法院书记官；州最高法院助理法官；州级首席法官、州级高级法官和下级州法院的法官；市长，当选市长；县监事会、市议会或镇议会成员；地方法院法官；县治安官；市、镇或郡当选的其他官员。

五、尊敬的阁下（The Right Honourable）

"尊敬的阁下"（The Right Honourable）是对部分现任和前任英联邦官员的尊称。其使用位置与"阁下"（the Honorable）相同。它通常被缩写为"尊敬的阁下"（the Right Hon.），并用于正式信封和完整的介绍中。

被用"尊敬的阁下"（the Right Honourable）称呼的官员包括：

加拿大女王枢密院成员；加拿大总督；加拿大总理；加拿大副总理；加拿大部长；在加拿大议会任职的前部长；加拿大首席大法官；澳大利亚市长；英国首相；英国女王枢密院成员；英国大臣。

伯爵们：

在上议院任职的女伯爵（伯爵夫人）、男爵、女男爵（男爵夫人）和主教。

英国下议院议长；英国英格兰和威尔士上诉法院高级主审法官；英国皇家大法官；英国高等法院大法官；英国高等法院首席法官；英国高等法院女王法庭庭长；英国市长大人；伯爵和女伯爵（伯爵夫人）；子爵和女子爵（子爵夫人）；男爵和女男爵（男爵夫人）；终身贵族。

"尊敬的阁下"（The Right Honourable）按如下例子使用

首相：

官方信封：

尊敬的（全名+）阁下（The Right Hon.+full name），
MP

首相

地址

信函称呼：

　　亲爱的首相

信封（社交）：

　　首相

　　地址

介绍：

　　尊敬的（全名＋）阁下（The Right Honourable+full name），
首相

　　介绍（为第三人介绍）人：

　　首相，请允许我介绍……

　　请允许我为您介绍介绍首相……

谈话（刚开始）：

　　首相

谈话（后来的）：

　　先生/女士（Sir/Madam）

伯爵/女伯爵（伯爵夫人），例如：

　　费雷尔伯爵

　　考文垂伯爵

　　什鲁斯伯里和沃特福德伯爵

　　对于有着复合称号（如"称号一"和"称号二"）的伯爵，若指定
了称号一则使用称号一，若指定了完整的称号则使用复合称号。例如，
什鲁斯伯里和沃特福德伯爵在信封上的称呼是什鲁斯伯里和沃特福德
伯爵，但在问候、谈话中，及座席卡上，他则被直接称为什鲁斯伯里
勋爵。在正式称呼中，从不使用有头衔的人的个人名字。

　　信封：

　　尊敬的阁下（The Right Hon.）

　　伯爵/女伯爵（伯爵夫人）＋全名

地址

尊敬的阁下（The Right Hon.）

伯爵和女伯爵（伯爵夫人）＋全名

地址

信函称呼：

亲爱的（姓名＋）勋爵/女士（Lord/Lady+name）

信封（社交）：

伯爵/女伯爵（伯爵夫人）＋全名

地址

伯爵和伯爵夫人＋全名

地址

座席卡：

姓名＋勋爵/女士（Lord/Lady+name）

介绍：

尊敬的（全名＋）伯爵/女伯爵（伯爵夫人）阁下（The Right Honourable the Earl/Countess+complete name）

介绍（为第三人介绍）：

姓名＋勋爵/女士（Lord/Lady+name）

对话：

姓名＋勋爵/女士（Lord/Lady+name）

六、阁下（His/Her Honor, Your Honor）

"阁下"（His/Her Honor, Your Honor）是"阁下"（the Honorable）的缩略简化形式，该尊称用于称呼皇家总督（副王）代表以及部分高级官员。

"阁下"（Your Honor）是与首席官员交谈时使用的口头称呼。市长和在法庭上的法官都可以被称为"阁下"。但前市长和在法庭上的客座法官不能被称为"阁下"。

在现及前英联邦国家,"阁下"(His/Her Honour)是书面和口头称呼中的一种尊称形式。在加拿大,省长的配偶被称为"阁下"(His/Her Honour)。澳大利亚北部地区的行政长官在对话中被称为"阁下"(Your Honor)。

例如,澳大利亚昆士兰州首席法官帕特里夏·肯尼特被介绍为首席法官帕特里夏·肯尼特"阁下"(Her Honour)。在谈话中,她可以被称为"阁下"(Your Honor)以作为比肯尼特法官这一称呼更为正式的替代。

副省长的配偶(加拿大)

官方信封:

全名+阁下(His/Her Honour+full name)

地址

信函称呼:

阁下(Your Honor)

-或-

姓+先生/夫人等(Dear Mr./Mrs./etc.+surname)

信封(社交):

全名+阁下(His/Her Honour+full name)

地址

介绍:

阁下(His/Her Honour),全名+先生/女士(Mr./Ms.+full name)

阁下(Her Honour),姓+夫人(Mrs.+surname)

介绍(为第三人介绍):

阁下(Your Honor),请允许我介绍……

213

请允许我介绍阁下（His/Her Honour）给您，全名+先生
（Mr.+full name）

-或-

请允许我介绍阁下（His/Her Honour）给您，姓+夫人
（Mrs.+surname）

对话：

阁下（Your Honor）

对话（不那么正式的）：

先生/女士（Sir/Madam）

-或-

姓+先生/夫人/女士（Mr./Mrs./Ms.+surname）

七、结　论

《拉丁称呼法：从普劳图斯到阿普雷乌斯》一书的作者埃莉诺·迪基说，在罗马时代，官员被按官职来尊称或被称呼为"官职+全名"。她认为礼仪尊称是在9世纪到19世纪的神圣罗马帝国时期内发展起来的。[①]

神圣罗马帝国不是一个中央集权的国家，仅部分区域由皇帝统治，整个帝国被分成了几十个乃至几百个相对独立的个体。这些个体分别由国王、王子、公爵、伯爵、主教、修道院院长及其他统治者统治。可以相信随着不同等级的增加，尊称的形式也会有所不同。

印刷版的礼宾指南出现于18世纪和19世纪，这些书籍给不同等级划定了其首选的尊称，并很快在更大范围内实现了称呼的统一。

---

① 在采访《拉丁称呼法：从普劳图斯到阿普雷乌斯》一书的作者埃莉诺·迪基时，迪基博士表示，官员在罗马时代被按照职位（官职）来称呼，或被称呼为"职位（官职）+姓名"。她认为礼节性尊称是在神圣罗马帝国时期（9世纪到19世纪）发展起来的。

英国人影响了世界各地尊称的使用。无论他们在哪里建立殖民地，他们都把英语作为当地的官方语言，并在当地建立起政府和公民社会结构，同时也确立了尊称的使用方式。

正确使用一种文化的尊称强化了其等级的独特性。我们能够很快熟悉我们自身文化的尊称方式，但我们一旦进入另一种文化，就会有些难以理解他们的称呼方式，这也就是我们需要仔细研究，或寻找当地指导的时候了。

和过去一样，现今正确地使用尊称也是至关重要的，正确地称呼对方是开始一次富有成效的谈话的第一步。

国别篇

GUO BIE PIAN

礼宾的精彩与挑战：
担任法国礼宾司司长期间的回忆

[法]丹尼尔·茹阿诺*

夏国涵　译

　　1993年至1997年四年间，正值密特朗总统第二任期结束与希拉克总统第一任期开始之际，我担任法国国家礼宾司司长。这项工作并非极难胜任：只是像诸多其他责任岗位一样，需要时时刻刻细心经营，如履薄冰。礼宾工作也不乏乏味：它本质上仍是一项组织工作，只不过处在一个方方面面都令人激动的环境之中而已。礼宾工作的存在是为了确保一切顺利进行。例如，我们最高领导人的国际活动、在法国接待外宾、伟大的国家庆典……这些活动中每位参与者都必须明确知晓其应属位置，包括外国外交官和国际组织工作人员在法国的使命等。正如戴高乐将军所说，这是"共和国的秩序"①。

　　对于法兰西第三共和国著名的大使之一——儒勒·康朋（Jules Cambon）而言，"礼宾是一种宗教，拥有其独特的实践与奥秘。如果有的人对礼宾展示出极虔诚的敬意，其他人就会嘲笑他们，这两类人都是错的。习俗的本质是，在批评它们的同时，人们必须服从它们。戴着帽子进入教堂和穿着鞋子进入清真寺不是一样的愚蠢吗？并非所有这些庄严的琐事都是毫无意义的。外国代理人代表着比他们自己更

---

　　*　丹尼尔·茹阿诺（Daniel Jouanneau），法国礼宾司前司长（Chief of Protocol）。
　　①　《礼宾与仪式》，Protocole & Cérémonial, Pierre-Henri Guignard, Jean-Paul Pancracio 著。

崇高的东西。外交礼宾要求对所有国家，无论其规模大小，都给予同样的尊重；礼宾对征服者和被征服者也一视同仁"[①]。

词头小写字母的protocole一词，作为成文规则和习俗的同义词，在中世纪已经存在。例如，查理五世亲自安排查理四世皇帝对巴黎的访问，力图做到让宾客们完全满意。问候礼节、随行人员次序和餐桌布置都需精心准备，国王将它们记录在他的《法国大编年史》（*Grandes Chroniques de France*）中。

词头大写字母的Protocole一词代表礼宾司，与外交档案室一起，是外交部甚至是法国政府中最古老的两个部门。该职司最早由亨利三世在1585年决定创设，原意旨在负责君主接待、觐见等活动的大司仪之外曾设一位"大使介绍人"，负责迎接新任外国大使，组织他们递交国书，并充当他们在宫廷的联络人。亨利三世对该决定的解释是："根据我们的愿望，一切事务都应该在我们的宫廷上依据制定好的规则引导和维持，旨在确保恰当的尊严和辉煌得以彰显。"

在整个旧制度时代[②]，大使之间的优先权问题始终是一个纠结的难题。在基督教欧洲，只有教皇的地位优先于其他所有国家元首的次序才被广泛接受。早在1503年，教廷大使的地位就高于其他大使。但哈布斯堡皇帝希望紧随教皇之后排第二顺位的愿望一直饱受争议。至于西班牙大使，他们声称自己应比法国大使优先，而后者拒绝了这一要求，类似事件总是频频发生。直到1961年《维也纳外交关系公约》才普遍接受了按大使就职日期先后排序的规则。

在旧制度时代，宫廷的礼宾职能一直是独立的存在。拿破仑一世创造了另一种类型的二元制职司，包括一个留在宫廷的大司仪和一个设在对外关系部的礼宾司，并根据不同时期的需求，将之整合到不同

---

① 《外交官》，*Le Diplomate*，1926。

② 旧制度时代，指法国君主制时代，即1515年至1789年法国大革命之间的时期，也有历史学家将"旧制度时代"界定为1661年至1789年。

的部门中。该组织结构一直延续到法兰西第二帝国末期。

法兰西第三共和国废除了大司仪的职位。外交部礼宾部门的主管同时负责共和国总统府的礼宾工作。从那以后，该职司也就成了外交礼宾事务的唯一负责人，头衔是礼宾司司长、大使介绍人。

为了向欧洲君主国证明法国不会不重视其礼宾的质量，法兰西第三共和国首任总统阿道夫·梯也尔（Adolphe Thiers）任命拿破仑的最后一位礼宾部主管费利克斯-塞巴斯蒂安·费耶·德·孔奇（Félix-Sébastien Feuillet de Conches）为礼宾司司长，由麦克·马洪元帅亲自确认其履职。孔奇之后，约瑟夫·莫拉德（Joseph Mollard）和其子阿尔芒（Armand）领导法国礼宾部门长达24年。

在法国，自1871年以来，礼宾司司长在政府中的地位一直没有改变。该职能一直是由外交官承担的，因为它与国家外交政策的日常实施密切相关。礼宾司司长同时服务共和国总统和国家政府。国民议会和参议院则有其独立的礼宾部门。

法国礼宾司司长的这种核心地位使其任务大大简化，因为他在任何时候都能全面了解国家最高权力部门的国际活动。这一点在左右共治时期是尤为宝贵的。

我对我在礼宾司工作的岁月拥有非常愉快的回忆。我任期的前两年非常繁忙，那是密特朗-巴拉杜尔（Mitterrand-Balladur）左右共治的两年。尽管疾病缠身，密特朗总统在任期结束前一直保持着高频率的外事活动，而总理作为1995年总统选举的候选人，希望通过公务访问来强化自己总统候选人的地位。爱丽舍宫秘书长于贝尔·韦德里纳（Hubert Védrine）和总理办公室主任尼古拉·巴齐尔（Nicolas Bazire）的共同配合极大地助力了我的工作，使左右共治时期政府运行无滞。礼宾工作是由持续不断的微调整组成的：时间表、演讲活动、照片等。从常理上讲，左右共治时期，体制和政治风险很快就会浮现。但在我的职能领域，却从未遇到过任何严重的问题。

经常有人提问，弗朗索瓦·密特朗（François Mitterrand）和雅克·希拉克（Jacques Chirac）的工作是否有所区别。我的回答是：不，他们的工作是一样的。二位总统都非常理解礼宾司的工作要求。密特朗总统从第一天起就对我的工作表示理解，并慰我宽心："你将面临一份困难的、非常困难的工作。"就像我的前任一样，他对礼宾司司长总是很客气。雅克·希拉克是一个热情似火且容易相处的上司。这二位在国外也享有同样的威望，我们需要准备并陪同他们访问友好国家并参加国际峰会，由于他们的存在，法国的声音在国际社会得到了极大关注。在他们两人的领导之下，我们感觉自己正在为一项伟大的外交政策而服务。

我也非常幸运地得到了一众能力出众、凝聚力强、幽默风趣的核心团队成员的协助，这个团队中包含了共和国总统出访所涉及的所有相关国家部门的精英：爱丽舍宫外交小组成员、营地助理、总统办公室安全小组成员、重要人物安保特勤人员、总统府首席医疗官、通讯人员、新闻媒体人等。

外事旅行、国事访问或官方出访都是外交政策的主要手段。这些外交活动在政治上、经济上或文化上的结果是可以预期的。它们对法国的形象，以及总统、总理和外交部长的个人形象都很重要。

某些访问尤为重要，例如弗朗索瓦·密特朗应纳尔逊·曼德拉（Nelson Mandela）的邀请对南非进行的感人至深的国事访问。曼德拉希望在密特朗当选法国总统后第一站就出访南非，因为法国第一夫人丹尼尔·密特朗对反南非种族隔离斗争给予过很大支持。

尤其对于重大访问或重要活动，准备工作、预防措施、排练和现场考察都需有条不紊地预演，以使在当天出现错误的风险降到最低。当总统、总理或部长出访时，在准备阶段，我们会与当地礼宾部门就所有细节提前进行详细讨论。但我们无法掌控访问过程。通过现场的准备工作，可以很快了解到当地礼宾部门的可靠性，礼宾负责人对所有相关部门的协调能力，以及其与国家元首或政府首脑之间的关系。

我们在法国接待了大量国家元首和政府首脑的正式出访，有时是国事访问。巴黎，以其文化遗产、国家宫殿、盛装共和国卫队，为我们的客人提供了一个特殊的接待环境，使其访问从头到尾都满怀敬意。但即使是简单的工作访问或私人访问，只要涉及共和国总统或总理的接见，就是礼宾司的责任。

我对1996年9月教皇约翰–保罗二世的国事访问有着美好的回忆，这次访问旨在纪念克洛维斯（Clovis）^①受洗1500周年。访问流程包括四个阶段：第一站，教皇在图尔（Tours）接受希拉克总统和夫人的迎接，并携其著作《生命的伤者》（*Aux blessés de la vie*）在圣马丁大教堂举行见面会；第二站，旺代（Vendée）的塞夫勒河畔圣洛朗（Saint-Laurent-sur-Sèvre），教皇希望在那里向传教士格里尼翁–蒙特福特（Grignion de Montfort）的坟墓致意；第三站，圣安娜–德奥雷（Saint-Anne-d'Auray）的家庭会见；最后一站在兰斯（Reims）的空军基地举行弥撒。准备工作一直非常谨慎。教皇的访问带来了与其他国家元首完全不同的安全和后勤问题——由于参加教皇弥撒的信徒数以万计甚至数十万计，所以需要管理巨量人流。理论上说，组织这些所谓"牧灵"（信众）访问是各教区及其主教的责任，但彼时彼刻，礼宾司作为国家服务机构却冲在了第一线。在共和国总统办公厅主任伯特朗·兰德里厄（Bertrand Landrieu）的主持下，我们在爱丽舍宫与所涉地方省长举行了几次会议。罗马教廷方面，教皇的行程由耶稣会神父罗伯托·图奇（Roberto Tucci）准备，他是梵蒂冈电台（Radio Vatican）的总负责人，在被任命为红衣主教之前，负责保罗二世教皇的一切差旅事宜。图奇神父告诉我们："我喜欢为教皇访问法国做准备，我感到很放心，因为你们有可靠的地方省长。"

---

① 克洛维斯·伊尔（Clovis Ier，约466—511年），481年至511年法兰克人的国王。

那么法国的礼宾是否有什么独一无二的特点呢？实际上，既定约束条件对一切礼宾人员都是相同的。我们同行之间经常谈论这个问题。旅行频度速度的加快导致许多节点上的礼节简化了。例如，当国家元首需要出席大量重要的国际会议时，大客车就被用作交通工具。互动沟通、塑造所需电视形象，这一点在国内甚至比在出访国更加重要，其与安全一道，都是公务行程的核心构成维度。

当我们在法国接待一位社会高层人士时，我们确保尽可能地为他提供一份最符合其期望的行程方案。例如，当我们为日本天皇的国事访问做准备时，他的宫内厅典礼长先来到巴黎与我们沟通，告诉我们天皇作为资深鱼类研究爱好者经常与专门研究虾虎鱼的法国鱼类学家通信，虾虎鱼是一种海洋鱼类，广泛生长在河口咸水区与河流水道内部。于是，我们在国家自然历史博物馆为天皇组织了一次与法国虾虎鱼研究同事的会议，他们组成一个小团体（陪天皇）进入地下室，去参观他们心爱的虾虎鱼，天皇全程兴奋异常。

四年来，我只真正担心过一次。那是1994年6月6日，诺曼底登陆50周年纪念仪式。十位国家元首，其中包括英国女王、荷兰女王、美国总统克林顿、波兰总统莱赫·瓦文萨（Lech Walesa）[①]，以及九位政府首脑出席。当天安排的议程如下：国家元首和政府首脑在上午分别抵达诺曼底，各自在军事墓地纪念其本国士兵。之后，国家元首们在卡昂省（Caen）省政府会面，参加密特朗总统主持的午餐会，政府首脑们则在巴耶省（Bayeux）参加由爱德华·巴拉杜尔（Edouard Balladur）总理主持的午餐会。之后，大家一起在奥马哈海滩（Omaha Beach）举行盛大的主纪念仪式。之后，客人们各自踏上归程，另外，我们还为那些未能参加上午庆祝活动的宾客举行了另一场国家纪念仪式。

---

① 莱赫·瓦文萨，1990年至1995年任波兰总统。

　　这一天的准备工作引发了一系列后勤问题，特别是成千上万的盟军老兵在该地区的交通和住宿问题。庆典筹备工作在退伍军人事务部部长菲利普·梅斯特（Philippe Mestre）执政的一年前就已经开始了。礼宾司的任务是为十位国家元首和九位政府首脑中的每一位量身定制一套完美的个人日程。一切都已经过再三复核。我把十九套日程中的每一个都仔细研读过两遍。

　　但在当天早晨，难题还是不期而至。

　　密特朗总统离开爱丽舍宫比预定时间迟了20分钟，这段时间差在去往维拉库布莱–卡昂（Villacoublay-Caen）这样短的路程中是无法弥补的。英国大使克里斯托弗·马拉比（Christopher Mallaby）爵士在抵达卡尔皮凯基地（Carpiquet）后，非常紧张地来见我。英国广播公司（BBC）原计划在奥马哈海滩仪式之后，直播一个纯粹的英国仪式：在阿罗芒什海滩上（la plage d'Arromanches），当着英国女王伊丽莎白二世的面，对隶属于6月6日登陆部队番号的各团进行阅兵。"亲爱的丹尼尔，希望你没忘，这种阅兵在涨潮时无法成行，只能在退潮时进行。我们现在已经晚了20分钟，不知道还能否顺利举行阅兵。你打算如何补救？"我立即联系了爱丽舍宫的总管帕特里克·莫洛（Patrick Morlot），他是个非常专业的人，负责筹备省政府的午餐会。我们商定了三件事：开胃酒将减少到5分钟；奶酪将被取消；咖啡将随餐供应（而不作为餐后甜点）。就这样，我们成功补上了那20分钟。我立即让女王陛下的代表放心：阅兵仍可以按计划进行。

　　午餐前又出现了另一个难题，不由让我想到了一位前辈雅克·杜曼（Jacques Dumaine）的话："我把放松称为我与新的烦扰之间的短暂空歇。"密特朗总统和夫人在省府宾馆荣誉庭院的入口处等待他们的客人。国家元首们的队伍本应按升序抵达，即在位时间最长的英国女王伊丽莎白二世最后到达。起初，一切都很顺利。突然间，原定的次序被打乱了。本来应该轮到瓦茨拉夫·哈维尔（Václav Havel）^①进场了，但他的车队并未按时到达。负责高层保护工作的主管勒内-乔治·奎里（René-Georges Querry）试图了解原因，并通过无线电呼叫他的团队。总统开始不耐烦了，招手让我去见他。"你能告诉我你现在打算做什么来纠正一个明显超出你控制范围的情况吗？"这时，奇迹出现了：捷克共和国总统的车队终于到达了广场。原来是他想参观和平纪念馆，因在那里短暂逗留才耽误了时间。

目前为止，一切看起来都很顺利。午餐后，各国国家元首和政府首脑及其配偶和随行代表团，以及受邀来到奥马哈海滩的所有法国人士一起，在一个面向大海的大平台上就座。军演仪式象征性地重现了登陆日的景象，在所有与会国家的主流媒体频道上直播，取得了巨大成功。之后，十位国家元首被安排单独穿过河滨大道，来到一个小帐篷，在那里他们将聆听弗朗索瓦·密特朗总统的演讲，由克里斯托弗·蒂埃里（Christopher Thiéry）负责全程翻译。我把元首们带到小帐篷里，他们各自寻到标有自己名字的座位坐下。当所有人都已落座，欧盟委员会主席雅克·桑特（Jacques Santer）却向我投来了担忧的目光。有一把椅子不见了，正是他的座位！正当我想知道如何补救才能让他安心时，一只手臂从帐篷后面伸出来，递给我一张椅子。原来是设计帐篷的建筑师为我们准备了一把备用椅。后来我才知道，他的打印机出现了故障，因此根本没收到礼宾司发给他的全部宾客名单。

度过这漫长的一天，当晚，在返回维拉库布莱的路上，我还琢磨着天空中仿佛有一颗特殊的星星在冥冥之中保佑着我这个礼宾司司长，密特朗总统却只是简简单单对我说了一句："嗯，一切都很顺利，不是吗？"

---

① 瓦茨拉夫·哈维尔，1989年至1992年担任捷克斯洛伐克联邦共和国总统，1993年至2003年担任捷克共和国总统。

几周后，我收到了英国女王伊丽莎白二世私人秘书的一封措辞非常友善的信，让我把女王的感谢和祝贺转达给负责组织庆典的整个团队。"女王陛下尤其欣赏，"她的私人秘书补充说，"当我们在诺曼底时，你主动把国家元首午餐中的奶酪去掉这一安排。"

为什么世界需要礼宾：
来自俄罗斯的观点

［俄罗斯］吉拉娜·米哈伊洛娃*

宋　律　译

俄罗斯的礼宾服务市场在过去十年里呈现一派欣欣向荣的景象，这与二十年前的情况形成了鲜明的对照。当时，礼宾只是俄罗斯外交部某几十个人的专属领域，且总统礼宾只适用于有俄罗斯高级官员出席的相关场合。而如今，时代已然不同了，礼宾不再专属于高层人士，各地区及各大公司都将礼宾服务视作帮助其提升知名度及声誉的重要手段。

当然，外交礼宾及国家礼仪的规则必须适应企业界。尽管某些惯例在具体应用于地方时可能会出现争议，国家礼宾惯例还是几乎可以满足地方政府的需要。然而，当涉及企业时，却需要一套不同的礼宾程序。不论是外交礼宾还是国家礼仪的惯例都不可盲目套用至商业领域。如今，礼宾服务行业已经基本成形。除在地区和企业层面不会涉及的国事访问，所有类型的访问都遵循既定的程序，并取决于各方设定的经济目标。而礼宾则与参与访问活动的每个组织都息息相关，并致力于为其创造良好的声誉。礼宾服务于一个重要的目标——在我看来，是为了提高个人、企业及国家的声誉。

---

　　*　吉拉娜·米哈伊洛娃（Gilana Mikhailova），俄罗斯总统国民经济和公共管理学院（RANEPA）国际礼宾中心主任、俄罗斯国家礼宾专家协会（NAPS）执行主任。

礼宾是发展的风向标。人们认为，礼宾已经失去了它的意义，仪式也正在成为过去式。活动被简化，企业间的交流愈加不拘泥于形式，国家领导人也可以在现代技术的帮助下远程进行谈判。与此同时，牛仔裤将被纳入官方着装规范，无论是工作场合还是其他公共场合，都可以穿牛仔裤出席。然而，出于几个原因，我不能完全同意这些观点。我们人类是社会性的动物，需要非语言交流来传递有意义的信息。例如，当涉及评估他人对我们圈子里的人和我们的尊重程度时，抑或在暗示我们与他人之间的关系时，都需要非语言沟通。至于借助技术，在我们解决技术的伦理问题之前，技术的使用是有风险的。2019年发生了美国总统特朗普与乌克兰总统的通话记录被公布，这对双方来说都是出乎意料的。可见，就连总统对话也可能被公之于众。在保密法律通过之前，借助技术手段进行通话的隐私泄露问题将持续存在。

无论俄罗斯的礼宾历史多么耐人寻味，我更关注的是当今不同类型的礼宾的发展，我们目前所面临的挑战，以及我们该如何自我调整，或改变与领导人合作的方法以适应这个日新月异的世界。这些问题也是我在俄罗斯的许多同事所试图进一步了解的。

因此，我将在这里分享我的观点，并探讨社会的变迁是如何影响礼宾的变化的。我不认为仪式会消失，相反，它将不断发展并演变出新的形式。我们即将迎来礼宾实践发展的一个新篇章。

此外，我认为还有必要对俄罗斯礼仪规则中一些特别重要的细节予以解释。

在本文中，我将对礼宾实践的重要部分，例如国家标志的使用，进行探究。关于国旗展示，尽管国际上有统一的标准，每个国家国内的法律规定却各不相同，我会在文中介绍俄罗斯的相关规范。我还将以外宾公务接待为例，考察礼宾中的国家背景。我相信这一实践领域在未来几年会有一定的发展。一方面是国际社会致力统一所有交流的规则，另一方面是国家认同却逐渐凸显。十五年前，甚至是十年前，俄罗斯的文化细节并不会在公务接待中有所体现。而今天，不论是地方政府还是企业领导都十分重视当地的传统，将其当作接待中的重要元素。如今公务活动中的赠礼可能带有民族特色，且以父姓称呼他人的做法又重新流行起来。在我看来，国家认同的强化是一种世界性的趋势，这既有积极的一面，也有消极的一面。2019年新出现的一个做法便是这一趋势的绝佳例证：在高级会议召开前，人们会先在社交媒体上用宾客的母语问候他们，欢迎他们的到来。此外，礼宾与认知科学与技术的结合日趋紧密，这也是全球趋势的一部分。

一、国家标志的使用

尽管国旗及其他国家标志的展示规则总体上看起来清晰易懂，但还是可能在礼宾新人甚至资深礼宾专家中引起争议。国旗的展示就是一个极易引起争议的问题。一个例子是2019年12月，诺曼底四国会议期间，与会国国旗被依次展示，从而引发了争议。在国旗展示问题上，美国与欧洲国家的做法存在差异，而欧盟各国的做法也不尽相同。因此，将国家国旗和欧盟旗帜摆放在一起时，需格外注意这些差异，以免招致争议。顺便一提，在俄罗斯总统国民经济和公共管理学院（RANEPA），国旗展示是一个重要的课堂主题，且每次有外宾来访时我们都会借机提到这一话题。我们还会在课上涉及俄罗斯的国家标志法。在学习这些知识的过程中，我们的学生有时会感到困惑，但与此同时，他们开始意识到每个国家都有其独特性，也逐渐认识到团队协作对礼宾工作的重要性——不论是组织内部的礼宾服务还是正式访问所涉及的礼宾工作，其顺利开展都离不开团队合作。而对礼宾细节的斟酌则有助于提升一场活动的专业性。接下来，我就谈谈俄罗斯国家标志的使用规范。

俄罗斯国家标志使用规定

关于国徽、国旗的使用及国歌的奏唱，俄罗斯法律中均有相应的规定。国徽的使用规范相对简单，凡是与国家公务无关的人员都不得佩戴国徽徽章或使用国徽图案。而国歌则可能在多种合适的场合奏唱或播放，有时甚至是在家庭聚会上。但不论在何种场景中，国歌奏响时，人们都必须起身聆听，每个国家应该都有类似这样的规则。此外，我认为经常放国歌这种行为一般不是不可接受的，除非情况实在过于夸张。比如一些人会将国歌设为手机铃声，我们只要想象一下公共场合此起彼伏的国歌声，就可知这种做法是特别不合适的。过去几年还兴起了国歌改编风，但我认为将国歌改编为民谣或爵士乐作品是对国歌的不尊重。不过，这也可能是年轻人对国家标志感兴趣的表现。我十分想听一听我的同事们对此的看法。

国旗使用细则

旗帜展示的规定则更为复杂。旗帜的升挂和使用涉及许多错综复杂的细节。以俄罗斯为例，除了应优先升挂的俄罗斯国旗外，俄罗斯的各类旗帜还包括85面行政区区旗、数以万计的市旗、各大政府部门的部旗，以及众多公司，尤其是大型公司的司旗。且俄罗斯的各级政府领导和商界领袖一致认为，不论是什么活动，都应升挂所有相关的旗帜。这仅仅是涉及俄罗斯一国的情况，如果还有其他国家参与，情况将会变得更加复杂。

现在假设我们要在西伯利亚的某个市举办一个重要的活动，并邀请了中国代表团出席。在活动的旗帜悬挂问题上，除了必须悬挂的俄罗斯国旗，该市市长和所在州州长都认为活动上必须展示对应的市旗、州旗，而想要与中国签署合作协议的公司也希望活动现场能挂上司旗。如果该活动还会有俄罗斯的部长参与，那么部长的礼宾团队也会要求活动会场悬挂该部的部旗。而中方代表团也会带来一面中国国旗。这样一来，活动上会有五面俄罗斯的旗帜，却仅有一面中国国旗，这显然是不合礼节的。对于这种情况，我们建议只留下俄罗斯和中国的两面国旗，以强调活动级别，并显示对来访者的尊重。

让我们来设想另一个情景。一个从欧洲来的代表团正在俄罗斯的一个小镇访问，他们带来了他们公司的司旗和所来自地区的区旗。这些旗帜可能尺寸不一，而在俄罗斯，法律规定所有一同悬挂的旗帜尺寸必须一致，这就可能造成问题。此外，由于生产厂家不同，这些旗帜的材质和颜色饱和度也会有差异。如果把这些旗帜挂成一排，看起来会参差不齐，十分不和谐，我就见过很多类似的照片。不过，如果这些外国来宾愿意只在活动场合挂他们的国旗而不挂欧盟旗帜和其他旗帜，问题就迎刃而解了。

有时，俄罗斯联邦政府的某个部委会把其成立周年的庆祝地点选在一个偏僻的小镇。周年庆典对部委而言意义重大，届时将邀请众多嘉宾参与，并举办一系列丰富的活动。部委公务员们认为作为国家性的部门，该部的部旗应挂得比活动举办地区的区旗更高，且应该紧挨着国旗，挂在国旗和区旗之间。而当地政府很可能不同意这样做。因为俄罗斯联邦国旗法规定，地区的区旗应悬挂在俄罗斯国旗的旁边，至于加入部旗又该如何排列，法律中则没有相关说明。我很想知道我的同事们会建议这个情境中的当事者怎么做。不过，考虑到举办周年庆典是该部委的一件大事，我们认为部旗的排列次序应优先于地区区旗。当然，应该指出的是，根据俄罗斯的次序优先权（precedence）规则，俄联邦部长比地方州长的优先级更高。

在接待外国来宾时，我们会给予其次序优先权以示尊重。例如，我们会将来宾一方的旗帜摆放在接待方旗帜的右边。

还有其他涉及外宾的国旗摆放案例。比如，一个大型活动邀请了来自不同国家的众多代表参与，活动现场悬挂多国国旗，此时就会出现如何正确区分各个国家国旗的问题。俄罗斯国旗的颜色顺序比较独特，从上到下依次是白、蓝、红三色，即使被竖直摆放，也不容易与其他国家的国旗混淆。而有些国家的国旗则可能会被认错，比如法国国旗，旋转角度就成了荷兰国旗，容易给人造成困惑。因此，我认为各大使馆和俄罗斯外交部都应该在其官网上对国旗的水平和竖直悬挂规则加以说明，以避免造成混乱。

国际活动往往会升挂多面旗帜，因此，主办国的国旗该挂在哪个位置就成了一个问题。作为东道国，它可能要求享有次序优先权，或要求将本国国旗挂在紧邻举办该活动的国际组织之后。不过，作为活动参与国之一，为了彰显平等，主办国也可能决定以各国国名字母顺序依次悬挂所有国旗。此外，主办国也可能选择将本国国旗挂在最后，以示其对来宾的尊敬与欢迎。关于旗帜展示，还有不少问题有待俄罗斯礼宾专家阐明。我们有关旗帜展示的指南在2021年发布，其中会涵盖多国旗帜联合展示的常用案例。

最后，法律规定俄罗斯国旗不得有流苏，国旗中央也不能印有国徽。流苏和国徽图案都是俄罗斯总统旗的特征。

二、礼宾的国家背景

原则上，俄罗斯礼宾官在对公务访问和其他公务活动进行礼宾设计时会遵循国际规则。因此，俄罗斯的礼宾惯例和其他国家大体相同。不过，一些为我们熟知的传承百年的俄罗斯文化传统也会在礼宾中有所体现，我们需要尊重这些礼宾中的国家特色。

迎接宾客

在俄罗斯，一个重要的迎宾习俗是向客人敬献面包和盐。这一仪式通常发生在机场或其他迎客地点，当客人到达时，向其奉上面包与盐，以表达好客之意。面包与盐一般会由一位年轻女子献给客人。女子身着俄罗斯传统服饰，手捧一块干净的长布，长布上放着叫作"卡拉维"（karavai）的圆面包，面包顶上有个小盐缸。面包一直以来都是富裕繁荣的象征，而盐据说可以用来辟邪。斯拉夫人认为，面包和盐的组合象征着主人和宾客间的信任和友谊。我们俄罗斯人对这一迎宾礼节太习以为常了，以至于有时会忘记向客人解释当面包和盐呈上来时他们该怎么做。这样的疏忽很容易让宾客感到无所适从，甚至造成一些不必要的事故。2018年国际足联世界杯期间就出现过这样的尴尬，英国队在抵达俄罗斯时，受到了东道国俄罗斯的热情款待，却没有吃呈上来的面包。2019年以色列总理夫妇访问基辅，在基辅机场的欢迎仪式上也发生了类似的状况。事实上，当被主人用面包和盐招待时，客人应先掰下一小块面包，在盐里蘸一下再吃。按照礼节，客人需要把掰下来的那一块面包都吃完。因此，在拿面包时，客人需要考虑自己的食量，以免拿得太多。不过，客人不用把整个圆面包都吃了，也不用把吃剩的面包带走。面包只是一个形式，用它来待客是俄罗斯的一项传统，旨在表达对宾客的敬意。根据次序优先权规则，面包会先呈给来访代表团的团长，再依次呈给其他宾客。

其他迎宾方式

俄罗斯被认为是一个多民族国家。俄罗斯某些地区的主要居住者并不是斯拉夫人，这些地区的待客之道可能会受当地文化传统的影响。比如，在一些地区，人们会用面包和盐还有恰克恰克（chak-chak）一起迎接客人，恰克恰克由面团和蜂蜜制成，是当地的一道特色甜食。在另一些地区，人们会用莓果招待客人，莓果的味道可能会很酸。还有一些地区的人们会为客人戴上象征纯洁的白色哈达（客人需要戴一段时间才可摘下），或奉上白色的食物，以表心意。可见，不同地区的迎宾仪式可能会融合当地的习俗。外国宾客去访时需要作好心理准备，以应对可能的文化冲击。且不论遇到何种情况，即使是对一些仪式感到很困惑，只要保持微笑，以诚相待，就可以有效化解危机，而不致失礼。

献花

在许多地区，具有民族特色的隆重接机仪式已成为过去式，宾客欢迎仪式变得更为简单友好。不过，向代表团中的女性成员献花作为一项重要传统被保留了下来。这一献花环节是为了表达对宾客的敬意，未来几年也不太可能被取消。因此，如果来访代表团的某些成员不想被献花，应事先告知俄方礼宾官。

称呼

俄罗斯人有着使用父名或父称的习俗。父称由父名变化而来，是人名全称的一部分，这是俄国人姓名的特点之一。向别人自我介绍时，俄罗斯人习惯用名和父称来称呼自己，但俄语不流利的外国人可能会觉得这样称呼过于复杂。对于这种情况，我建议你可以问一问你的俄罗斯伙伴，是否可以只称呼他们的名字。毕竟，要记住如此冗长的父称并不容易。

宴请

正如之前提到过的那样，俄罗斯人在接待外宾时遵循国际礼宾规则。因此，出访俄罗斯的体验与出访其他国家相比并不会有太大不同。不过，在访问俄罗斯前，仍需提前了解一些事情。其中之一便是俄罗斯的宴请方式。俄罗斯的宴请方式几乎全国统一，即使是在穆斯林或佛教徒聚居的地区也是如此。俄罗斯人喜欢用丰盛的大餐款待客人，却往往未能考虑客人是否有吃俄餐的经验，会不会喜欢吃俄餐。事实上，二十年来，我们一直在建议人们在宴请宾客时特别注意客人的口味和喜好，以免有些客人吃不惯传统的俄式菜肴。然而，俄罗斯人招待客人的宴会桌上有时还是会出现几道俄罗斯菜。毕竟，为来访的客人准备丰富菜肴是俄罗斯一个世纪以来的牢固传统。因此，在访问俄罗斯时，你能在俄罗斯各地品尝到许多传统菜肴，罗宋汤只是其中一例。当你乘机抵达莫斯科或圣彼得堡时，在远处设宴等候你到来的主人可能已在为你尽心准备丰盛的俄式大餐。而如果你不太喜欢吃俄餐，且对访问活动的宴会菜品有自己的想法，你可以与俄方的礼宾官沟通。与礼宾官的巧妙交涉将可以使你避免即将到来的尴尬局面。

俄式好客

当你访问俄罗斯时，请记住，东道主也许会急于向你展示他们的热情好客，这甚至可能会让你感到有些不自在。这里有一个例子。15年前，我们的一位英国同事第一次访问俄罗斯。在访问的第二天快结束时，她把自己反锁在了酒店房间里。我们沟通了很久，她最后承认她感觉很有压力也很困扰，无法自由地开展她的工作。尽管活动主办方是出于好意，想要向她展示这个国家最好的一面，让她留下难忘的回忆，却给她带来了压迫感。

这些年来，很多事情都发生了变化。现在我们有了更多够格的礼宾专家，而市场对礼宾专家的需求依然非常高。我可以自信地说，如今俄罗斯的高层接待和出访都是依照国际标准，外宾在访问俄罗斯时也不再会遭遇强烈的文化冲击。他们不会被要求体验"生猛"的俄式桑拿——在桑拿房里饮酒社交，互赠礼物，蒸到全身发热就跳进雪或冰水中降温。现如今俄罗斯的高管里年轻人占多数，他们不会嗜酒（伏特加）如命，而更偏好健康的生活方式。他们接受过良好的教育，也理解礼宾规则的重要性。

三、礼宾的影响趋势

我认为，礼宾的发展趋势与新式领导形象、快速变化的社会环境息息相关。首先，现在是时候听听年轻人怎么说了，他们的价值观和对各种问题的看法可能与他们的父辈不同。其次，领导层正在年轻化，年轻的领导者们采用了新的方式与合作伙伴和公众接触。最后，礼宾不能孤立地发挥作用，它与价值观和当下的经济现实相互关联。

新真诚时代

一个新时代已经到来，在表象而非本质上取代后现代主义，政界和商界喜欢造神，人们信任从报刊或电视上获取的信息。新时代的特征事实上与上述截然相反。得益于互联网和信息的普遍公开，新真诚主义正在全球范围内迅速占据一席之地。

现今民众并不喜欢尽善尽美的形象。他们喜欢看政客与商业领袖的真情流露，喜欢看他们展示自己的弱点和长处。我们乐于看到领导者们也会遇到和我们一样的问题。他们也会坠入爱河，离婚，情感受伤，度假，忘记重要的家庭聚会，上学时也有作业要写，也会因为考试不及格受罚。简言之，我们希望他们是真诚的。社交网络拉近了我们与从前接触不到的人的距离。现在，我们可以通过网络参观总统办公室，窥见他们的飞机与汽车，看着他们的孩子成长。我们知道他们怎么想，知道他们宠物的名字。可以说，我们足不出户就能拜访他们。虽然只有在网络世界里是这样，但我们的大脑几乎无法分辨虚拟与客观现实的区别。这些网络上的公众人物仿佛就生活在我们身边，就像我们的家庭成员，而我们是无法容忍家庭成员对我们撒谎的。因此，神话和故事不再具有影响力，除非它们根植于事实。

公众喜欢这种政客，他们面带微笑，穿着别致的袜子，富有个人魅力，敢于颠覆传统政治家或企业领袖的形象。若政客愿意自由谈论自己的爱好与个人感受，抛开剧本，在电视节目中讲笑话，那么比起恪守节目规矩、保持公共形象的政客，他们会获得更高的支持率。不过，在信息时代，一个帖子就可能帮助扭转局面。关注人本身是赢得年轻人的关键，而20世纪的规则与技术似乎在被逐渐淘汰。看来，未来几年我们将基于新的现实与价值观开展工作。

非正式定位时代

新真诚时代促进了非正式定位的流行。礼宾官不再只追随组织，而是预测可能出现各种情况，并确保计划中包含对非正式会议和与公众会面的预案。正式的西装和严格的议程逐渐变为过去式，取而代之的是不介意面对镜头的轻松自如。

当然，任何礼宾专家都知道，比起常规会议，安排即席会议的难度要大得多，智谋、坚韧和快速反应力是其中最为需要的专业技能。不过，持续的压力可能会给人造成伤害；这也是为什么囊括所有相关方的初步讨论至关重要。

非正式定位意味着对领导人个性的深入了解。有些领导人可能不喜欢在公共场合露面，有些则喜欢这样，甚至会主动要求与工厂的工人或大学生会面。有些擅长应对记者的提问，能在百忙中作出回答。有些花费几周为新闻发布会做准备，却只能在会上含糊其辞。每个人都是不同的，现今礼宾官的职责就是安排活动，确保每一种类型的人都能收获愉快的活动体验。

一位俄罗斯州长希望在竞选期间，聚光灯不要对准他的妻子和孩子。考虑到人们对名人生活的关注与日俱增，且选举技术的实现要求个人有一定的曝光率，这并不是一件容易的事。另一个礼宾目标是展示候选人的人情味和同情心，而这位州长并不认为这些是好的领导素质，所以小心地将其隐藏了起来。对外交际显然也不是我们这位客户会优先考虑的重要事项。结果，他的支持率只能在原地踏步。接着，这一问题却自动解决了。俄罗斯另一个地区的一场洪水致使许多孩子无家可归，该州长提议他们可以到自己负责的地区来度过他们的学校假期。媒体报道了这个故事，其他地区也纷纷响应这一倡议。这位州长也是第一个在等待与总统会见时通过社交广播向选民展示总统接待室的人。订阅者喜欢看他那些真诚直率的帖子，关于他的工作、爱好和最喜欢的诗人。通过网络，这位候选人可以每天与一百万人直接对话。这些帖子自然是经由几位专业人士之手发布，他们懂得如何迎合订阅者的兴趣。

虚浮之风逐渐被摒弃，而透明和真诚越来越被看重。人们愿意容忍候选人的古怪，即使他或她离过婚、打红领带或性格乖僻，却不会投票给一个十全十美的候选人。他们从一个不够理想的、会犯错误的领导人身上得到了启示，学会了愉快地接受自己。然而，这种宽容并不是没有底线的。领导人最好了解自我展示的"真诚限度"。人们不会接受谄媚、软弱、优柔寡断、领导不力的领导人。领导人可能看起来和我们无异，但总体上必须比一般人更强大、更明智、更自信，也更果毅。这样的形象是公关和礼宾官共同营造的。

为了塑造领导人的完美形象，他们周围的一切都必须安排妥当。尽管领导人不是完美的，但是，会场布置、国歌奏唱、旗帜展示、代表座次、设备操作以及恰好的花卉装饰、完善的后勤保障、快捷的登记流程和舒适的座位，所有这些都必须完美。由于消息能通过媒体和社交网络迅速传播，因组织者失误导致的尴尬事件会在国内引起大量舆论。

细节非常重要，无论是领导人看起来病容满面、行为举止失仪、言语不当、着装欠妥，还是放错国歌、在颁奖典礼上被国旗绊倒，都会影响其形象，需要尽量避免发生。

展现健康活力

展现活力和体力是另一个大的趋势。人们更青睐活力十足、积极向上、富有表现力的领导者。健康首先是指心理健康，即对生活抱有积极的态度。身体健康也很重要，那些不能保重身体的人想要成就一番事业变得越来越难。相比之下，体重有些超标的、不微笑的或不表现出同情的领导者就显得不那么值得信赖。那么，作为礼宾官，我们可以做些什么来表明我们的宾客身体状况良好呢？这很简单。我们可以让他们站立着发言或回答问题，参观工厂、散步、与人户外会面、走红毯、从观众席走上台，以及保持繁忙的飞行日程。所有被拍摄和录像的动态事件都可以展现活力。即使是参加没有桌子、与会者只坐在扶手椅上的会议，也可以用来彰显我们宾客的开放、坦率、真诚与活力，以及积极参与的姿态。最近几年，大多数国家元首会穿着运动服拍照。一些领导人允许自己裸露上半身的照片被拍下，以展示自己健美的身材。这让他们变成了表情包素材，却也帮他们赢得了年轻人的认可。

一段时间以来，俄罗斯一直有举办要求所有与会者保持站立参与的签署仪式。连续两年，在俄罗斯某地举行的互联网技术论坛上，情况都是如此。该论坛聚集了金砖国家和上海合作组织成员国代表，与会者被要求站立，而签署过程采用了现代技术，即平板电脑和触控笔，并被投影在大厅的大屏幕上，从而让观众更有参与感。

情绪与认知科学

我希望我的同事有类似的经历，这样他们就会同意我的看法，即让沟通更正式正变得越来越难。情绪，无论是属于普通人的情绪还是国家元首的情绪，都已成为现代世界的驱动力。情绪使我们能够被称之为人。为高层活动增添情感色彩，朝鲜和韩国的两位首脑手牵手越过朝韩边界，中国与俄罗斯的领导人一起做煎饼，党代会上的舞蹈与递给冻坏了的记者的一杯热茶，都是情感的投射。领导者不再畏惧展示情绪，而希望表现得随和。所有这些都成了我们的工作，因为众所周知，领导人向世界展示的情绪须是精心策划、恰如其分的。

情绪正在占领世界，向我们传达了一个明确的信号，即情绪需要被管理。认知研究方兴未艾，未来几年，礼宾专家利用其研究成果开展工作将成为常态。礼宾官将学习从心理学到生物学的各类科学知识。为什么是生物学？因为我们是会对外界刺激作出明确反应的生命体，而这种反应是与生俱来的。我们饿着的时候会比吃饱的时候更激进。研究发现，法官在进食、休息后会变得更宽容。气味也会对人的情绪产生影响。在同一个房间里开会，如果提供咖啡和蛋糕，会议时间就会缩短。而营销专家一直以来都在运用手段使人的大脑释放催产素以增进人们对品牌的信任。

视觉和声音也会影响我们。进行曲不会像华尔兹那样激起我们的情绪。会议开始前，登记大厅里安静和缓的音乐能帮助人们进入平静的状态。冲突得以避免，往往有环境音乐的功劳。

旗帜、花卉装饰的缤纷色彩可以用来彰显活动的特殊性。如果你的目标是激怒你的合作伙伴，那就把这个任务交给那些会刺激他们感官神经的酸性色调。红色会让人更活跃，淡紫色会让人平静，而橙色则会让人食欲大增。

规则即自由

礼宾规则的应用范围已不再局限于外交官和国家元首的高层会晤和访问。礼宾正在成为与市场营销、会计或人力资源并驾齐驱的一个行业。因此，确保那些对他人声誉负有专业责任的人接受合格的培训正变得越来越重要。高效的办公环境、正确的座次安排、高质量的口译、不抽烟的司机、车内的瓶装水和擦鞋海绵、合理的菜单以及不会令人感到冒犯的文化节目，所有这些都应有礼宾专业人士来操持和保障。礼宾工作人员还应严谨、善于变通、乐于尝试，并能与团队协作。如果一个人不是心胸宽广，随时准备发现新事物，并有快速分析新事物的能力，所有这些都无法实现。新时代的到来意味着我们需要改变我们的方式方法，并掌握新的技能。

当然，这只是一个国家的一位礼宾专家的观点。会有人不同意该观点。但如果我们有时间和精力来讨论我们的关切、想法和愿望，我们将能建立一个将各国传统纳入考量的统一的国际礼宾质量标准。而这一标准也能反过来确保我们在更多事情上达成共识，并在此基础上发展，而不是争论不休。

礼宾实操：
我担任礼宾官和礼宾司司长的日子

［格林纳达］艾丽丝·托马斯－罗伯茨[*]
宋　律　译

序：外交部初体验

我原本在大学教地理。一天，我在课堂正讲得兴起，忽然响起了敲门声。来者是位陌生人，自称是外交部常务秘书。据他说，我被提名加入一个赴日本考察团；而且，他需要尽快拿到我的护照，以便安排签证事宜。我对他说容我考虑考虑，他说："恐怕您没有时间考虑了，我们本周就必须把您的护照提交给大使馆。"

那次赴日本考察，我们走访了五座城市。其间，我见到了来自拉美和加勒比诸国的代表，其中不少人已经在各自国家的外交部任职。作为一名写作爱好者，我把所见所闻一一记录下来，回国后向那位外交部常务秘书提交了一份详尽的报告。他的答复是："您要不考虑一下，加入我们礼宾司?"我从学校毕业后就开始教书，所以当时的我完全不知道礼宾为何物。于是我问道："礼宾司是做什么的?"他回答："来了您就明白了。"

---

[*]　艾丽丝·托马斯－罗伯茨（Alice Thomas-Roberts），格林纳达政府礼宾司前司长、资深外交官，曾出版《加勒比礼宾与礼仪：沟通中的礼仪规范》（*Protocol and Etiquette for Caribbean People: Basic Diplomacy and VIP Courtesies*）、《饕餮无界》（*Dining Anywhere with Comfort*）等著作。

那是1987年。为了帮助我的学生们顺利完成学业，我选择先回到大学的讲台。等到学年结束，我才正式进入外交部。

在岗学习

有意思的是，对于我这样一个对礼宾一无所知的前教书匠、礼宾新手，礼宾司居然没有安排正式的培训。我也没有机会跟随资深礼宾官去机场，边观看他们如何接待到访的外宾边学习。类似的制度安排直到多年后我当上礼宾司司长才正式确立。

不少大国都设有专门的外事服务培训基地，或者把工作人员送到外交或国际事务学校学习。然而，在许多小岛屿国家，学习外事服务是在岗进行的，而且往往没有人指导。这对我来说倒不是问题，因为经验是最好的老师。我身边就有一个很好的例子：和我同屋办公的是一位任职六年多的前辈，她对很多事情了如指掌。每当接到任务，比如准备外交照会和备忘录，我得到的指示都是"请参阅档案并比照办理"。好在，我既热爱写作，也热爱阅读，这些爱好对我的工作都很有帮助。这份在岗学习的经历让我受益良多——多年后，除了为工作人员安排情况介绍会和相应的培训，身为礼宾司司长的我还常建议他们多读档案。

菜鸟礼宾官

我自小就比较腼腆，并非天生外向的人。不过，我总是如饥似渴地学习，时刻准备着迎接新的挑战。每当执行接机任务，我都要和多年前第一次走上讲台一样，鼓足勇气去机场迎接到访的外宾，并陪同他们前往约定的地点。那时还没有互联网，所以在见到本尊之前，我并不知道来访的使节长什么样，要在人群中锁定目标基本靠猜。不过老话说"路在嘴上"，找人也是如此。外交部的司机、出入境事务处和海关的官员们帮了我大忙。我会告诉他们我要去接谁，这样即便我错过了目标，他们也会帮我指认。话说回来，我其实很少错过目标，因为我总结出一套精准找出外国使节的独门秘籍。我会观察他们的着装、仪态、行李种类和肢体语言等蛛丝马迹，尤其是面部表情。

有一次，我去机场迎接一位来自英联邦另一个加勒比岛国的候任高级专员。我想象中的他一定是西装革履，挎着公文包，十足的"大人物做派"。结果，从那架LIAT 1974小飞机上走下来的人没有一个符合这些标准。没有人穿西装，也没有人表现得像大人物。他们看起来都平平无奇，更像来度假的游客或回国的旅客。但有一个人例外——他拿着公文包。这个人身穿百慕大短裤和五彩斑斓的加勒比特色衬衫，不过，他的面部表情暴露了他的身份。他从飞机上走下来，像在找接机的人。没错，这位就是候任高级专员。

虽然生性害羞，但我也友好随和，乐意和人谈天说地。外国贵宾和使节都喜欢跟我打交道，其中不少人还不遗余力地为我提供帮助。我还记得，我第一批接待的大使当中有一位曾对我刨根问底，追问我国的地理、历史、经济、人文和风景名胜，等等。他甚至还问了我国最高山脉的海拔，而我的对答如流让他惊艳不已。作为一名前地理专业学生和地理教师，我的专业知识成了制胜法宝。事实上，我们在日常生活中积累的点滴知识都可能在礼宾岗位上派上用场。

首次正式培训

第一位看出我的潜力并有意帮助我成长为礼宾司司长的外国使节是巴巴多斯高级专员弗兰克·达·席尔瓦（Frank Da Silva）阁下。在陪同他前往就职仪式的路上，以及其他无数次赶行程的途中，席尔瓦阁下和我在车里相谈甚欢。

巴巴多斯的外事服务很发达，而席尔瓦阁下向我保证，他会力荐我去该国外交部以及他在特立尼达和多巴哥的高级专员公署工作一段时间。他和我的主管常务秘书谈了此事，后者欣然接受了这一提议。

他们两位共同协助我拿到了两国政府的批准，并为我安排了航班和住处。就这样，我在巴巴多斯外交部开始了我在礼宾司任职期间首次正式的海外培训。随后，我又去巴巴多斯驻特立尼达高级专员公署待了几天。在那里的经历使我认识到，礼宾绝不仅仅是接待和陪同来访外宾这么简单。

此后，我又在其他加勒比国家和欧洲接受了多次外事服务相关的培训，时间长短不等。其中，对我影响最大的当属"牛津大学外事服务培训项目"（OUFSP），对此我将在下文中多着笔墨。

接待外宾

我在礼宾司学到的第一件事就是为来访的外宾安排节目，他们大多数是前来递交国书的大使或高级专员。高级专员是英联邦国家派驻另一个英联邦国家的使团团长，他们的办公处所被称为高级专员公署。而大使则是非英联邦国家派驻英联邦国家、英联邦国家派驻非英联邦国家以及非英联邦国家派驻另一个非英联邦国家的使团团长。

安排节目指的是与外宾希望参访的各个部门联系并作出相关安排。另外，我们还需要向警方报备外宾的行程（外宾到访我国期间的安全由我国负责），并申请配备骑警和一定数量的安保人员以陪同访问。访问的日期必须首先得到相关部门最高级别负责人的批准，不论负责人是总督（英国女王、格林纳达国家元首的常驻代表）、总理（格林纳达政府首脑）还是外交部长。获得批准之后才能着手安排其他事宜。关于节目安排，外宾的想法是我们所首要考虑的，而我们也一定会安排一段观光之旅，包括外宾可能希望走访的景点。最终敲定的节目方案是外宾所在的使馆或公署与我们礼宾司密切沟通和协调的结果。

外宾到达之前一到两天，我们会发送提醒，并再次与所有相关部门联系确认。此举确实很有必要，尤其可以避免某些部门预约重复或者没能在初次联系时记录或确认预约的情况。

递交国书

递交国书当天，礼宾官会去酒店迎接外国使节并陪同他/她来见礼宾司司长，也就是我。我会向使节说明这个简短仪式的程序（仪式地点在总理府或总督府）；我们还会交换礼物，随后由我陪同使节与我们的常务秘书开一个短会，然后与外交部长会晤。会后，我们将前往国家元首或政府首脑的府邸，具体视情而定。例如，格林纳达是英联邦国家，国家元首是英国女王（国王）；如果新任使团团长来自其他英联邦国家，那么他们的国家元首也是英国女王（国王）。这时，使团团长会将该国政府首脑出具的国书递交给我国政府首脑，也就是总理。如果使团团长来自某个变革成为共和国的原英联邦国家，那么该国的国家元首已不再是英国女王（国王）。这时，使团团长会将该国总统出具的国书递交给我国总督，即女王（国王）的代表。这位使团团长还是被称为高级专员，因为他/她代表的仍是一个英联邦国家。

除了递交国书，候任大使还需要递交前任大使的召回公文。

作为礼宾司司长，我需要陪同候任大使会见外交部长并前往总督府递交国书。抵达总督府后，我会向大使及陪同人员（如有）说明他们应该站立的位置，以及总督及陪同人员将站立的位置，并告知大使何时发言、何时上前递交国书。总督步入会场之前会由格林纳达皇家警察的号手奏乐，这一程序将让递交国书活动显得更为隆重而充满仪式感。简短的仪式结束后，总督会邀请大使进入一个小房间，双方进行非正式的交谈并交换礼物。我会陪同大使进入这个房间。身为礼宾司司长，我偶尔也会加入交谈，但我的主要任务是保持安静，并适时礼貌地提醒大使前往下一个地点——通常是总理府。这将是大使递交国书后首次正式拜访总理。也是从这时起，候任大使正式成为一国大使。

当然，除了递交国书，外宾们来访的目的还有很多：有时为了谈合作；有时为了在联合国、美洲国家组织或其他机构等高级别区域或国际组织中为其政府推出的候选人、方案或提案争取支持。我有幸能够接待并陪同这些外宾，因为我从他们身上学到了很多礼宾、礼节和国际礼仪方面的知识。

交换礼物

在高级别访问中，送礼永远是一个绕不过的环节。礼宾司需要为总理、外交部长、常务秘书和礼宾司司长挑选送给外宾的礼物，因为外宾通常会与上述官员互赠礼物。按照先后顺序，外宾会先对礼宾司司长进行礼节性拜访，然后由礼宾司司长陪同外宾对常务秘书、外交部长和总理等进行礼节性拜访。

挑选礼物时必须谨慎，通常需要与外宾方保持沟通，确保外宾不会收到有失妥当或不讨喜的礼物。出产美酒的国家（比如我国）喜欢选择酒类作为礼物，但我们需要确保酒是对方可以接受的礼物。刚当上礼宾官时，我还不太明白一件事：不是所有东西都适合当礼物。事实上，在准备礼物时，不能只考虑你喜欢的东西或本国的特产，还要考虑是否适合对方。在学习相关礼仪之前，我曾天真地遵循旧例向多位外宾赠送美酒作为礼物，丝毫不顾及对方信仰的宗教、所属的文化或来自的国家是否有这方面的禁忌。我们也曾把雕刻成格林纳达版图形状的木制钟送给许多来自东方国家的贵宾，只因为我们不知道在这些国家，送钟是一种忌讳，它的谐音有大限将至或一段关系告吹的含义。尽管我们送错了东西，外宾们却十分宽容，没有表露一丝不悦。

后来，通过自学礼宾和礼仪，我才知道需要提前与外宾方讨论备选的礼物。我们要在外宾到达之前先询问礼物是否妥当，且双方互赠的礼物在价格和类型上最好大致相当。送礼的记录也需要保留，以确保来自同一国家的外宾不会收到相同类型甚至一模一样的礼物，以及外宾下次到访时不会收到重复的礼物。

组织活动

关于礼宾工作，我特别喜欢的一个部分是组织活动：各种仪式、招待会、会议和会谈。我乐意默默无闻地在幕后工作，看到成果的时候也会很开心。总的来说，我喜欢召集人们参加各种活动。看到宾主尽欢的场面，我会非常有成就感。

高级别访问涵盖以上所有要素：一系列仪式（欢迎仪式）、招待会（欢迎宴和告别宴）、会谈（双边会谈、多边会谈、正式会谈、非正式会谈）、全体会议和委员会会议。在外交部，与各类组委会合作的机会数不胜数。

国家仪式

身为礼宾司司长，我同时也是国家庆典委员会成员。该委员会负责策划为数不少的国家级活动。其中，我特别关注的两场活动是2月7日的独立日活动和10月25日的感恩节活动。

独立日到来之前，我们会组织多场活动。最重要的一场活动，出席者包括国家元首、政府首脑、内阁要员和各国使团，需要礼宾司提供多个方面的服务：制作并发送邀请函；编制座位表和次序优先权名单（Precedence Lists）；与抵达阅兵场、教堂和其他独立日相关活动现场的外宾和贵客见面、问候并安排他们就座。

作为礼宾司司长，我需要和负责阅兵安保的高级警官一道在阅兵场迎接总理和总督，待他们向士兵致礼完毕后护送他们就座。为了准确知道我需要在什么时间、什么位置引导贵宾，我必须参加最后一次阅兵彩排。

阅兵期间，所有武装力量——格林纳达皇家警察、准军事部队和后勤部队都将接受检阅。随后，我会负责陪同总理穿过阅兵场、登上位于场地中心的高台，总理将在那里发表独立日致辞。

我还必须按次序优先规则整理贵宾名单（在演讲时需要依次称呼他们），以及列出一份包含所有出席独立日庆典的各国政府外交和领事代表的名单。总理致辞之前，我的主管常务秘书和我每人负责朗读一份名单。所以，在独立日之前，我们有许多幕后工作要做，尤其是接收电子邮件和编制名单。有些国家会发来书面贺词，这也需要由我或常务秘书在之后朗读。说实话，每年独立日我都累得够呛，但看到庆典圆满收官，我的成就感就会油然而生。

感恩节活动没有那么盛大，也没有阅兵，但是也会有一场专门的活动，而礼宾司负责为这场活动制作并发送邀请函。此外，在活动当天，礼宾司还负责接待、问候来宾并安排他们就座。我还得准备一份"致意名单"（也叫作"礼宾清单"或"优先权名单"），在欢迎和赞美来宾时会用上。这类活动属于宗教活动，参与者往往拥有宗教文化认同，但礼宾司仍须把好细节关，总会有人因为各种各样的事情被得罪。

众口难调

作为礼宾司司长，我必须审核国宾邀请名单，否则礼宾司不得发出邀请函。在两场重大活动之间可能发生很多变动，比如有人去世了，有人离职或转岗了，有人升职了，有人结婚了，有人离婚了，不一而足。一份名单有时长达三千人，但审核的步骤不能省略。为了加快速度，我通常会安排工作人员分头审核。邀请函拟好之后，我会尽量审阅每一份邀请函，确保贵宾的名字没有被拼错，名字后面的头衔没有被漏掉。

说到座位表，这是最让礼宾官们头疼的一件事。所有来宾都希望被当成"大人物"，以"大人物"的规格被对待。但是，要让所有人都满意实在太难了。作为礼宾司司长，我倾向于亲自制定座位表，或者至少最后的润色由我完成。我曾多次在不同场合听到来宾对我们为其安排的座位表达不满，而我总能向他们解释清楚为什么他们被安排坐在这个位置上，因为我实在被质疑过太多次了。

导致来宾们不满的原因林林总总，包括他们在欢迎名单上的排序、念他们名字时的发音甚至介绍他们的方式。

主次有序

制定座位表的人必须充分了解次序优先规则，分清谁先谁后。此外，还得想好适当的理由，把每一位或者每一群来宾安排在哪里都必须有充分的理由。另外，如果是正式的宴会，主人或贵客都有可能会对座位安排有私人的要求，希望能把特定的来宾安排在他/她旁边。因此，在制定座位表的时候必须考虑这类特殊情况。

放置国旗、制定座位表、拟定"致意名单"，所有这些工作都得讲究顺序。我发现，掌握哪一类场合适用什么次序对我个人的礼宾生涯颇有助益。

王室驾到：亚历山德拉（Alexandra）公主殿下来访

刚当上礼宾司司长不久，我就得到了一个难得的学习机会：参与接待一位来访的王室成员。此外，在我担任礼宾司司长的第二个任期内，我还接待过另一位王室成员。

1992年，应格林纳达总督的邀请，亚历山德拉公主殿下携丈夫安格斯爵士访问格林纳达。为了协调这次访问，礼宾司提前数周开始做规划。作为新任礼宾司司长，我恰巧碰上了一位新任总督。他对我说："我们可以一起做这件事，您顺便教教我礼宾知识。"那时的我已经参加了多门海外培训课程，而且刚刚从牛津大学接受外交培训回国。新任总督也是教育界出身，曾担任校长和首席教育官，因此很擅长规划，对细节也很重视。他亲自担任规划委员会主任，行事风格干练。规划委员会由可能参与接待工作的各部门负责人组成。

亚历山德拉公主殿下乘坐私人飞机抵达莫里斯主教国际机场（原

名塞林斯角国际机场）后，我作为礼宾司司长登上舷梯，做完自我介绍后返回舷梯下方，以正式迎接公主伉俪。我当时还负责向公主殿下介绍总督阁下，然后由总督向公主介绍总理和我方的其他人员。随后，总督邀请公主殿下与他同乘一辆车离开机场，而公主丈夫则与总督夫人共乘另一辆车紧随其后。我们其他人员则分乘不同车辆跟在后面，车队前方由骑警开道。

欢迎早宴

在公主殿下满满的行程表中，对我来说挑战最大的一项是欢迎早宴。我需要与总督阁下和公主殿下双方的私人助理密切配合，敲定邀请名单和座位安排。

长长的宴会桌摆在总督的宴会厅里，总督作为东道主坐在中间，公主殿下坐在他的右边，总理坐在他的左边。总督夫人帕尔梅坐在总督对面，公主殿下的丈夫坐在她的右边，总理夫人坐在她的左边。访问团的其他成员和我国政府官员在两边依次而坐，一位访问团成员入座右边，一位我国政府官员在左边就座，就这样直到 30 多位来宾全部落座。总督的私人助理情况特殊，她被安排坐在靠近长桌一端的位置，以便向下属低声交代重要指示，而我则坐在靠近另一端的位置。

让最重要的贵宾坐在中间，这对围坐两边的客人来说意义非凡，这些客人主要是内阁大臣和国会议员。对我来说，重要的是确保每一位客人都不会感觉自己坐得离公主殿下太远。

威塞克斯（Wessex）伯爵和伯爵夫人来访

2012 年，在第二次出任礼宾司司长多年后，我有幸接待了另一位王室成员。这次来访的是威塞克斯伯爵爱德华王子及威塞克斯伯爵夫人。作为英国女王的代表，他们前来出席钻石禧年（女王登基 60 周年）庆祝活动。其他王室成员也代表女王前往其他英联邦国家出席相关活动。

威塞克斯伯爵爱德华王子和伯爵夫人索菲乘坐皇家游艇抵达圣乔治港。我负责在游艇舷梯下方迎接王子伉俪，然后陪同他们沿着红毯走向正式欢迎场地。

王室为这次访问筹备了数月之久，甚至派了一支先遣队提前来踩点。他们审查了我们规划的所有活动，走访了所有预定的场馆，并给出了赞赏或建议。

王子伉俪对这次访问非常满意，但在当地政要和安保人员的行动方面，幕后还是出现了小插曲。这也让我学到一个教训：沟通方面怎么做都不为过，对任何事都不能想当然。在涉及礼宾、安保和活动的场合，主办方绝对不能假设所有人都知道一切细节、所有计划都不会出纰漏。对计划会见来宾的本国政要来说，持续的沟通和汇报必不可少。

国葬和官葬

前后两次担任礼宾司司长期间，我经历过几次国葬，逝者包括一位在任总理、几位卸任总理，以及其他几位政治家。筹备葬礼需要与逝者家属配合，既要体现国葬和官葬的规格，又要尊重逝者或家属的意愿。我们必须查阅国葬相关立法，还必须与组织委员会配合。组织委员会由不同机构及政府部门的代表组成，包括警方、礼宾司、神职人员或逝者所属宗教的代表、逝者家属，当然还有殡仪馆。如果逝者在任内过世，礼宾司还负责向各国发送讣告。另外，礼宾司还须负责回复各国使团和其他计划参加葬礼的外国高官发来的电子邮件，常常会忙得不可开交。

机场和港口出勤

进入礼宾司后不久，我就发现一件事：深夜和清晨的机场几乎就是另一个礼宾司。有无数次，贵宾搭乘的航班在清晨起飞或降落。身为礼宾司司长，我通常会派礼宾官去机场执行任务；而如果接送的对象是我国总理，我本人就必须在场。如果总理搭乘第一班飞机出发，我也必须早起并在凌晨4：30到达机场的贵宾候机室。作为贵宾候机室的主管部门，礼宾司负责确保这里的一切都井然有序。总理的警卫"清查"候机室后，我会四处巡视，确保沙发坐垫松软舒适，洗手间设施干净、气味清新，厨房餐具清洁妥当、随时备用。如果负责为总理办理值机和安检手续的礼宾官还没有回来，我会亲自准备茶水、咖啡和饼干，供总理和随从取用。实际上，同在贵宾候机室的其他贵宾也能享受到我的服务。

如果是总理乘机返回，除了重复相同的准备工作，我还必须进入停机坪，和警卫队长一同在舷梯下方迎接总理。

众所周知，航班并非总能准时到达。有时，我们等到最后一班飞机降落也没等来贵宾。遇到这种情况，我们只能打道回府，第二天一早再来。我依然记得，有一次我们一直等到机场都要关闭了，总理乘坐的航班因为晚点还没到达。机场方面通知我们，当值官员打算关闭机场，让航班降落到附近的一个岛上。总理警卫表示总理就在那架航班上，并要求机场保持开放。于是，当值官员收回成命，当晚没有关闭机场，直到航空公司工作人员、礼宾官和警卫顺利接到总理。这个事例表明，山重水复的时候也许还有柳暗花明的一线转机，而礼貌的沟通是可以让奇迹发生的。

临时邮件/来电

说到礼宾服务，不是所有事情都可以提前规划。身为礼宾官和礼宾司司长，我们常常在最后一刻接到电子邮件和电话，通知我们需要调整贵宾到达机场或港口时的相关安排，或者贵宾与我国政府首脑或外交部长会面的时间。而我早已习惯应对这些突发事件。

有一次经历特别难忘。那是一个公共假日，我本打算和家人一起放松一下。那天上午，常务秘书来电，说她昨天晚间收到一份外交照会，中东某国的国家元首乘坐游艇途经加勒比地区，希望经停我国港口并会见我国总理或总理代表。作为礼宾司司长，我必须去迎接那位国家元首。

我们临时在一处度假酒店安排了会见场所和午宴。总理早在前一天已携家人外出休假，因此安排副总理代替他会见外宾。我对这个中东国家知之不多，于是立刻上网查资料，再结合常务秘书传给我的所有信息，向副总理快速说明了那位国家元首的基本情况以及此访的目的。我们在约定的时间前往港口迎接国家元首。身为女性，我踌躇着是否要与对方握手，但就在我微笑示意的时候，他欣然向我伸出了手。

因为那天是公共假日，他向我们表达了歉意，并表示不会停留太久。他非常喜欢我国的风土人情，也很享受我们的陪同。我原以为下午还能赶得上回去陪家人，不料在会见和午宴结束后，国家元首居然邀请副总理和我一起登上他的豪华游艇。那是一次非常特别的经历，我们在轻松的氛围中聊起了他的加勒比之行，并为他解答了有关我们国家的问题，满足了他的好奇心。就这样，我的假期彻底泡汤了。回到家的时候，我对自己说："这也是我工作的一部分。"

为规划委员会提供礼宾建议和服务

格林纳达是多个区域和国际组织成员，也主办过多场区域和国际会议，与会者包括各国政府首脑和部长。在相关会议的规划委员会中，礼宾司是常客。

作为礼宾官和礼宾司司长，我参加过无数场委员会会议，内容包括讨论会议计划，安排住宿、接待和午宴，与室内装修设计师和宴会餐饮承办人一起考察场地，以及就礼宾相关事宜提供一般性建议。

确定与会者身份以及所涉国家之后，在会议开幕前几天，我需要整理挑选各国国旗、制定座位表、与礼宾官一起制发邀请函、核对任务分配情况、盘点机场贵宾候机室的物资储备，还要监督礼宾官和联络官接待前来参会的贵宾和代表团。会议开幕也并不意味着我们的工作结束了。会议期间，我们需要主动迎接、问候来宾并护送他们落座；还要经常替外国参会代表再次确认或更改航班。直到把代表们送上回程飞机的那一刻，礼宾官的工作才宣告结束。如果是招待会或庆典，在最后一位客人离场之前，礼宾官都不能下班。

出国服务

2009年，我应邀担任小岛屿国家联盟（AOSIS）政府首脑峰会的礼宾总管（Chief of Protocol）。这对我来说无疑是一份殊荣。在联合国经济和社会事务部的支持下，峰会在纽约召开。

格林纳达总理担任本届峰会主持人，组织委员会主席则由格林纳达驻联合国大使/常驻代表担任。由于与会的政府首脑众多，礼宾成了峰会筹备过程中的重中之重。我的职责是带领礼宾团队参与筹备工作。由于大部分协调工作都在国内完成，我在峰会开幕前几天才抵达纽约。在那里，我第一次见到了来自各国使馆的 25 名工作人员，他们的任务是协助我作好礼宾工作。

距峰会开幕还有几天，我有时间熟悉场地、和临时组建的礼宾团队开会并向他们传达工作计划。整个峰会包括多场圆桌会议、首脑合影环节和一场招待会。我按照国名首字母顺序为与会各国代表制定了座位表，并为首脑们制定了一份单独的座位表。我国总理还需要一份"致意名单"，用于欢迎各国首脑和代表。这份名单也由我负责制备。

我为礼宾团队的成员们分配了各自负责的首脑，并安排其他成员前往不同地点工作。虽然在和安保部门配合时遇到了一些小麻烦，但好在峰会结束后首脑们都很满意，我们也感到很欣慰。

长官出国

如果你的长官要前往一个不同文化背景的国家出席会议，请务必事先了解当地文化的禁忌。政策研究司和政治经济司的同事可能会准备一份技术简报并列出有待讨论的问题，但你自己也要准备一份礼宾事项简报。可以准备一本方便放进口袋或手提包里的小册子，用于记录在该国需要注意的文化习俗和礼仪规范，包括可能引起误解的手势和肢体语言（不少高级公职人员曾吃过这方面的亏）。你可能还需要向长官说明参加鸡尾酒会和用餐时需要了解的特殊礼仪，并向其给出出席不同活动时的着装建议。所以，请仔细阅读长官的日程安排表，然后准备相应的简报。

陪同长官出国

陪同长官出国绝对不是度假。如果你想让长官尊重你的知识和建议，重视你的服务工作，就必须拿出行动来。举一个例子，我曾陪同我国总理赴东亚某国访问。其间，东道主安排总理夫人和其他女士去逛购物中心，总理要求我陪同前往。我礼貌地拒绝道："总理阁下，我来这里是为了配合您的工作，不是来购物的。"我当时的身份是礼宾官，但由于我国代表团人手不足，我作好了一人分饰多个角色的准备，并在陪同总理访问期间客串了技术官的角色，总理最后对我的工作非常满意。访问期间，我负责做记录，并向总理提供了详细的会议记录，以及回国后需要跟进的事项。事实上，我提交了一份回顾整个访问行程的完整报告，再度让总理感到满意。

在我作为礼宾司司长的第二个任期内，我曾陪同另一位总理和外交部长赴欧洲出席重要会议，其间又一次包揽了多个工作任务。身为礼宾官，陪同长官出国就是工作，绝对不能掉以轻心，不能把出国当作旅行。

与安保配合

作为礼宾官，尤其是作为礼宾司司长，我必须与警方沟通、计划和配合，确保贵宾来访之前一切安保程序均已就位。贵宾到访期间，我们的车辆始终由骑警开道，并由警方提供安全方面的支持。

几位负责总理贴身保卫工作的警官，我和他们成了一辈子的朋友。其中一位是总理的卫士长，我在工作中经常需要与他联络。尽管我的头衔是外交部礼宾司司长，但格林纳达是小国，因此我更像总理的专属礼宾官。每当总理到达正式活动的举办地点，我都会在他的下车处等待。等到警卫队长向总理的卫士长示意一切正常，卫士长再示意我为总理打开车门。如果是不需要我出现的场合，会由卫士长为总理打开车门。

总理下车后，我会立即向他简要报告活动情况，或者提醒他与活动相关的细节。总理出国访问时，我会派遣一名礼宾官提前为总理办好出入境和安检手续。这样，等总理到达机场贵宾候机室的时候，一切都已安排妥当。有这些经历作铺垫，我和我服务过的多位总理都建立了良好的工作关系。

作为礼宾官，我们必须始终牢记：我们工作的目的不是我们个人，也不仅是得到他人的认可。我们的使命是让我们服务的对象以及他们的客人在任何时候都感到舒心。我们的职责就是让他们保持最好的形象，他们的满意就是我们最大的骄傲。

凡事切忌想当然

确保活动细节无懈可击是礼宾司司长的重要职责。我是一个很愿意信任别人的人，但我学会了一点：工作时不能想当然地认为下属完全理解了我的意图，除非亲眼看到工作完成。在某次重要会议举办期间，我被临时告知要为贵宾举行一次特别的午餐会。时间紧迫，但我们还是决定按照来宾名单制作名牌，以方便来宾们就座。一名新人礼宾官毛遂自荐，于是我派她回外交部准备名牌。根据以往的经验，我想当然地认为名牌的两面都要印上来宾的名字。当我看到她拿来的名牌只有一面印有名字时，我大失所望。因为这个失误，我不得不绕到桌子前面，或者把名牌转过来才能看到谁被安排坐在哪个位置，而来宾入座时也得面临这样的尴尬。正是这个经历让我记住了千万不能想当然地认为下属完全理解我的意图，而是一定要去现场监督、指导，鼓励他们并及时纠正他们的错误，直到任务完成。

调岗经历

在我刚进礼宾司的那段时间，我曾赴巴巴多斯外交部以及巴巴多斯驻特立尼达和多巴哥高级专员公署短期工作过一阵子。回国后，得知我已被调往外交部政治与经济事务司。我向来随遇而安，对这次变动也坦然接受，因为关于外事服务我还有许多需要学习的地方。在政经司，我负责调研和文书工作，在外交部长和总理接见外宾前为他们制作简报和政策文件，并为他们出席国内外各类会议作好准备。

我认为，礼宾官应该全面发展，才能真正了解外事服务工作。在政经司任职让我有机会在技术和知识层面与其他政府部门的官员进行交流，并获得他们的反馈，就外交部长和总理需要了解的事项听取他们的简报。不久之后，我就开始陪同外交部长和总理出席国内外各类会议。

这段经历让我受益匪浅：多年后，我一度身兼政经司长和礼宾司长两个职务，同时管理两个单位的工作人员。

为了成为一名全能外事服务官，我渴望了解外交部其他各司的工作内容。为了学习如何自己查找档案，我还特意拜访了登记处。每当上级需要紧急简报，礼宾官都得尽快准备包含相关和必要内容的简报，以确保外交部长或其他高官能够与来访的贵宾侃侃而谈。

259

能适应外交部各个部门的工作是作好一名外交官的基础。因为像我们这样的小国，派驻海外的使团或大使馆往往没有多少工作人员，所以一旦被派往国外，我们需要无所不能。驻外期间，我们需要跟进外交、政治和经济事务，以及与本国有关的领事事务。

学习外交

虽然在岗学习是礼宾官的职业修养（最重要的是积累经验、经验、经验），但接受正规的外交培训仍然有助于我正确看待在外交领域学到的所有实用知识。我在政经司任职期间，恰逢英国外交和联邦事务办公室（现更名为外交、联邦和发展事务办公室，FCDO）主办外交培训课程，为期一年。英国在外交和外事服务方面历史悠久，是学习外交的好去处。学习地点在牛津大学。我被顺利录取，这段经历也为我打开了新的外交视野，让我对外事服务和外交的方方面面有了更深入的了解。我的同窗包括来自拉丁美洲、亚洲、非洲等国家的 32 名外交官，和他们相处的日子也成了我人生中一笔宝贵的财富。

通过这次培训，我们获得了第一手的外交经验，其中不乏过去只出现在研究报告和新闻中的事例。我们参观了英国议会大厦，还去了英国其他地方和欧洲各地游学。我们切切实实与各国大使和国家代表一道参加了采访、招待会、高级晚宴和午餐会。我们还拜访了欧盟委员会、欧洲议会、国际劳工组织以及其他总部设在伦敦和欧洲的国际组织。对我来说，这些实践经历是无价之宝。

重返礼宾司

从牛津学成归国，我得知我被提拔为礼宾司司长，因为前任司长已被派往驻外使团履新。有了在政经司工作的经验，再加上牛津大学外事服务课程（OUFSP）的加持，我在新的岗位上游刃有余。此外，我还保留了政经司长的职位，因此需要同时管理两个部门的工作人员。

礼宾司的其他职责

礼宾司的正式名称是"礼宾与领事事务司"。因此，除了担任礼宾官，我们还有领事官的身份，所有礼宾官也同时承担领事职责。我们需要协助公众了解出国旅行相关信息，还要与我国驻外使团和其他政府部门密切配合。我们负责为驻外使团办理护照相关手续，安排出入境事务处为他们的护照续签；还负责保管外交护照和官方护照，并在需要签发或更新护照时与出入境事务处协调。我们需要与我国驻外使团及大使馆或外国驻我国使团及大使馆联系，帮助遇到法律或其他问题的国民（包括在海外的我国国民和在我国居住的外国国民）。另外，我们还要处理民航局提出的外国非商用飞机飞越我国领空和降落我国领土的请求。出于各种原因，我们需要与相关政府部门、大使馆和使团保持频繁的联系，包括非外交使团和领事使团，例如区域或国际组织的办事处等。

结语：给年轻一代礼宾官和外事服务官的建议

如果你担任某位官员的礼宾官，你就有职责确保这位官员形象良好、干练专业。你需要负责安排官员的行程，确保其听取相关简报并对自己要参加的活动有充分的了解。也许这些简报不是你写的，但你需要联系相关人员并确保简报及时出现在官员的桌面上，以便其熟悉相关信息。

你还负责确保你的长官（无论他是企业高管、大使、部长，乃至政府首脑或国家元首）准点守时，尤其要准时赴约。如果下一项行程已经迫在眉睫，而长官还在滔滔不绝，这时你就需要通过某种委婉的方式让长官明白，时间到了。

我个人认为，礼宾官要作到积极主动，不能等着事情找上门。要积累足够的知识和自信，关注细节，善于提建议，并能够在必要的时刻采取行动。

媒体关系

最后提一句，与本国或外国媒体保持良好的互动关系是明智之举。有时你甚至还需要建议长官召开记者会。这些举动有助于提升你在长官心目中的形象，进而提升长官在公众心目中的形象。

南非和非洲大陆的礼宾
——我的个人经历

［南非］克里斯汀·范·海登[*]
林禹彤 译

　　这篇关于礼宾的文章将回顾我在非洲大陆近30年的礼宾工作，以及在其他国家和国际间活动中的礼宾工作经历。在过去的24年里，我在欧洲大陆和中东举办了数场外交、礼宾和商务礼仪方面的培训研讨会。当提及非洲文化的丰富性时，常使用霍夫斯泰德文化维度理论作为计量方法和基准。[①]

　　本文将主要关注南非的礼宾实践，分享一些我做礼宾官时的经历，同时聚焦国际层面的礼宾互动。

　　我们是怎样最终成为礼宾从业者甚至礼宾专家的呢？与世界各地的礼宾同行交流分享这一经验、相互学习是一件很有趣的事。我的第一份工作是在南非国际关系与合作部。我第一次也是唯一一次到国外任职是在华盛顿特区。在像美利坚合众国这样的国家体验和进行外交实践既有启示意义，又是一种荣幸。在这里，学习机会无处不在，也能接触到不同层次的国际关系事务。我带着对外交的热爱，尤其是对礼宾作用的认知回到了南非，我认识到礼宾的作用体现在为各国会面

---

　　[*]　克里斯汀·范·海登（Christine van Heerden），南非国际礼宾顾问公司创始人兼董事。南非礼宾专家、培训师和顾问。

　　[①]　Hofstede Geert, *What about south Africa?* https://www.hofstede-insights.com/country/south-africa/, accessed 14th December 2021.

263

和谈判创造了理想环境。回到南非比勒陀利亚后，我很快被调到礼宾科，作为一名礼宾工作者，我渴望学习与进步。彼时，曼德拉总统从监狱中获释，并在此后不久当选为新的总统。南非迎来了新的曙光，新的外交关系也形成了，来往访问成了日常事务。国际社会希望巩固与南非的关系，外交代表数量在那一时期急剧增加。对于在礼宾科工作的我们来说，这是一段既激动人心又紧张万分的时光，我们得为展示南非、接待来访而夜以继日地工作。为曼德拉总统这样的领袖服务既是一种荣幸，也是一项艰巨的责任。这是多么好的机会与荣誉啊。

根据苏莱·B.达拉米在《礼宾观察》中的说法，"良好的礼宾，通过精确的执行，能使人们的互动舒适、轻松。另一方面，不熟知正确的礼宾做法可能会导致不愉快的，甚至是混乱的后果"。达拉米先生还表示，"为了有效和顺利地开展活动，人们必须充分遵守礼宾规则。守礼意味着守规矩"。[①]

我在礼宾方面的职责是与驻南非的不同国家联络代表打交道，特别会处理一些有关非洲大陆往来访问的事宜。南非人民在历史上第一次有机会去所有的非洲国家旅行。我主修的专业——国际关系（非洲政治和外交方向）——派上了用场，我获得了与非洲大陆的高级代表团共同旅行的绝佳机会，这一经历对我启发很深，我也从中受益匪浅。非洲大陆的国家及文化是如此多样（英国人、比利时人、法国人和葡萄牙人都在此留下了文化遗产），尊重每个国家及其文化的独特性至关重要。非洲文化中礼节与仪式不胜枚举，美好的世界向我们敞开。作为国家间交流联络计划的一部分，在培训期间我有很多机会分享礼宾

---

① Daramy, S., *All Protocols Observed.* 1st ed. Ibadan, Nigeria: University Press PLC., 2019, Cover page.

知识。我分享礼宾经验、讲授礼宾知识的热情始于这次非洲大陆之旅。我生命的意义就是为那些在这个领域的人分享我对礼宾的热情，我当时就知道这一点，直到今天我也依旧清楚。在南非和非洲大陆，礼宾的作用被充分尊重，且极受重视。

这篇文章的重点是强调礼宾在南非的重要作用和地位。对于非洲的政治家、商人和行业领袖来说，他们需要在正确的时间做正确的事，这一点是毋庸置疑的。注重面子和避免尴尬是非洲文化的关键。没有什么比失礼更令他们颜面无光。

吉尔特·霍夫斯泰德的文化维度理论为更好地理解非洲文化提供了基本框架，我决定基于他的理论来向各位介绍非洲文化。非洲文化属于高语境文化的范畴。这意味着非洲国家更倾向于仪式、社交和高水平的接触。这表明尊重是至关重要、不可或缺的，缺乏尊重将使谈判进程减缓，并增加过程中的挑战。因此，礼宾在非洲受到充分重视，这一点也就不足为奇了。显而易见，在南非，我们的五感（视觉、听觉、触觉、味觉和嗅觉）之间互相配合，帮助大脑更好地理解周围的环境和人。

我对吉尔特·霍夫斯泰德先生的理论进行了解释和重点阐述，最后，我想谈谈南非和非洲大陆的总体概况。[①]

南非和非洲大陆都属于高语境文化地区。

这意味着人们高度重视以下领域，在与南非人民互动时需牢记以下几点：

> 我们面对的是一个秉持"为了工作而活"的男性社会。
>
> 南非人对避免不确定性的偏好很低。根据维基百科的说

---

① Hofstede Greet, *What about south Africa?* https://www.hofstede-insights.com/country/south-africa/, accessed 14 December 2021.

法，"当人们身处高度不确定性回避文化中时，他们试图将未知和不寻常情况的发生概率降至最低，并通过规划和实施规则、法律和法规，循序渐进地进行谨慎的改变"。

首选间接沟通方式。直接沟通被认为是粗鲁和无礼的。当举行发布会或会议时，"口头外交"就显得至关重要了。

怎么强调保全面子的重要性都不为过。面子的保全体现在一个人所想与所说之间的区别上。

依赖隐性沟通。例如所有非语言因素：字词斟酌、手势、语调、句式结构、信息的即时性，和所传达信息的丰富性。

人际关系在每一次沟通中都处于中心地位。在人际关系中，建立信任比潜在的生意更重要。

在国际关系中，特别是在礼宾领域，我有必要分享我的经验，即预设时间表从属于人际关系。

人际关系配合活动。预约的时间是灵活的。

多项任务同时管理。这可能是一个既使人望而生畏又令人振奋的经历。

休息与个人时间受制于人际关系。

时间是灵活多变的。我们在南非称之为"非洲时间"①，这是一个会让西方国家感到沮丧和愤怒的概念。然而，我必须强调，像前总统曼德拉这样的领导人总是督促南非成为一个守时的国家，他告诫大家，如果我们不守时，将永远一事

---

① "非洲时间"是一种对于非洲当地人时间概念的戏称，整个非洲，尤其是撒哈拉沙漠以南的非洲地区，迟到是一种常态，所以戏称他们有一套自己的"African Time"。——译者注

无成。①

工作时间与个人时间不可分割。例如，一个常见的现象是：家庭成员会被介绍给工作同事，并被带领参观他们所在的办公室。

综上所述，处理南非和非洲大陆有关问题的最佳方法是遵守以下几点：

最重要的事是保全面子。

人际关系比业务重要。因此，总会有闲聊的机会。

灵活处理法律与合同。这是处理非洲大陆问题时的一个重要方面。他们会倾向于签订新合同，因此签订一份5年至10年的合同对他们没有吸引力。

肢体语言和手势都有含义，在文化中尤为重要。因此，很重要的一点是要意识到我们的非语言交流所能发出的信号，比如皱眉、双臂交叉等。

礼貌策略是人际交往的首选方式，对抗战略被视为粗鲁和无礼。

时间是灵活多变的。

仪式在政府和商业中很重要，在文化中同样重要。

拍照和送礼对巩固人际关系十分重要。

正式访问应至少持续三天到五天。关系与信任的建立需要时间。

作为官方项目的一部分，社会项目同样重要，不应被

---

① Victoria John, *Zelda la Grange: The strict and punctual Madiba,* mg.co.za/article/2013-12-09-zelda-la-grange-the-strict-and-punctual-madiba, accessed 14 December 2021.

忽视。

仪式存在于非洲生活的方方面面。在人们的私人生活中，家庭的里程碑式事件是值得庆祝的，也可以借此机会让整个社区都参与进来。婚嫁、出生和丧葬按照传统文化习俗举行庆典，活动可谓丰富多彩。整个家庭齐上阵，确保庆典成功举办。值得注意的是，"文化"与国际礼宾惯例有着相似性。人们论资排辈，并据此决定聚会的等级。以下案例将用以说明这一点。

一个当地的男性皇室成员在乡村地区去世，其典型的葬礼安排如下：

> 去世者家中的守夜活动从去世当日持续到葬礼举办。
>
> 在葬礼的前一天晚上，尸体将被安置在去世者家中。
>
> 乡邻将有机会来到死者家中拜访，以表达他们最后的敬意。
>
> 合适且恰当的礼物可以是肉类、饼干、冷饮等食品。你总不能空手参加葬礼。
>
> （死者）级别高低决定了款待宾朋所屠宰的牲畜和供应的食物，例如，对于皇室男性来说，葬礼后只能屠宰和供应最好的牛肉。
>
> 社区内的每个成员、全部家庭，以及远方的朋友们都会参加葬礼。
>
> 在非洲文化中，人们不会受邀参加这些活动，而是自行前往。如果这是一场与"生死"相关的仪式，每个人都会被邀请在仪式上分享悲伤或喜悦。
>
> 葬礼通常会赶早举行，如在星期六早上7时左右。这是为了方便从远处赶来的亲朋好友能够有足够的时间聚一聚，并

赶在天黑前回去。

此外，还会进行一些文化上的仪式，比如用毯子或其他舒适的物品把遗体包裹起来，以确保逝者安然长眠。

参加葬礼者通常会帮忙为墓穴填沙，这也被视为最后的荣誉。值得注意的是，非洲文化不接受火葬。

死者下葬后，参加葬礼者会被提供一份食物。

葬礼后的聚会有一个有趣的部分，被称为"泪水过后"，人们擦干眼泪，举起酒杯，缅怀死者对家庭的贡献和生前的成就。

南非文化也在启动仪式、建筑落成等国内大事中得以体现。第二个案例将关注在西开普省（南非九个省之一）的斯泰伦博斯（Stellenbosch）外举行的（南非）首个风力发电厂的启动仪式。科伊桑（Khoisan）文化在该启动仪式上的体现尤为突出。[①] 详情如下。

案例背景是南非的能源供应商南非电力公司（Eskom）在斯泰伦博斯外安装了首批三个风力涡轮机。这三个巨大的涡轮机矗立在克利普乌维尔区（Klipheuwel）的农田上。这片农田以前属于科伊桑文化团体。科伊桑人被认为是生活在非洲南部的第一批人，他们被认为是"靠土地为生的熟练狩猎采集者和游牧农民"。由于科伊桑人在这一特定区域的历史，南非电力公司决定让科伊桑团体参与进来。科伊桑人将负责这三个涡轮机的命名，并在启动仪式上表演具有文化特色的节目。此次活动，礼宾方面面临的挑战如下：

这片农田上没有其他基础设施，只有三个新建的涡轮机。

---

① "First wind farm launched," https://www.news24.com/news24/first-wind-farm-launched-20030221, accessed 10th December 2021.

必须搭建帐篷，以接待南非国家电力公司的领导、主持此次活动的公共企业部长和矿产资源与能源部长，以及包括大使和高级专员、可持续能源行业领导人在内的其他100余名贵宾。

克利普乌维尔区位于农场，没有柏油马路，道路上尘土飞扬。因此必须开辟出一条临时道路，并清扫该地区的大部分灰尘，以尽可能减少对可能患有哮喘或相关过敏症的宾客的刺激。

需要建立一个移动厨房来准备食物，以最大限度确保一百余名客人的食品安全。毕竟从崎岖不平的土路上运送食物过来是有风险的。

节目表演者要从距此一小时路程的开普敦赶来。

该次启动仪式是一次精彩绝伦、兼容并包的文化盛宴，有以下内容：

公共企业部长致开幕词

科伊桑酋长约瑟夫·利特尔为三个涡轮机命名。涡轮机命名如下：

第一个涡轮：Khoebaha Sousoa，即"变革期国父"；

第二个涡轮：Kamisoa，即"风中的女神"；

第三个涡轮：Krotoa，即"克服逆境者"。

命名仪式既具有文化底蕴又丰富多彩。约瑟夫·利特尔酋长和其他五个科伊桑人穿着他们传统的兽皮服装，戴着仿豹皮尾巴头饰。传统的科伊桑服饰是用他们狩猎的猎物皮革制成的。科伊桑女性则穿着羚羊皮制成的卡洛斯披肩或皮革斗篷。作为命名仪式的一部分，科伊桑团体在活动中用他们的搭嘴音① 呼唤祖先来祝福这一仪式，以及产生能量的涡轮机。被命名为 Krotoa 的第三个涡轮机被选为仪式的焦点。

仪式上的娱乐节目由西开普省当地的吟游诗队提供，他们衣着华丽，脸上涂满各种色彩，以独特的方式唱歌、跳舞，演奏乐器（如小号、班卓琴和鼓）。这是爵士乐、雷盖乐、南非荷兰语和非洲音乐的大融合。演出兼具色彩美和音韵美，如同一场狂欢的嘉年华。

南非电力公司还让当地的小学参与进来。一场着色比赛开始了，获胜者为他/她的班级赢得了电脑。孩子们还制作了纸制涡轮机，当作礼物送给这一百余名客人。做出三个最好看纸涡轮机的孩子获得了奖品。这些涡轮机模型既独特又色彩丰富，更是对这一场盛会的绝佳纪念，深受与会者欢迎，最重要的是，它们是由可回收材料制成的。

两位部长和南非国家电力公司负责人都在会上发表了讲话。矿产资源与能源部长发表了主旨演讲，并正式为涡轮机揭幕。

午餐有三道菜，并提供了该地区葡萄酒场出产的最好的南非葡萄酒。

据 24 日新闻报道，环境事务部长瓦利·穆萨确认了风能的启动，并表示"南非国家电力公司的第一个风能项目为替代性能源的应用做了示范"，他随后补充道，"它是环境友好

---

① 搭嘴音（click consonant），亦作吸气音、吮吸音、咂嘴音等，是发音方法的一种，泛指口腔内任何一个发声部位发出的一种吸气声音。发音时口腔中两个位置同时闭塞。后面的闭塞位置处于软腭，起着隔断口腔和其他共鸣腔（鼻腔和咽腔）之间的气流通路的作用。除阻时舌身下降，使两个闭塞位置之间空气稀少，形成负压，空气被吸进去发出噪音。搭嘴音主要出现在非洲的科伊桑语族、班图语族的组鲁语和科萨语中。——译者注

型、零污染的项目"。

从礼宾的角度来看，这次启动仪式既是挑战，也是一次学习的经历。我学到了丰富的科伊桑历史和文化，更重要的是如何把文化融入礼宾仪式。礼宾上的挑战是为表演者周密安排，创造完美的环境来完成表演。这次独特的启动仪式取得了巨大的成功，参与者和出席者都很满意。

第三个案例我选取了"赞誉歌手"（Praise Singer）在南非活动中的作用。最近，当我在一次会议上提到赞誉歌手时，被一位外国译者误译为巫医。赞誉歌手的角色与巫医的角色完全相反。词典（传统非洲社会）对赞誉歌手的定义是："为赞美领导人或其他重要人物而创作和表演音乐及诗歌的人。按照传统，在重要场合，领导人由一位赞誉歌手或赞美诗人（Imbongi）① 来陪同。"2月第一周举行的一年一度的国情咨文仪式，也就是通常所说的议会正式开幕仪式，是一个具有代表性的、非常重要的场合，在这个场合，赞誉歌手将事先作好准备，届时陪同在一位重要人物的身边。据南非议会官网所说，"尽管我们的议会是基于西敏传统的，但赞美诗人却能够确保这一活动是发生在非洲议会中的非洲活动。这种唱赞美诗的行为赋予了非洲民族以自豪感"。以下是有关赞誉歌手的一些有意思的情况：

他们在非洲文化中占有非常特殊的地位。赞誉歌手通常讲述历史，讲述这个国家在过去的路上走了多远，又将走向何方。

赞誉歌手会向观众提及部落领袖的名字以及他的品质。

---

① Imbongi是非洲祖鲁族（Zulu）或科萨族（Xhosa）专为酋长写赞歌的诗人。——译者注

他将穿着传统服装，表明文化身份，展示文化遗产。

赞美诗人以诗情画意营造意境。

在赞誉歌手的演出中，他会提醒听众，他们来自哪里，又要去往何方。

赞誉歌手的主要职责是"通过以歌、舞、述的方式讲述总统的个人历史、宗族关系和家族世系，为总统增添极大的自豪感"。

这通常是以"让总统切实充满喜悦和惊喜"来结束的。

赞美诗人的表演既充满智慧，又极具艺术性。

这是一份全职的工作，也是一种使命。

据南非一位资深赞誉歌手诺约齐（Nojozi）先生说，当被要求赞颂总统时，他总是惊喜万分，激动不已，倍感荣幸。

当他为这项大事做准备的时候，他会请示祖辈，因为他把这看作来自祖先的召唤。

诺约齐先生说，他还在上小学的时候，就被祖先召唤去从事这一事业，并以歌唱和赞颂的技艺起家。他在这项独特的领域中走向成熟和进步。

他后来成为官方的赞誉歌手，为他文化上的领袖和传统意义上的国王歌唱。

他职业生涯的巅峰是赞颂已故总统曼德拉、前总统塔博·姆贝基和雅各布·祖马。

诺约齐先生说，赞颂歌唱是他的生命，也是他为自己热爱的国家南非所作的贡献。

其他国情咨文活动中值得注意的礼宾元素包括：

开普敦的街道两旁站满了南非国防军军官，当总统开车经过议会大厦时，他们会向总统致敬。

军乐队演奏轻松愉快的音乐。

政要按官方次序优先权（precedence）名单上的级别高低为序，从最次要的群体和个人到最重要的，依次到来。

在这个重要的场合，与会者通常穿着传统服装。这是当地设计师通过设计这些服装获得认可和荣誉的机会。这是一次丰富多彩，令人赏心悦目的文化展示。

开幕式作为一项受全国广泛关注的热门事件，由当地媒体报道。

总统和第一夫人作为最重要的人，于当天最后到达，并由国民议会议长负责接待。

为向总统致敬，国会大厦外将鸣放21响礼炮，南非空军的飞机将在上空飞过，军乐队将奏响国歌，96名总统卫队士兵将组成仪仗队。国会大厦外的仪式结束时，议长将带领随行人员进入大厦。

这时赞誉歌手会加入队伍，大声歌唱，赞美总统。这一过程通常会使用总统的母语。我们的现任总统拉马福萨先生的父母是文达人，因此，他将由一位使用文达语的赞誉歌手陪同。总统来自南非北部的林波波省。

上述事例是非洲文化与国际礼宾融合的极佳例证，它们都受到了尊重，得到了实践。我认为，礼宾应足够灵活，以确保能同人民的文化相适应，而不致破坏礼宾规则。

南非某些文化还有其他一些有趣的方面，例如，祖鲁族实行多配偶制。

牛津词典将多配偶制定义为"同时拥有一个以上妻子或丈夫的做法或习俗"。

　　南非前总统雅各布·祖马（Jacob Zuma，2009—2018年）就是祖鲁族人，在他的任期内，他有四位正式的妻子。这时的挑战在于如何将这种文化融入国际外交中去。然而，这对于南非来说也是个破天荒的经历，媒体纷纷猜测礼宾官将如何有效管理配偶办公室。能被任命为总统府配偶办公室的礼宾专家顾问是一种特殊的荣誉，特别是能够培训四位配偶并偶尔同她们一起旅行。配偶们的级别高低是由她们的结婚日期决定的。结婚时间最长的是最尊贵的，余下的按照结婚日期的顺序排列。从礼宾角度须指出，四名配偶只会在特定日期如国会开幕（也称为"国情咨文活动"）时出席。在这种情况下，只有一名配偶会被指定以官方身份参加开幕仪式，例如，前往议会大厦，并参与仪式的其他官方部分。其余配偶的身份则只能为贵宾。然而，在国情咨文活动结束后，总统和他的四位配偶会有正式合影的机会。有趣的是，配偶们也从来不会坐在同一张桌子。她们分别和不同的主办人坐在不同的桌子。她们也轮流执行公务，并都被称为"第一夫人"。她们没人永远住在官方住所，她们去那里只是为了官方活动。她们平时住在自己家里，分散在国内的不同地区。回想起来，我必须承认，当祖马总统上任时，我就预料到会面临诸多礼宾上的挑战，但为解决四位"第一夫人"礼宾问题而设置的独特体系却令我感到惊喜。对我来说，最重要的是确保她们具备必要的礼宾知识，以履行国家和外交职能。在她们的培训期间，不确定性和挑战都得到了解决和处理。我有幸负责在每次国事访问之前，收集她们即将出访的国家，以及将要面对的接待人员的基本资料，并向她们简要介绍各种场合的着装规范、礼物交换、谈话主题等。以上这些都是她们成功完成使命的关键。作为礼宾官，我们每天都在学习，不断深化对礼宾的了解，掌握在棘手情况下完成工作的能力。现在回想起来，总有一些事情值得我们微笑，给我们继续下去的勇气。夙兴夜寐对于我们来说是常事。

　　国际关系是一个国家发展的关键。南非是世界上少数拥有最多外交使团的国家之一。据南非政府网站显示，比勒陀利亚有135个大使馆和特派使节团，许多国家在开普敦和约翰内斯堡设有大使馆、特派使节团或领事馆。在新冠疫情暴发之前，南非平均每年接受8次外国来访。国事访问是展示一个国家最好的一面的机会，在南非，国事访问以盛大和仪式感强著称。这些访问通常有军方、国际关系与合作部、总统办公厅以及相关政府部门的参与。从访问团在仪仗队的卫护下到达机场起，就有许多细节需要注意。

官方迎宾仪式包括以下内容：为国家元首鸣放21响礼炮、由96名士兵组成的官方仪仗队、奏响两国国歌、来访国家元首巡视仪仗队、正式迎宾队列等。

随后两国代表团举行双边会议，签署谅解备忘录，举行企业和行业领导人会议。在国宴上，外交烹饪团队有展示传统美食和特色葡萄酒的机会。社交活动包括参观罗本岛、南非种族隔离博物馆等。礼宾官须确保各种文化和宗教习俗都得到遵守，所有客人宾至如归。

在南非和非洲文化中，礼物本身和送礼本身都很重要。礼物的货币价值不如其象征价值重要。交换礼物是为了纪念该次拜访。挑选赠送给访问者最好最恰当的礼物，需要多多考虑，小心注意。典型的礼物包括书籍（政治、文化、地理、野生动物、烹饪等）、皮革制品、音乐以及珠状物品、雕塑、当地工艺品等。南非著名的五大动物（狮子、豹、犀牛、大象和水牛）的艺术作品和雕塑受到广泛欢迎，几乎成了送给欧洲来访者人手一件的必备品。此外，南非还是一个国际性的葡萄酒生产国，并以此为傲，在恰当且宗教上可接受的情况下，南非总会赠送给来访者葡萄酒。传统文化服装、布料以及珠宝，也都是广受欢迎的礼物。赠予外国国家元首最适合的礼物是曼德拉币，曼德拉币是南非独有的，还是收藏家们梦寐以求的，也是一个绝佳的礼物选择。礼宾科负责管理礼品登记簿，并负责进行礼品的包装和赠送。最终选择何种礼物由对方国的文化敏感度和文化偏好决定。

南非也已成为举办大型会议和体育活动的首选目的地。在过去的27年里，举办了1100多次国际会议、国际会晤和活动。南非正因为一直遵守国际大会和会议协会（ICCA）的标准，才有这些成果。

南非主办了2002年可持续发展世界首脑会议、2010年国际足联世界杯、2011年联合国气候变化大会、2016年第21届国际艾滋病大会双年会等国际会议，以及英联邦政府首脑会议（CHOGM）。

上述活动的成功举办，为南非赢得了一系列声誉，成为世界上最受欢迎的政府、商业对象和旅游目的地之一。这让南非展示了其在后勤保障方面的能力，如交通、住宿、安保。除此之外，南非还拥有高效的移民程序和步骤，同时是绝佳的旅游目的地。在礼宾层面上，它为国际风向展示和国际组织实践提供了绝佳的机会。

这些大型活动提供了绝佳的礼宾实践机会。毫无疑问，由于当地政府对这些活动的参与，国际社会对联合国、英联邦国家集团等国际组织的关注，甚至国际足联世界杯等大型体育赛事的主办，都为南非提供了在国际会议和体育赛事领域展示其礼宾智慧的机会。

2016年，南非在德班主办了国际艾滋病大会双年会，并很荣幸被日内瓦国际艾滋病协会指定为"首选礼宾服务供应方"。当时令人印象深刻的嘉宾名单包括国家元首和政府首脑、前国家元首和政府首脑；诺贝尔奖获得者、国际版税机构、国际知名基金会（如盖茨基金会）、国际知名人士（如埃尔顿·约翰爵士）以及杰出国际科学家和代表。

礼宾方面的职责包括为多达300名国家元首和前国家元首、政府首脑以及重要人物安排座次。我们还负责管理他们的等候区，就活动日程顺序提供建议，为每个参与的人举办数场简报会等；从引位到节目主持、为演讲者致谢、官方照片拍摄，都属我们的责任范畴。

礼宾安排和安全保障紧密结合，共同为领导展开工作提供了一个安全完善的平台。我们要充分认识到，委托人的安全比任何礼宾安排都更重要。安全性高于礼宾。从过往的经验中，我了解到想要获得绝佳体验，与安全团队紧密合作是多么重要。他们并不常具备我们所拥有的礼宾洞察力和经验，但我相信他们也会说我们没有他们的安全经验，想要创造一次安全和难忘的体验，安保人员是重要的团队组成部分。

在这些活动中，正确地使用品牌和标志，尤其是国家标志，是极其重要的，而且必须始终表现出必要的尊重。各自所在国和国际组织的旗帜政策是必须得到执行的。升旗仪式是英联邦会议开幕式上的一个项目，也是议程上一个重要且丰富多彩的项目。在这些活动中，成员国及其参与方得到了认可。处理国家标志时总会牵涉情感问题，我在礼宾生涯的早期就认识到，关注细节至关重要，每个工作人员（如旗手）都必须熟知规则，知道如何确定旗帜的顺序，以及不允许出现的旗帜。礼宾科会负责指导参与升旗仪式的学生和代表，并确保仪式顺利进行。仪式一直是礼宾中我最喜欢的一部分，尤其是展示国家标志。如果仪式中缺少部分旗帜，或选择了错误的旗帜，乃至旗帜被错误地悬挂展示（如颠倒）时，则可能把事情搞砸。

最后，同样重要的是，在任何活动之前都需提前准备好所有的礼宾安排和文件，以确保活动成功。文件，这里指的是活动日程、负责人致谢词、各种场合的简报文件、活动的详细顺序、官方照片计划以及交通、住宿等各种清单。亲身经历告诉我，提前花在准备详细文件上的时间越多，执行计划和下达指示就会越容易。本杰明·富兰克林的名言"不做准备，那就准备失败吧！"从未像现在这样富有说服力。

综上所述，当回忆以上内容时，我可以诚实地说，在我的礼宾生涯中，与世界领导人和行业领导人会面和合作的机会塑造了我，使我成为一个更好的人。在这个领域的经历教会了我宽容、耐心，和对其他国家以及他们的信仰体系、宗教和文化的尊重。我也意识到外交和礼宾是处理不同文化之间差异和挑战的完美工具，我同样也对国际环境中不同文化之间的巨大相似性感到惊喜万分。这意味着在外交互动时，我们需要相互适应。最后，我想强调"关系"在正式和非正式文化互动中的重要性。

认识来自世界各地的同事，并分享我们的经验和知识，永远都是一种荣幸。礼宾是动态的，而新冠疫情迫使我们所有人，包括政府和商业的不同部门，都只能依存于网络技术和虚拟空间。我们在另一个层面上变得富有创造力，为自己创造了一个可以相互交流、分享专业知识的平台。我们都能够证明我们的工作环境发生了怎样的变化，以及我们是如何适应这些变化的。我们都知道技术、相机和媒体是瞬时性的，因此没有第二次机会。礼宾随着技术的发展而发展，我们作为礼宾工作者也应如此。与我们在其他大陆的同事进行联络和互动变得前所未有地重要。

《礼宾：外交、官方及社交使用手册大全》的前言中指出："任何组织或社会要想兴旺发达，就必须在某些规则下运作，以防混乱。这也同样适用于政府间关系。国家间关系必须按照约定俗成的规则或习俗惯例以及某种有计划的组织形式进行——这就是礼宾。"[1]

---

[1] McCaffree, M. & Innis, P., *Protocol: The Complete Handbook of Diplomatic, Official and Social Usage.* 3rd ed. Washington D.C.: Devon Publishin Company Inc, 1989, cover page.

中东文化与礼宾礼仪

[伊拉克] 加万·索菲*

许嘉慧　译

中东地区的地理划分较为复杂，狭义上来说，中东包含：以色列、黎巴嫩、叙利亚、约旦、沙特阿拉伯、科威特、巴林、卡塔尔、阿拉伯联合酋长国、阿曼、也门、伊拉克、土耳其、伊朗和埃及，占地面积约900万平方公里，总人口约4.11亿；而由于阿拉伯世界历史文化原因，有时提到中东，还会在上述国家外将北非国家摩洛哥、阿尔及利亚、突尼斯、利比亚以及同属非洲国家的苏丹与毛里坦尼亚包含在内。

除上述分类方式，中东地区也可以被划分为北非和西亚两个区域。北非包括摩洛哥、阿尔及利亚、突尼斯、利比亚和埃及等位于非洲北部的阿拉伯国家；西亚则一般指位于地中海东岸地区的其他阿拉伯国家以及以色列、土耳其和伊朗。

事实上，中东地区边界的划分是带有政治色彩的，随着时间推移而不断变化。

总的来说，它涵盖四个不同的文化区域：阿拉伯文化、土耳其文化、伊朗文化和以色列文化。

中东也被称为"文明的摇篮"，同时拥有两大河流系统——埃及的尼罗河流域和伊拉克的底格里斯河–幼发拉底河流域（古美索不达米亚）。现如今生活在中东地区的主要族群包括阿拉伯人、伊朗人、土耳

---

* 加万·索菲（Jwan Sofi），从2008年至今担任伊拉克总统办公室首席典礼官（Chief of Protocol）。

其人、犹太人（以色列人）、库尔德人和高加索人。

中东同时也是世界三大一神论宗教犹太教、基督教和伊斯兰教的发祥地，这些一神论宗教均源自相同的传统。每个宗教都会使用早期群体的经文，因此也享有许多共同的规则和信仰。中东地区的主要宗教有伊斯兰教、犹太教和基督教。地区内大多数为阿拉伯人，而阿拉伯人中大部分又是穆斯林。伊斯兰教本身可以分为两大教派：逊尼派和什叶派。两者的共同之处在于信奉的神明、诵读的圣书均相同，同时也都进行规律性的祷告与斋戒活动，吃特制的食物。然而，地区的宗教信仰往往会导致严重分歧，而非意见相投，这里的人们却无法解决这些分歧。

显而易见，中东这一地区是由多个分别强烈依附于各自宗教与文化的国家所组成。文化是由历史、宗教、族群认同、语言以及民族等多方面塑造，大多数中东国家是多民族国家，社会中的文化丰富性很突出。

一、多样的语言

语言是文化的一个指路标，传统与文化密不可分。了解中东地区的语言与伊斯兰传统是必要的。

中东地区语言的多样性也反映出其民族的多样性，中东地区的语言大多数来自三个主要的"语系"：

闪米特语系（阿拉伯语、希伯来语和阿拉姆语）。
印欧语系（库尔德语、波斯语和亚美尼亚语）。
突厥语系（土耳其语、阿塞拜疆语）。

相传真主安拉使用阿拉伯语向先知穆罕默德展示《古兰经》，从而使阿拉伯语和阿拉伯语字母表在后来获得了优越地位。人们因此对阿拉伯语开始了广泛的学习，阿拉伯语字母表也经改造应用于许多非阿拉伯语种，包括波斯语、乌尔都语、20世纪前的土耳其语和库尔德语。

阿拉伯语是中东地区最常用的语言之一。由于伊斯兰教的传播，阿拉伯语对中东地区的其他语言也产生了重大影响。中东的其他语言中也含有大量的伊斯兰表述，如Allāh：神（真主安拉）、Inshallah：真主意愿、Al-Hamdullilah：赞美归于真主、As-salamu Alaykum：和平降临于你。实际上，这些表述的使用并不局限于穆斯林群体，每个人都会在日常交流中融入这些表达，甚至是伊斯兰国家的非伊斯兰教信徒，这也显示出伊斯兰文化的力量。

二、与伊斯兰教信徒交往时的礼宾礼仪注意事项

与伊斯兰教信徒打交道时，有一些涉及礼宾与礼仪的注意事项。

（一）家庭情况

家庭是中东社会的核心和基础，亦是传授价值观和传统习俗的最重要的社会机制。家庭主导着这种社会制度，人们通过家庭继承其宗教信仰、身份地位和社会阶层。仅仅是家庭中的一个成员，便可以给整个家族带来荣耀或耻辱。家庭和部落具有很大的影响力，在塑造一个人的价值观和行为方面发挥着重要作用。家庭在经济和情感两方面支持着其内部成员，因此家庭高于一切，人们随时随地保护着这份荣光。

在一些伊斯兰社会，允许男子娶多名妻子，由此可能产生复杂的家庭关系与内部动态。但在这样的社会中，伊斯兰教也要求确保每个妻子受到平等的对待，让每个孩子获得平等的支持。《古兰经》认为丈夫不能娶一位以上的妻子，除非能够公平地对待每位妻子，只有此时

该名男性才有资格实施多妻制婚姻。穆斯林女性只允许嫁给穆斯林男性，但穆斯林男性可以娶信仰基督教或犹太教的女性，这主要是因为人们相信宗教信仰是通过父亲传承下来的。

父亲/丈夫是领导者和决策者。他们的角色是为家庭提供基本的生活所需，管理财务事务。男人掌握着最高权威，负责家庭的主要收入并提供安全保障，也因此应外出工作。母亲的任务则是抚养孩子，对孩子往往有着比父亲更持久和实际的影响。

伊斯兰教强调尊敬父母及长辈，对孩子们来说，顶嘴或违抗任何年长之人都是极其不合适的。年轻的家族成员在祖父母的庇护下聚集在一起，祖辈促进了各个成员之间的相互理解和合作。老年人理应得到优待和尊重。当老年人进入房间时，房间内的成员要站起来，并让老人家坐在家中最舒适的座位上。年长者通常被第一个领进房间，而当进入室内或参加会议时，他们也会首先受到欢迎，用餐时亦是被优先服务的对象。

家庭是一个相互合作运行的单位，这种部落关系虽然也有令人不快的地方，但其促进作用远大于消极一面。

（二）问候致意

在中东最常见的问候语是"Salam Alaikum"，意为"愿和平与你同在"，即使对不会说阿拉伯语的人来说亦是如此，而对于此句的回答一般是"Walaikum Assalam"，意为"愿和平也与你同在"。

握手是同性之间问候致意的习惯性方式。问候时不伸手是不礼貌的行为，人们在握手前可能会拍拍对方的肩膀，若是亲密的朋友或家人也可能会拥抱。人们在握手后可能会继续保持握住的状态以表示温暖，也就是说握手的时间有时要稍微长一些，同时需要带着真诚的微笑并进行直接的目光接触。在礼宾活动中，握手如今被视为善意真诚和合作意愿的信号，而回绝握手的含义则恰恰相反，忽视对方伸出的手被视作一种完全的侮辱。1978年，在乔莫·肯雅塔^①的葬礼上，查尔斯王子断然拒绝了时任乌干达总统伊迪·阿明的握手。而在历史上，的确也有人因惧怕被通过手掌吸收的毒药所暗杀，选择不握手。

在任何异性之间的问候中，女士必须是先伸手的一方。如果女方没有动作，那男士就应该以点头示意的方式打招呼。通常情况下，男性会将采用抚胸礼（右手放在左胸）向女性打招呼。有宗教信仰的男性不应和女性握手——这并非不尊重的表现，正相反是出于对对方的敬重，也要避免长时间地和对方进行眼神交流，更不要问私人问题。

家人和朋友也会以拥抱和亲吻脸颊的形式进行问候。女性在问候他人的时候，会在脸颊上交替亲吻三次。当面对年长的人时，需要站起来打招呼，如果对方是亲属，这时候亲吻对方的右手则被看作一种极大的尊重。

除了握手之外，问候致意时还可以选择询问家庭、工作、房屋、天气情况等。这些都是巩固人际关系和关心他人的表现。询问对方家人的健康情况，关心对方的幸福状况总是好的，但千万不要问关于其妻子、女儿或任何女性家庭成员的具体问题，这些问题并不是好的选择。但总的来说，询问家庭情况是非常重要的。

（三）礼貌称谓

阿拉伯语的命名系统有自己的一套法则，与英语中名、中间名和姓的命名方式并不一致。中东国家人们的名字通常由两三部分组成，在官方事务或法律事项中有时使用包含四部分的名字。通常名字中的第一部分是个人的本名，中间是父名，即父亲的名字，最后为族名，即家庭名称（姓氏）。

---

① 乔莫·肯雅塔，Jomo Kenyatta（1893年10月20日至1978年8月22日），肯尼亚政治家，肯尼亚首位总统，肯尼亚国父。——译者注

一般来说，外国人第一次称呼他人时应该采取"名字＋先生/太太"的形式。当对方没有表态时，等待是明智的做法，直到对方表明他们愿意让你直呼其名字而无须添加头衔。

对于皇室成员的称呼：在中东地区，存在着各种不同变体的皇室身份，比如国王、王子、公主、苏丹①、谢赫②、埃米尔③。

当在中东工作或与他人会面时，知道如何称呼他们会帮助你给对方留下深刻的印象。中东地区通常称呼国王为"陛下"，如尊称阿曼苏丹国苏丹卡布斯·本·赛义德·阿尔·赛义德为"陛下"；王子被称为"殿下"，其后跟随王子的名字，公主同理；王储也为"殿下"。被任命的高级政府官员，如部长或大使，通常称其为"阁下"。谢赫后面紧接各自名字。

以我的经验来看，文化和传统是各国礼宾礼仪的基础。对礼宾官和外交官来说，对对方国家文化有一个基本的了解，将有利于参与会面及开展工作。

（四）着装方式

中东地区的着装方式与该地区的气候特点相符合，兼顾隔热、防尘、防晒的需求，同时也存在着伊斯兰教传统服饰。

去中东旅行时，遵守当地传统的着装规范是很重要的。这并不意味着要穿得像本地人一般，穿着得体，并时刻牢记遵循传统的着装规范即可。虽然中东各国的文化和着装要求各不相同，但以下的一些着装通则是该地区人们，无论男女均需遵循的。

---

① Sultan，阿拉伯语音译，阿拉伯语中的尊称，指伊斯兰教历史上一个类似总督的官职，现在是君主、国王的称号。——译者注

② 谢赫是对一些阿拉伯君主国王室成员的尊称，男女均可用，男性用Sheiks，女性用Sheikah。

③ Amir，阿拉伯语音译，现阿拉伯国家中，君主、元首、酋长、亲王、王子或省长的称号。——译者注

男性的正式着装与西方世界的典型着装没有什么太大不同。一套做工优良、稍显保守的西装便可符合规范。在休闲场合，男士应穿长裤和盖住肩膀的衬衫，短裤亦可，但长度至少及膝。年轻人和一些住在大城市的人们倾向于穿西式服装，而只在特殊场合才穿传统服饰，如婚礼和宗教场合。对于那些住在镇上和农村地区的人们来说，他们往往更偏爱传统服装。

除伊朗和沙特阿拉伯之外，中东地区的其他国家在法律上并不要求女性佩戴头巾。但所有访问清真寺和宗教场所的外国和本国女性都必须完全遮住头发。进入宗教场所后必须脱掉鞋子，保持安静，尊重在场信徒。

女性的着装通常需要做到不吸引不必要的注意，这也是大多数外国女性游客抱怨的事情：她们的衣服要覆盖住胸部、后颈、大腿、腹部和背部。

当穆哈兰姆月① 来临时，什叶派穆斯林会穿着黑色服饰来表达他们对伊玛目② 侯赛因殉难的悲痛和伤感。

（五）重要日期

充分了解中东地区公共假日和宗教节日的相关信息，这对那些来访中东地区或与地区内成员进行生意往来的人来说很重要。

1.（穆斯林）斋月

伊斯兰历法中的第九个月为斋月。对穆斯林来说，这是一个非常重要的月份，每日从清晨（黎明前）至日落禁食，持续30天。在斋月期间，人们会去清真寺，进行慈善捐赠，多行好事。斋月同时是穆斯

---

① Muharram，阿拉伯语音译，意为圣月，是伊斯兰历的第一个月份，在本月内除了自卫外禁止打斗。——译者注

② Imam，阿拉伯语音译，伊斯兰教教职称谓，意为"领拜人""表率""率领者"，清真寺的阿訇。——译者注

林进行深刻自省的时间，斋月作为伊斯兰教的五大功修之一，对许多穆斯林来说是需要心存敬畏的一个月。

当月，中东地区所有的公司和政府部门都会缩短工作时间，将营业时间调整至10：00—14：00。斋月期间对非穆斯林则不作具体要求，但在公共场所吸烟、喝酒或吃饭都被视作是不礼貌的行为。

斋月后的下一个月称为"少瓦莱"[1]，而少瓦莱的首日则是开斋节，穆斯林以此庆祝斋戒结束，一般历时三天。开斋节期间，整个中东地区的所有政府部门及私人办公场所都将关闭。

2. 宰牲节（古尔邦节）

宰牲节是一场有关献祭的盛宴。对穆斯林来说，它是除开斋节外第二个重要的节日，也是为期四天的重要假日，用以纪念前往沙特阿拉伯麦加和麦地那的朝圣之旅的结束。

在麦加朝觐期间，沙特阿拉伯的所有政府机构和部分企业将关闭10—14天。在这段时间进入吉达[2]将变得十分困难。麦加朝圣是伊斯兰教的第五大支柱，每位穆斯林都有义务在一生中完成一次朝圣，但仅限在身体条件和经济条件都允许的情况下。

在宰牲节当天，就像《古兰经》中亚伯拉罕用羊羔代替他的儿子以实玛利那样，穆斯林宰杀动物进行祭献，宰牲得到的肉三分之一分给穷人，剩下的则在亲属之间分享。

宰牲节期间，穆斯林通常穿着新衣，一部分人也会选择在孩子们玩乐时互赠礼物。

伊斯兰国家的总统也会借宰牲节之际互换信件，以示庆祝，通常

---

[1] Shawwal，阿拉伯语音译，伊斯兰教历十月，意为"减轻"，少瓦莱的首日为开斋节。——译者注

[2] 译者注：Jeddah，吉达是沙特阿拉伯政府外交部及各国使馆驻地，现在夏季王室和一些政府部门在吉达办公，只有领馆没有使馆。吉达是沙特阿拉伯第二大城市、第一大港、重要的金融中心，东距麦加约70公里，属麦加地区管辖，是进入麦加朝觐的交通要道。——译者注

由总统办公室礼宾部负责此类信函的收发工作。

3. 阿舒拉节

与其说是节日，阿舒拉节对什叶派来说更像一场表示哀悼的大型活动，发生在穆哈兰姆月的第十天（如前所述，穆哈兰姆月也是伊斯兰教历中的首个月份）。每年的阿舒拉节同样是卡尔巴拉战役的纪念日，对战死的先知穆罕默德的外孙伊玛目侯赛因以示悼念。在穆哈拉姆月，什叶派穆斯林尽量避免参与娱乐或休闲活动。

在阿舒拉日哀悼期间，许多什叶派穆斯林都穿着黑色衣服来代表内心的悲伤。结束之后，大多数什叶派会换回正常的穿着打扮。什叶派占全球穆斯林人口的15%。

除了伊斯兰教的节日外，中东地区每个国家也都有自己的国庆日。地区内的一些民族包括土耳其人、库尔德人、犹太人和波斯人也都有各自的节日，比如诺鲁孜节（Nawroz），是库尔德人和伊朗人的新年。除此之外，在以色列也存在着犹太人的各类活动和节日。

（六）商业文化

要在中东地区进行商务往来，了解商业文化是至关重要的一环。想要获得成功，对文化的了解必不可少，这之中也包含会议礼仪、商务礼仪和谈判技巧等多个方面，在中东地区运用这些技巧的方式与西方截然不同。中东地区的工作周从周日开始，到周四结束，星期五、星期六则被视作周末，前者是穆斯林眼中的圣日。在以色列，周六是安息日，许多生意场所都会关闭。

与专业能力相比，商务活动的开展更关乎人际关系，比如信任和荣誉。对方会在各种方面对你进行观察，如果此时表现得相当自信，对方便会相信你，但同时也需要将这份自信保持下去。在天时地利人和的情况下，条件规矩可能会更易通融，整体环境也会显得不那么拘束，有着几分轻松随意。学上几句阿拉伯常用语总是好的，比如阿拉伯问候语"Salam Alaikum"（愿和平与你同在），和与之对应的答复"Walaikum Asalam"（愿和平也与你同在）。不仅如此，如果能将名片的一面翻译成阿拉伯语，在交往时对方也会十分感动。送礼物是个不错的主意，如果你被邀请去别人家，记得带个小礼物，进屋时脱掉鞋子。

坐着的时候要格外小心，不要把鞋底露向他人，在中东地区这种行为是非常粗鲁和具有侮辱性的。2004年，利比亚前总统卡扎菲在会见英国前首相托尼·布莱尔时，布莱尔的鞋底恰好指向利比亚总统。阿拉伯媒体迅速报道了这一场景，认为卡扎菲受到了冒犯，但可能布莱尔本人并未意识到这一点。2009年，美国总统奥巴马与以色列总理通电话，白宫随后公布了一张奥巴马将双腿翘在桌上进行通话的照片。要知道在中东没有什么做法比用鞋底指着对方更具有侮辱性，故而一些以色列人在看到照片后将奥巴马总统的行为视作一种严重的冒犯。向别人扔鞋是一种轻蔑的表现，2008年12月，美国总统乔治·W.布什在离任前最后一次访问伊拉克时，在他与伊拉克总理努里·马利基在巴格达联合举行的一次新闻发布会上，一名记者站起来将鞋子扔向布什。

穆斯林每天必须完成五次祷告，往往一场会议可能会因穆斯林参与者需要祷告而中断。在中东，任何地方都可以找到祷告室，酒店或办公大楼内均设有场地；随处可见祷告的信徒，祷告朝向也很容易找到。在中东地区开展生意时，合理地安排约会和会面，尽量避开需要祷告的时间。当会议不能按照议程进行时，保持耐心。

穆斯林强调守时，但自己却很少遵守时间。迟到时，礼貌委婉的借口一般会被接受。尽管守时与否并不重要，但服务供应商还是应该能迅速响应并适应不断变化的客户需求。

面对面接触是最好的交流方式。书面文字没有那么私人，也因此让人觉得不那么重要。如果信件和电子邮件长时间得不到回复，可以通过电话跟进。重要的生意不能像在西方一样通过电话敲定，所以唯一的选择就是亲自见面。

三、小　结

本文旨在帮助读者了解中东地区的文化背景、礼仪规矩以及生活的各个方面。与中东国家的所有生活习惯和传统习俗相比，本文只介绍了其中的一小部分。但它对外交官、官方工作者和商务礼仪从业者来说，还是很值得阅读和思考的，可以借此上一堂有关生活、习俗和宗教的有趣课程。

需要注意的是，在中东日常生活中有很多伊斯兰教的痕迹。大多数中东国家都有着相似的文化、传统和习俗，甚至有些不说阿拉伯语的非阿拉伯国家，比如土耳其和伊朗也拥有相同的伊斯兰风俗。

总之，无论是在哪里，了解当地的宗教、文化和传统都会让你快速适应环境，在工作或会面时给对方留下深刻的印象。

后　记

　　第二本外交礼宾礼仪国际论文集终于问世了，周加李主编和我商量让我写个后记。面对那么多的礼宾大咖、专家学者，我有点儿惶恐。因为我对这本论文集贡献是非常微薄的，实在有点名不符实，但在成书过程中，也很感慨。首先，我想我们大家都应该感谢周加李主编，从创意到和中外作者联系，从修改、定稿到和出版社联系，期间还得和她的单位外交学院反复联系、沟通，才有了目前的这本书，她付出了巨大的精力，真正感谢她的努力。

　　正如李肇星部长在为第一本论文集写序时谈到，论文集由如此多国家的外交礼宾礼仪专家共同完成，很有意义，还是由中国学者倡议完成，也很难得。作为一个曾在礼宾司工作过的人来说，我感到很欣慰。现在国际上风云变幻，经常举行各种大型多边外交活动，如东亚峰会、中亚峰会、拉美峰会、非洲峰会、欧盟峰会、南美洲国家联盟峰会等。各种峰会，各式各样的活动，使礼宾工作有了很大的发展。衷心地希望我们的研究能够为中国和世界各个国家的礼宾工作尽一点微薄的力量，有所借鉴，有所发展，我想这也是这本书的初衷。

　　真诚地感谢所有为这本书付出的人，感谢我们的总顾问罗林泉大使，感谢所有的编委、作者、编辑人员；感谢为论文集作序的外交学院院长王帆教授；感谢倾情推荐论文集的安乐哲教授、徐坚教授、莱斯利·劳顿斯兰格女士；感谢为寻找韩国专家奉献力量的郑万永教授（韩国）、宁赋魁大使、陈莉老师、武鹏老师；感谢外交学院负责翻译的三位研究生林禹彤、许嘉慧与宋律，两位做了工作的研究生张鸿飞与郭沐华。当然，也要特别感谢资助论文集出版的外交学院，再次给了我们了解和探讨外交礼宾礼仪的机会。

张国斌

2024年6月6日